琉球史料学の船出

いま、歴史情報の海へ

黒嶋敏・屋良健一郎 編

勉誠出版

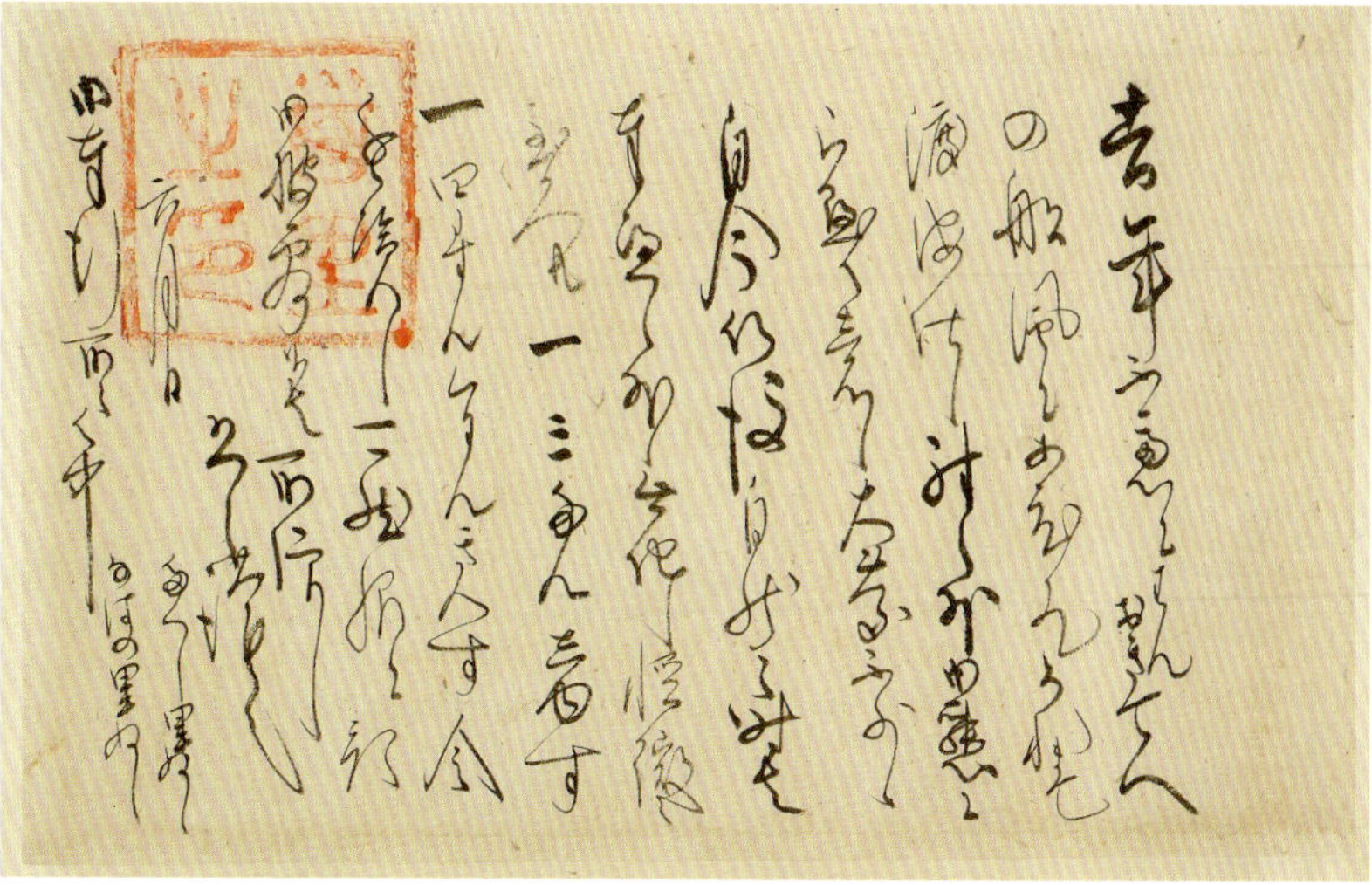

口絵１　沢岻里主・那覇里主書状　東京大学史料編纂所蔵「島津家文書」
（→上里隆史「古琉球期の印章」参照）

口絵３　三司官の印（部分）《タイプＡ》
東京大学史料編纂所蔵（影写本「種子島男爵家文書」）
（→上里隆史「古琉球期の印章」参照）

口絵２　「首里之印」（部分）《タイプＡ》
東京大学史料編纂所蔵「島津家文書」
（→上里隆史「古琉球期の印章」参照）

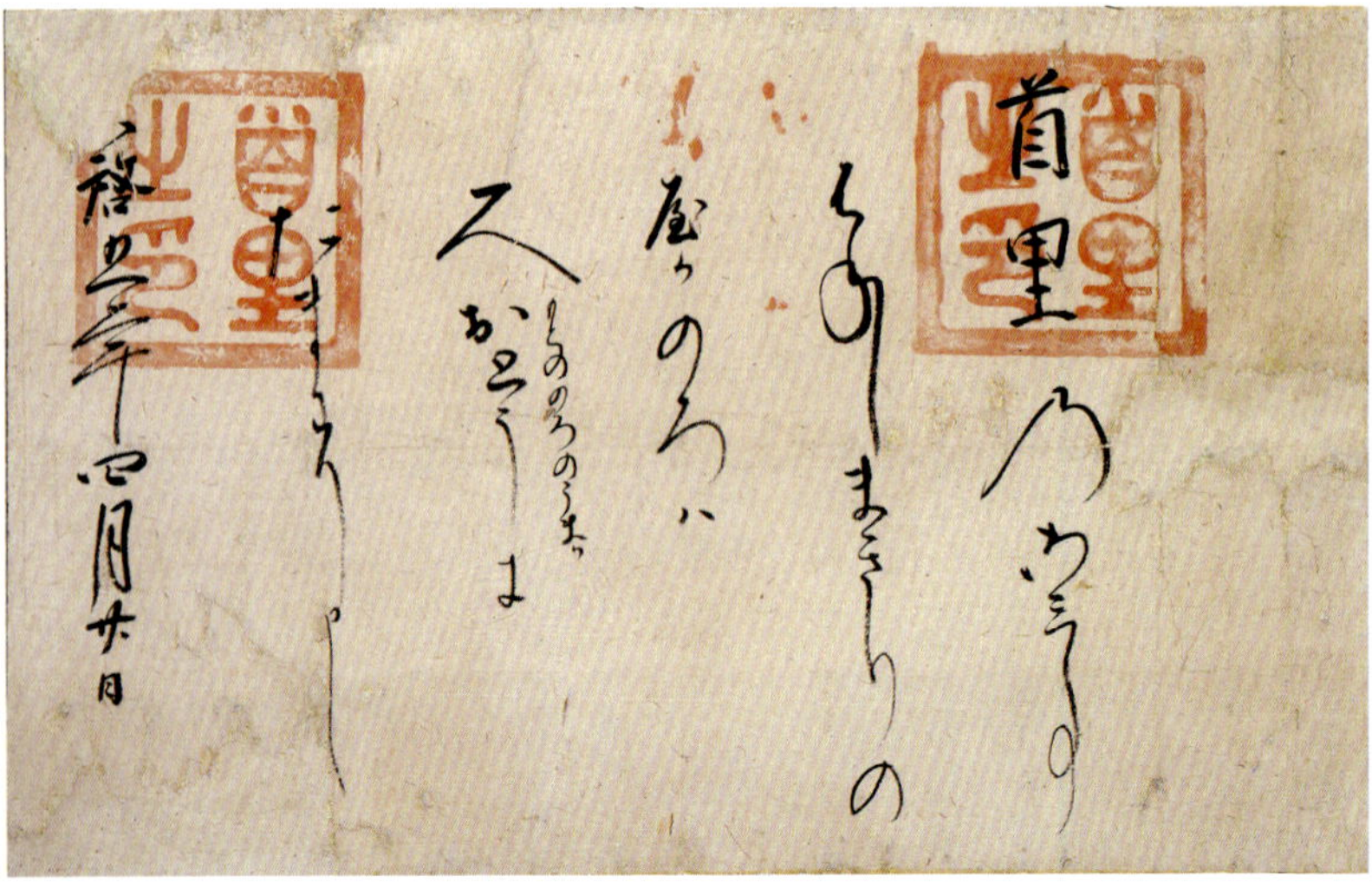

口絵４　羽地間切屋我ノロ辞令書　沖縄県立博物館・美術館蔵
（→村井章介「かな碑文に古琉球を読む」参照）

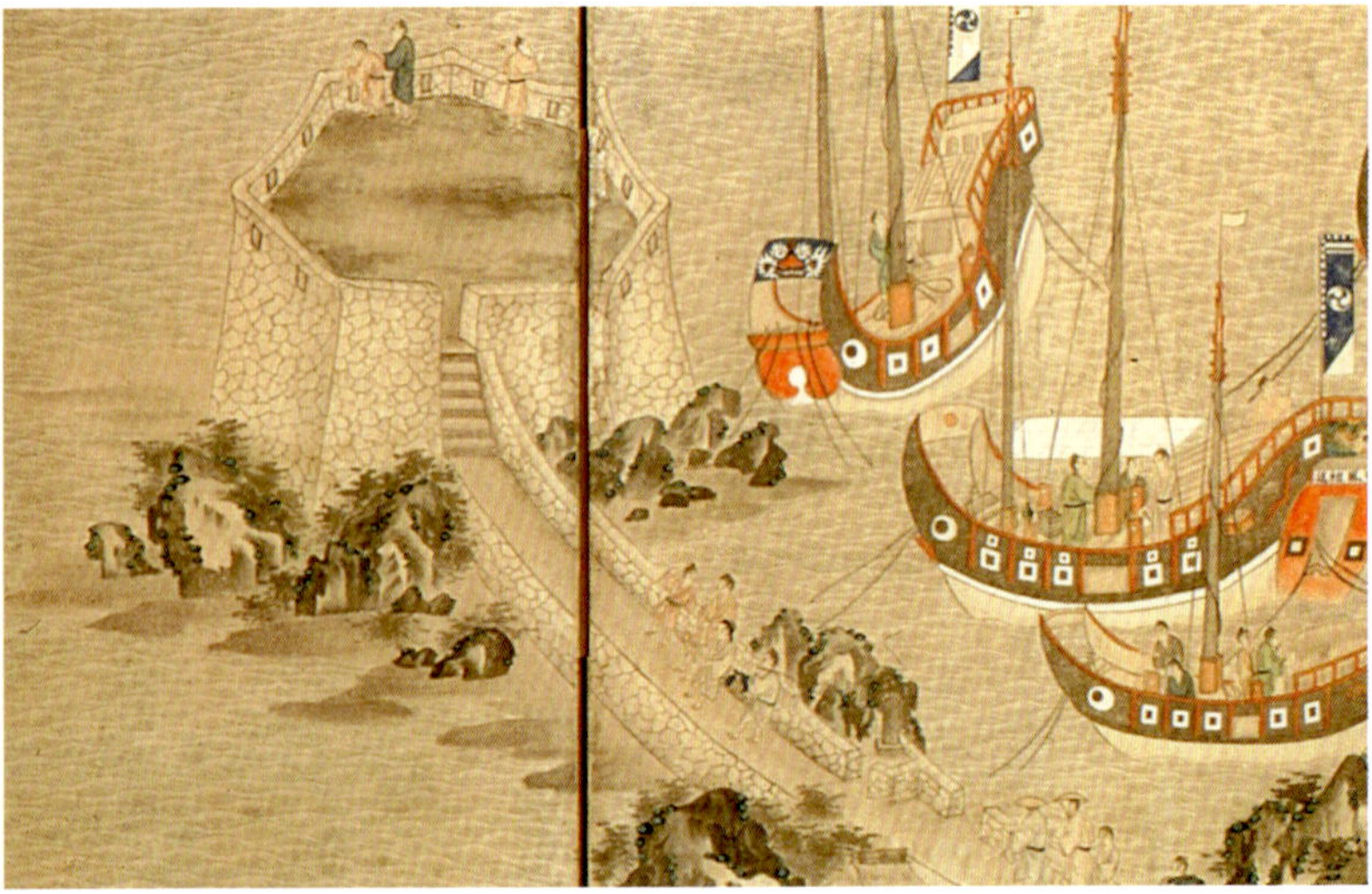

口絵５　那覇港図屏風（部分）　屏風に描かれた屋良座森城と碑　首里城公園蔵
（→村井章介「かな碑文に古琉球を読む」参照）

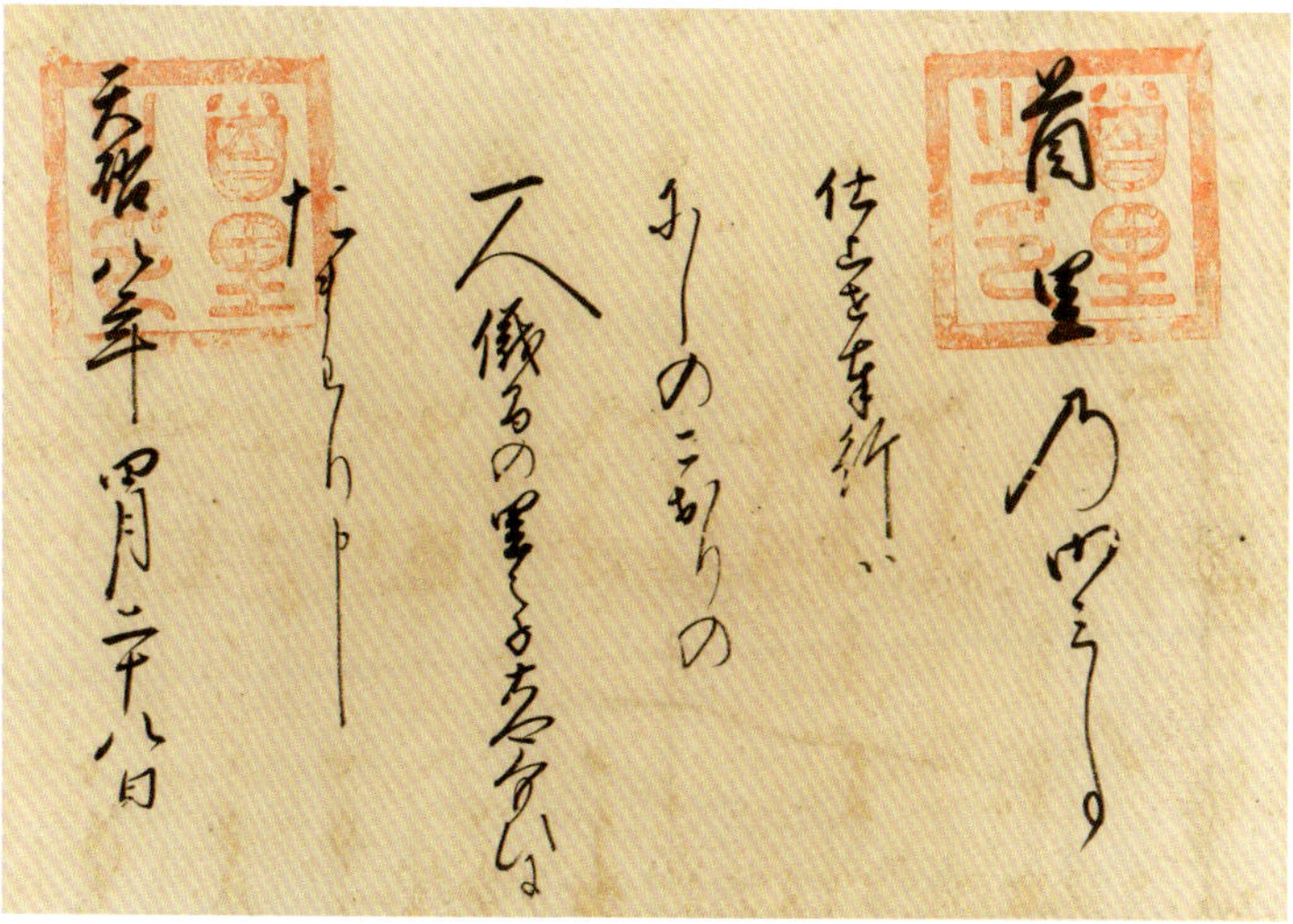

口絵6　過渡期辞令書　沖縄県立博物館・美術館寄託「田名家文書」
（→屋良健一郎「琉球辞令書の様式変化に関する考察」参照）

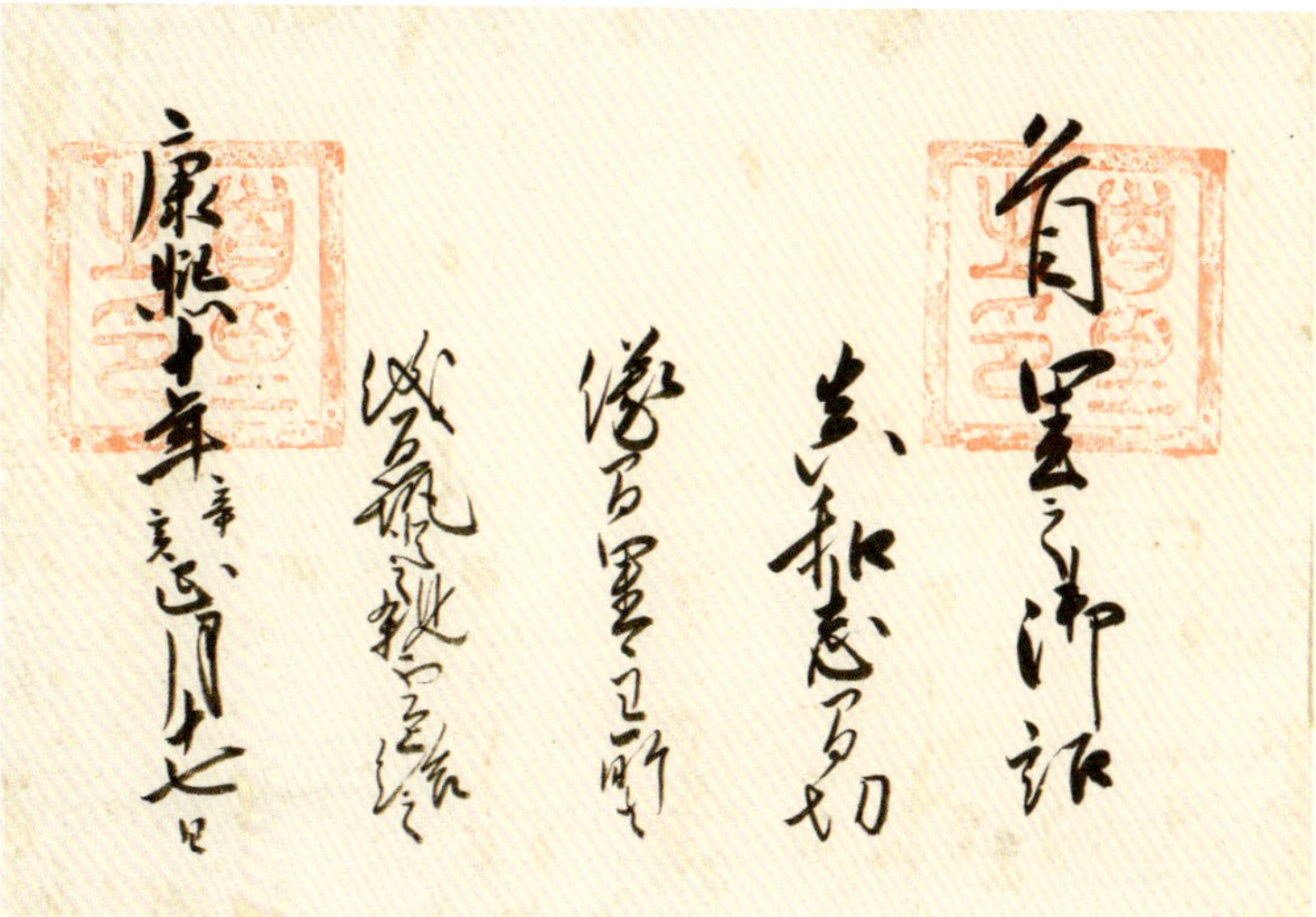

口絵7　近世琉球辞令書　沖縄県立博物館・美術館寄託「田名家文書」
（→屋良健一郎「琉球辞令書の様式変化に関する考察」参照）

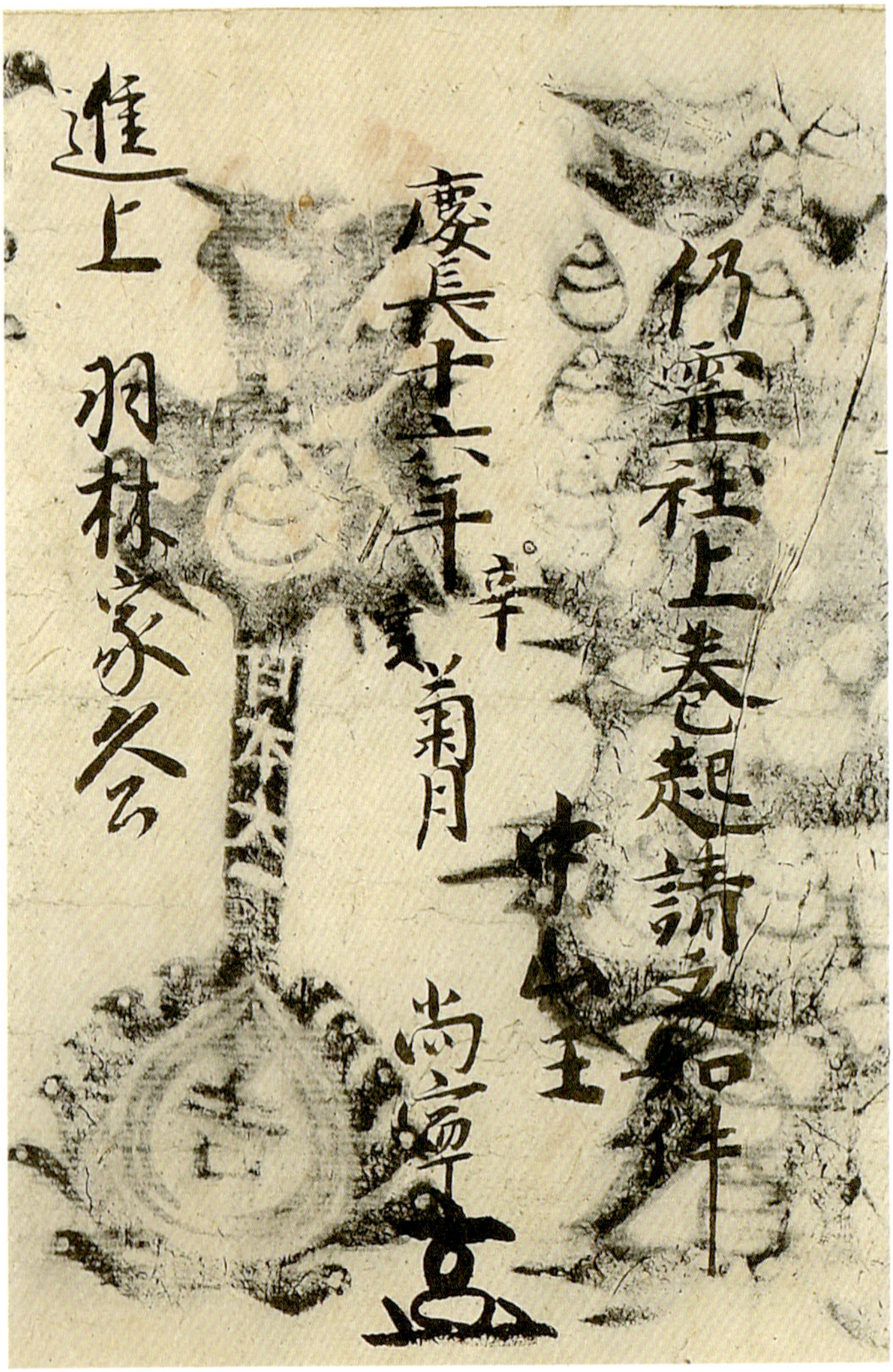

口絵８　中山王尚寧起請文（部分）　東京大学史料編纂所蔵「島津家文書」
（→山田浩世「琉球国中山王の花押と近世琉球」参照）

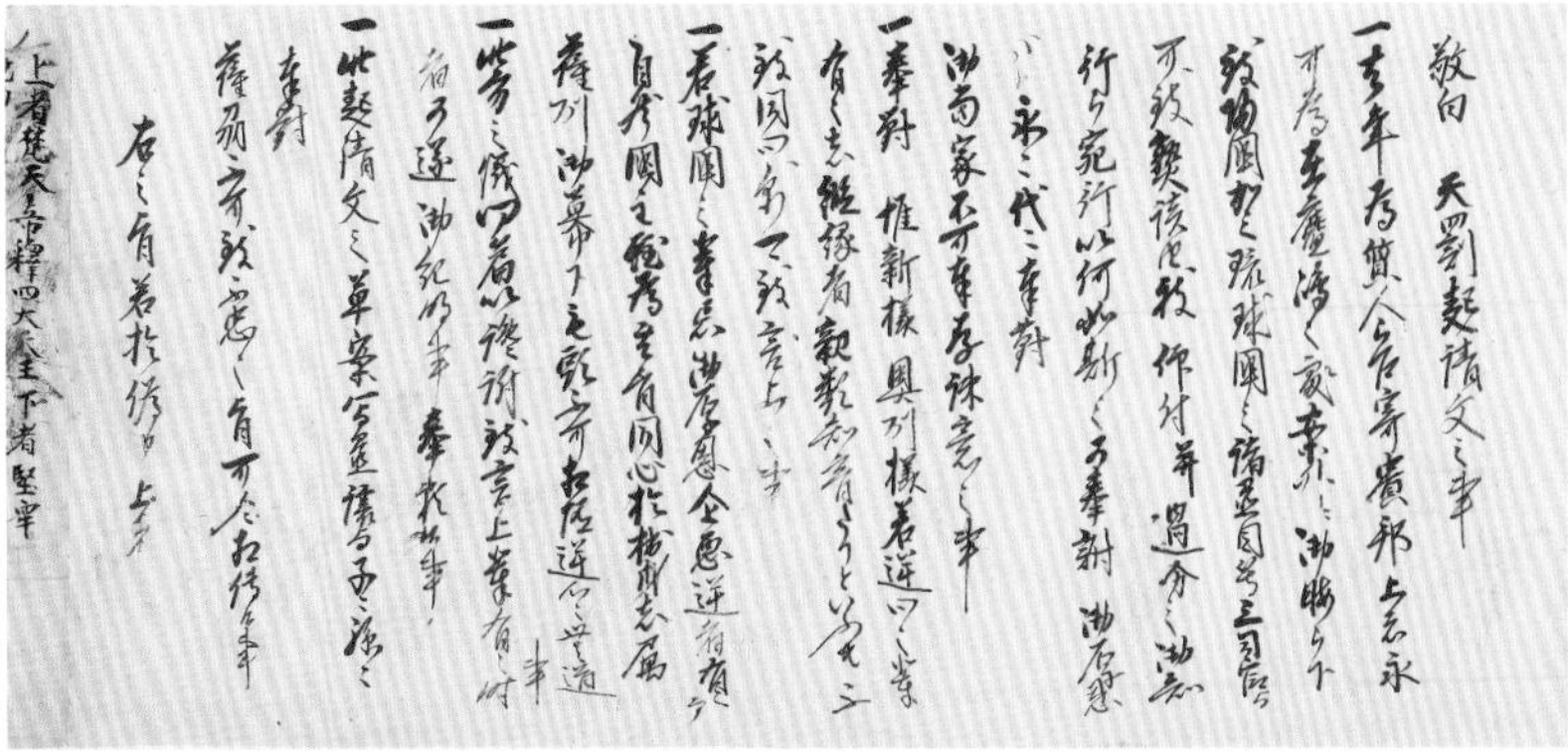

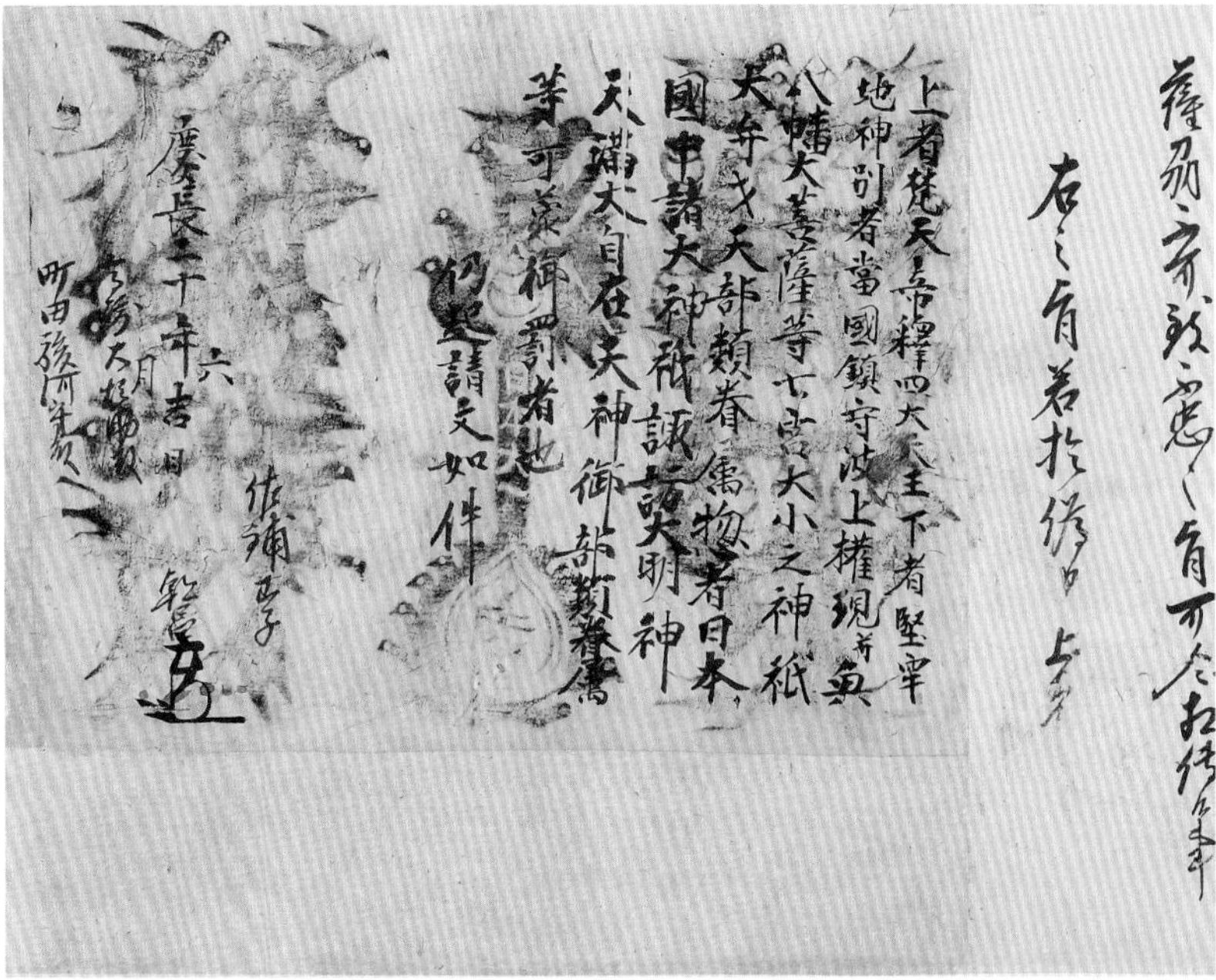

口絵9　佐敷王子朝昌起請文　東京大学史料編纂所蔵「島津家文書」
（→麻生伸一「近世琉球の国王起請文」参照）

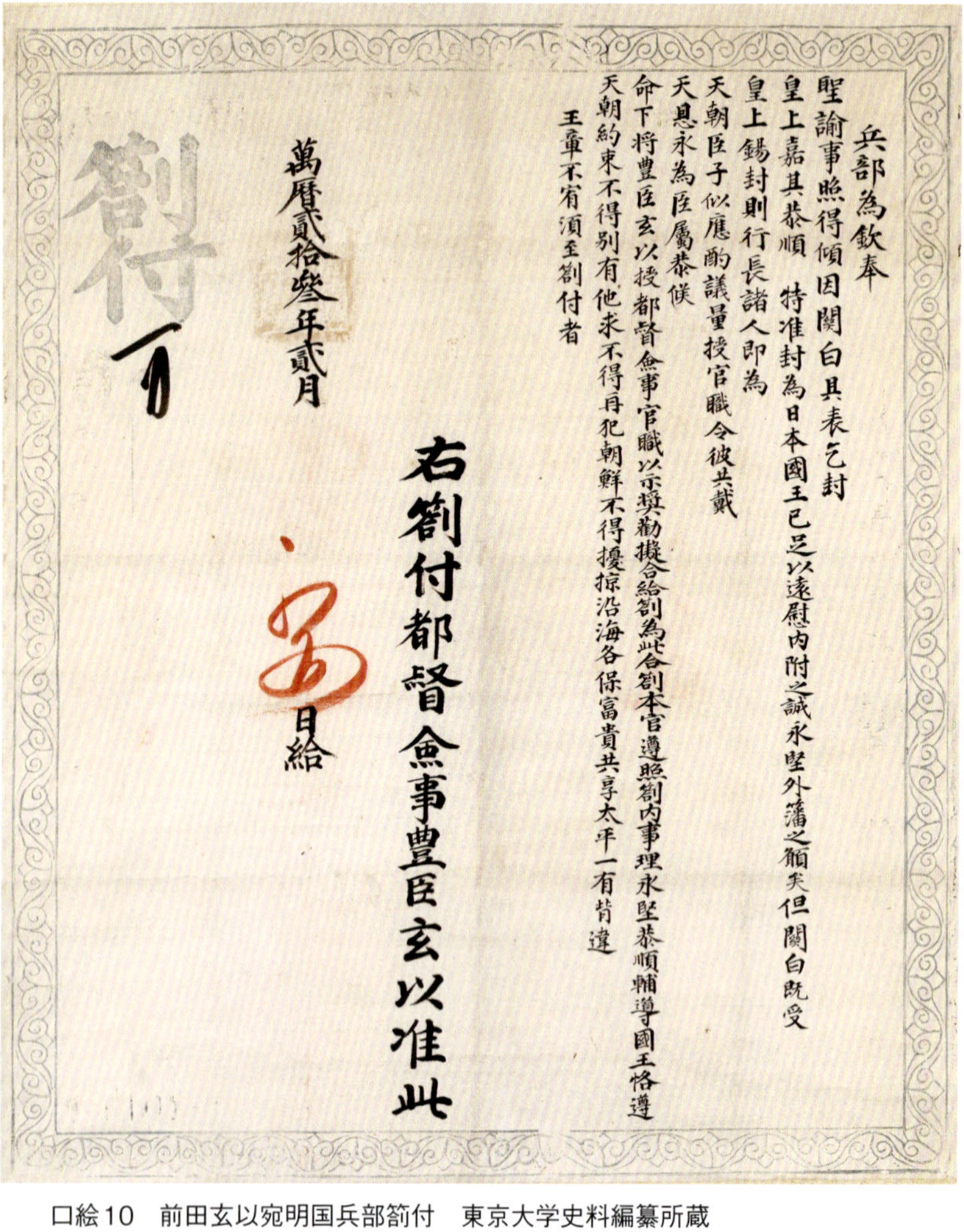
兵部為欽奉
聖諭事照得傾因關白具表乞封
皇上嘉其恭順　特准封為日本國王已足以遠慰内附之誠永堅外藩之節矣但關白既受
皇上錫封則行長諸人即為
天朝臣子似應酌議量授官職令彼共戴
天恩永為臣屬恭候
命下將豊臣玄以授都督僉事官職以示獎勸擬合給劄為此合劄本官遵照劄内事理永堅恭順輔導國王恪遵
天朝約束不得別有他求不得再犯朝鮮不得擾掠沿海各保富貴共享太平一有背違
王章不宥須至劄付者

右劄付都督僉事豊臣玄以准此

萬曆貳拾參年貳月　日給

劄付

口絵10　前田玄以宛明国兵部箚付　東京大学史料編纂所蔵
（→須田牧子「原本調査から見る豊臣秀吉の冊封と陪臣への授職」参照）

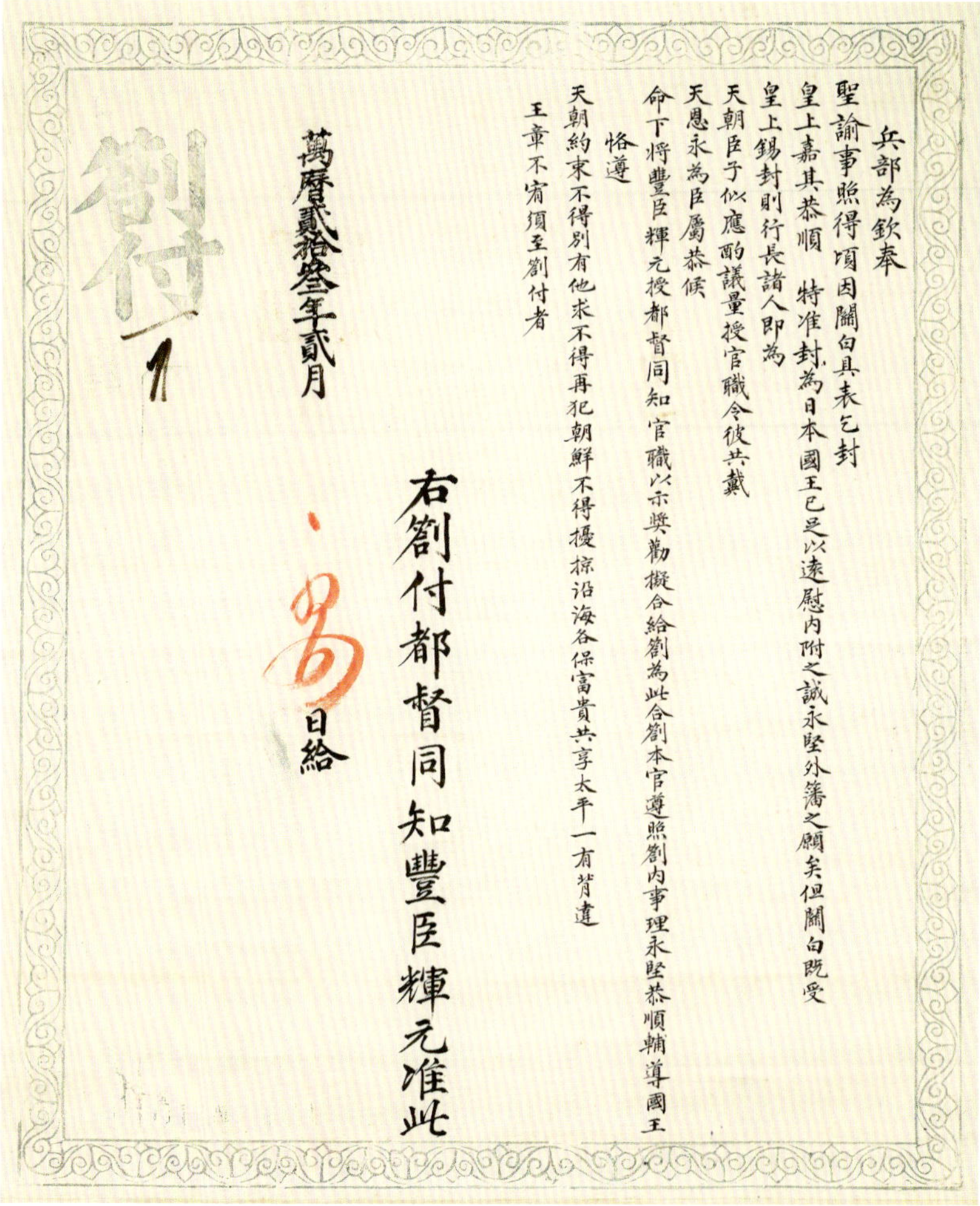
兵部為欽奉
聖諭事照得頃因關白具表乞封
皇上嘉其恭順　特准封為日本國王已足以遠慰内附之誠永堅外藩之願矣但關白既受
皇上錫封則行長諸人即為
天朝臣子似應酌議量授官職令彼共戴
天恩永為臣屬恭候
命下將豊臣輝元授都督同知官職以示奬勸擬合給劄為此合劄本官遵照劄内事理永堅恭順輔導國王
恪遵
天朝約束不得別有他求不得再犯朝鮮不得擾掠沿海各保富貴共享太平一有背違
王章不宥須至劄付者

右劄付都督同知豊臣輝元准此

萬曆貳拾參年貳月　日給

劄付

口絵11　毛利輝元宛明国兵部箚付　毛利博物館蔵
（→須田牧子「原本調査から見る豊臣秀吉の冊封と陪臣への授職」参照）

口絵 12 ①　本紙

口絵 12 ②　文中改変部分

口絵 12 ③　宛所改変部分

口絵 13 ①　本紙

口絵 13 ②　文中改変部分

口絵 13 ③　宛所改変部分

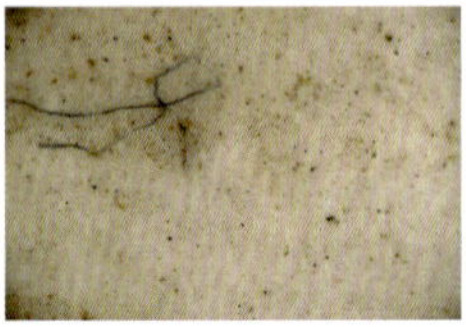

口絵12（上）　毛利輝元宛明国兵部箚付　毛利博物館蔵
口絵13（下）　上杉景勝宛明国兵部箚付　上杉神社蔵
（→須田牧子「原本調査から見る豊臣秀吉の冊封と陪臣への授職」参照）

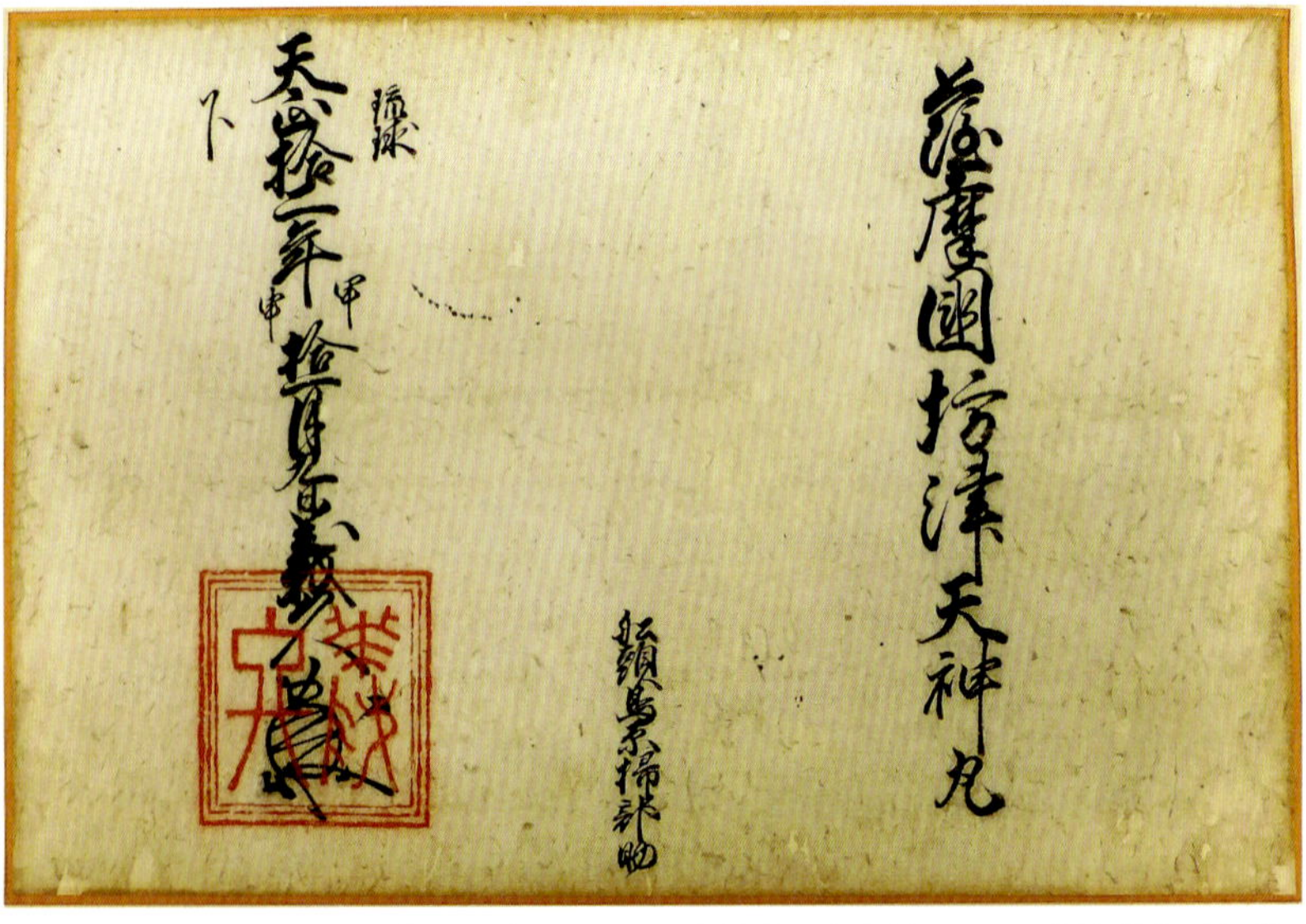

口絵14　琉球渡海朱印状（原本B）　南さつま市坊津歴史資料センター輝津館蔵（寄託）
（→黒嶋敏「琉球渡海朱印状を読む―原本調査の所見から―」参照）

序言

——船出にあたって——

黒嶋　敏
屋良健一郎

一　史料学の魅力

歴史研究にとって史料は不可欠の存在である。研究者は、史料を収集・分類し、文字を解読し、信頼度を吟味し、内容を深く読み取る作業を通じて、過去の事象を再構成していく。史料に立脚し、科学的に進められる歴史研究は実証主義史学と呼ばれ、近代以降の歴史学の基調となった。さらに近年では、モノとしての史料から多様な歴史情報を引き出していく自然科学的な分析手法が著しく進展したこともあり、歴史学の基礎研究という位置づけを越えて、史料学という一つの「学」を創りあげつつある。本書は、こうした魅力を持つ史料学の見地に立って、琉球史研究のさらなる活性化に寄与したいという思いからまとめられた論文集である。

もちろん琉球史研究においても、実証的な史料批判が重ねられ、いくつもの大きな成果をあげてきた。ただその一方で、「史料学」という問いかけは、十分に共有されるまでには至っていないように思われる。この点を、日本史研究における史料学の状況と比較しながら確認しておこう。

＊　＊　＊

近代以降の日本史研究において、実証主義の浸透とともに重視されてきたのは文献史料であり、同時代の陳述である一次史料と後世の産物である二次史料とを峻別することが、まず求められてきた。とりわけ中世を対象とした研究では、差出（発給者）・宛所（受給者）の明確な文書（古文書）を一次史料の根幹に据え、古文書の類型化や真偽判定の精度を高めるために「古文書学」が発達し、史料論の中枢に位置することになった。

こうした状況は、時には揶揄を込めて「古文書至上主義」とも評されるが、一九七〇年代から徐々に流れは変化していった。それまで古文書の周縁史料とされた日記・帳簿類をはじめとする広範な文献史料に目が向けられるとともに、系図・覚書・編纂物や偽文書などの二次史料とされるものでも、「それが記されたことの意味」を問い、そこから歴史情報を引き出すことで史料的価値を見出しうるとの認識が広がっていったのである。さらには折からの社会史ブームもあって、考古資料・絵画資料・建築資料・民俗資料などの諸資料に潜在する歴史情報にも関心が広がり、そうした多様な史料にも目を配る必要性が指摘されていった。

このように日本中世史研究では、古文書を中核としつつも、その外側に位置した文献史料や種々の資料へと史料の枠組みを広げていく、大きなうねりが起きた。これに共振するかのように、古文書研究においても新たな潮流が発生していく。東寺百合文書など大規模文書群の整理事業の進展にともなって、古文書という文化財が持つモノとしての側面にも注目が集まり、形態や紙質などに着目して歴史情報を引き出そうとする新たな分析視角が次々に提起されたのである。

この点をもう少し具体的に見ておこう。たとえば、ある古文書の場合、そこに記された文字は史料集に翻刻され簡便に読めるとしても、使われている紙の種類や大きさ、墨色、文字の崩し方、経年変化の状態など、その一通に内在している歴史情報は、専門的な分析と検討を経たうえで史料集に特記されないかぎり、人々の眼には触れにくい。モノとしての史料が持つ歴史情報は、研究者が意識的に分析していかなければ姿を現さないのである。また二〇〇〇年代以降、デジタル顕微鏡を始めとした高精細の分析機器が発達・普及したことにより、その分析手法は大きく進化した。高度で精緻な自然科学的手法によって、肉眼では見えなかった歴史情報が、文字通り白日のもとに晒され、研究者に驚きを与えていった。新たな技術の登場が史料そのものを再検証する動きを加速させ、史料学の必要性が、日本史研究者の間に強く認識されるようになったのである。

二　琉球史研究と史料学

史料の枠組みを古文書という中核から広げていった日本史研究と比較すると、琉球史研究の史料学的な分野においては、体系的な史料論を論じにくいという独特な状況があった。この点を、琉球史研究の流れを史学史の観点から振り返ることで確認しておこう。

近代沖縄では、従来の郷土研究をベースに文学・民俗学・地理学など、多様な学問的関心から複合的に追及していく「沖縄学」が隆盛を見せ、これに密接にかかわる形で琉球史研究が展開していった。沖縄学のパイオニアとして多大な功績を持つことで知られる伊波普猷は、東京帝国大学に在学中、「自分は文献の考証には、あまり興味を有たない、また得手でもないから、その方面は君で担当して呉れ」と、実証主義的な琉球史研究を後輩の東恩納寛惇に託す発言をしている（「伊波君の想出」、琉球新報社編『東恩納寛惇全集　九』第一書房）。琉球の古い歌謡である「おもろ」の研究に生涯を捧げていった伊波が、当初から実証主義的な史料考証への沈潜とは別の研究スタイルを志向したことは、沖縄学の方向性にも大きな影響を及ぼしたといえるだろう。

地域研究としての沖縄学が、さまざまな学問領域の方法論を導入して、分野横断的に琉球・沖縄の大きな全体像を描き出そうとするなかで、文献史料に基づく実証主義的な歴史研究は実証を重んじれば重んじるほど、ともすれば個別事例の追究に陥りがちになる。伊波から実証主義的な琉球史研究を託された東恩納寛惇をはじめ、小葉田淳や真境名安興など、近代における琉球史研究で着実な成果を上げた先学は少なくないが、それらを大成し、文献史料の体系的な把握へと編み上げていくまでには至らなかった。

そしてもう一つ、琉球史研究における史料学の発達を困難にした原因は、まさに混淆ともいうべき史料の残存状況にある。琉球王国時代の文献史料は、量的に充実してくる第二尚氏王朝の時期に限っても、『中山世鑑』『中山世譜』など王府編纂の正史、家臣たちの家譜、辞令書をはじめとする古文書、近世以降に膨大な点数が残る王府関係の記録類、各地に残る地方史料といった具合に多岐に渡る。しかもそこに、前述の「おもろ」の歴史事象を語る部分や、さらには金石文や発掘遺物・遺構などを加えれば、その複雑さは明らかであろう。加えて、その地理的な特性から対外関係の史料も豊富にあり、おもなところでも外交文書集である『歴代宝案』や、『明実録』『李朝実録』など東アジア諸国の正史・記録、島津氏関係史料など日本側に残る種々の文書・記録、一六世紀以後はヨーロッパ人の手になる諸記録といったあたりを視野に含めなければならない。琉球語はもとより、アジアの公用語だった漢文から日本語の候文、さらにはヨーロッパ諸語まで、バラエティーに富んだ文献史料を琉球史研究者は読解していかなければならず、個別史料の所在と内容の把握に多大な時間と労力を費やしたのだった。

しかも、沖縄戦に代表される近代沖縄が辿った過酷な道のりによって、数多くの貴重な史料が散逸してしまっている。そのような状況下、戦後の琉球史研究ではまず史料の収集と翻刻・編纂による研究基盤の整備が進められていった。『沖縄県史』『那覇市史』などの自治体史や沖縄県教育委員会による辞令書・金石文調査など、公的機関による史料調査が着手され、その後、『沖縄県史』『那覇市史』の成果を継承する形で刊行された各自治体史では、資料篇のさらなる充実が図られ、多様な史料が活字化され簡便に読めるようになった（高良倉吉「琉球史研究をめぐる四〇年」

『沖縄文化』四〇―二、二〇〇六年）。

これにあわせて琉球史の研究状況も変化した。一九七〇年代後半には安良城盛昭が琉球史研究に参入したことで、史料に基づく実証的研究の重要性がこれまで以上に強く意識されるようになったのである。一九八〇年代に入ると、諸史料を駆使して「外国」としての琉球を雄渾に描き出した高良倉吉の著作が次々と発表され、琉球史に携わる研究者の数も飛躍的に増加していく。史料環境の整備は、近年の『歴代宝案』や『琉球王国評定所文書』といった大部の史料集の翻刻・刊行事業へと続いており、史料群ごとに詳細な検証がなされつつある。

こうして活字史料集の蓄積と研究の進展が同時に並行して進んだことで、最近では、琉球史研究においても史料学の必要性が指摘されるようになった。たとえば、川島淳は「歴代宝案」写本の形態などを踏まえつつ、戦前の筆写年代について考察し、「琉球・沖縄史料学」構築の重要性に言及している（「那覇市歴史博物館所蔵『歴代宝案』に関する史料学的考察――生成・来歴・目録記述に焦点をあてて――」『壺屋焼物博物館紀要』一三、二〇一二年）。また、豊見山和行は、科学研究費助成事業（基盤研究B）「琉球史料学の基礎的構築に基づく近世琉球史研究」（平成二八年度～平成三一年度）の研究代表者として、「琉球史料学」構築に向けた研究に着手している。豊見山は、琉球史研究において古文書学の確立が課題であることを一九九〇年代初頭にすでに指摘しており（『新琉球史――近代・現代編――』琉球新報社、一九九二年、三九六頁）、「琉球史料学」への取り組みもそのような問題意識と関係していよう。ちなみに、「史料学」という語を書名に冠したものとしては、我部政男『沖縄史料学の方法　近代日本の指標と周辺』（新泉社、一九八八年）という随想集がある。同書は主として近代史料の調査・収集・公開に関する文章を集めたものである。

このように現在、琉球史研究においても史料学の手法が、課題として意識されつつある。そしてそこには、二つの方向性を見て取ることができよう。一つは、活字に翻刻された史料のさらなる検討である。史料にとって活字化はゴールではなく、ふたたび原本に立ち返り、より深く史料そのものを理解する作業は続けなければならない。そのためには、史料が持つ歴史情報をさらに引き出すための方法論を探求し、それによって拡充させた情報量を、広く共有・蓄積していくことが求められてくる。もう一つは、多種多様な琉球関係史料を、総合的に把握しうる環境の構築が挙げられる。たとえば、林立している種々の史料集を関連づけるデータベースのような仕組みである（一部はかつての文部省科学研究費重点領域研究「沖縄の歴史情報研究」で実現したが、公開から二〇年を経た今、現在のウェブ環境に即したデータベースの再構築が望まれる）。個々の史料のさらなる追究と、史料の総合的な把握。二つの方向性は、琉球史料学という船が進むための、いわば緯度と経度にあたるものであろう。

しかもこの琉球史料学は、古文書学という中核から広がっていった日本史料学とは異なり、そもそも広範な史料を包摂しているため、独特の展開を見せる可能性が高い。意識的に琉球史料学という視点を持つことで、個別史料の追究によって研究の基礎を固めつつ、これまでに築かれてきた史料論を横断的に連携することで、より一層の研究活性化を期待できるものとなるはずである。

三　東京大学史料編纂所と琉球史料

ここでふたたび、視点を本土側に移してみたい。日本で史料研究を専門的に続けている研究機関の一つに、東京大学史料編纂所がある。史料編纂所は「本邦に関する史料の研究、編さん及び出版」を行う東京大学の附置研究所であり、その前身は明治政府による修史事業へ遡り、さらなる淵源は江戸幕府の援助によって開設された和学講談所に至る。国内・国外を問わず各種の日本関係史料の収集と分析を行い、これらを史料集として編纂すると同時に、史料学の見地に立った史料そのものの研究にも積極的に取り組んでおり、こうした研究成果は、各種展示や「史料学セミナー（一九九六～二〇〇五年）」などによって公開・発信されている。

史料編纂所の特徴的な事業の一つに、史料採訪《さいぼう》と呼ばれる史料の収集・調査事業がある。採訪は明治期より本格化し、史料の所在情報の収集と複製の作成を目的とし、謄写本・影写本からマイクロフィルム撮影による写真帳、近年ではデジタル撮影による画像データ化など、それぞれの時代における最善の方法によって複製を作り続けてきた。明治期以来、採訪は全国の都道府県を対象に展開されているが、そのなかでとくに件数が乏しいのが、ほかならぬ沖縄県になる。戦前までの交通事情の悪さ、沖縄戦での史料散逸、戦後の米軍統治などといった物理的な諸要因だけでなく、琉球が日本とは別の王朝によって統治されていたという歴史的事実もあって、琉球よりは日本に関する史料を対象とする採訪を優先させた結果であろう。

とはいえ、史料編纂所が琉球史料にまったく関心を示さなかったわけではない。試みに同所のホームページで公開されている「所蔵史料目録データベース」で琉球に関する史料を検索してみると、戦前の二つの時期に、集中して写本類が作られていることが分かる。一つは一九〇〇年代初頭の三上参次による採訪で、琉球処分後、首里城内から東京の内務省へと接収された史料群を対象としたものであった。三上は、史料編纂掛（史料編纂所の前身）の事務主任（現在の史料編纂所所長に相当）を務めつつ、兼務していた東京帝国大学文科教授の教え子に東恩納寛惇がいたことから、ある程度琉球史にも通じていた可能性がある。三上の採訪によって、関東大震災（一九二三年）で多くを焼失した内務省所蔵の琉球史料について調査情報が残ることとなり、これは現在も琉球史研究に活用されている。もう一つの史料採訪のピークが、琉球処分後に東京移住を命じられた尚家の所蔵史料を対象とした、一九二〇年代の調査である。詳しい経緯は不明であるが、尚家と関係の深い東恩納寛惇が編纂した『尚泰侯実録』の刊行（一九二四年）直後にあたることから、やはり東恩納が介在した可能性が考えられる。これらの採訪はいずれも東京に所在するものを対象とし、悉皆調査というよりは日本関係史料に重点を置いて抜粋したものではあったが、条件さえ整えば、採訪の対象に琉球史料も含まれえたことを示す事例といえる。

こうした来歴を持つ史料編纂所は、戦後、新制大学のもとで再出発を果たしてから間もなく、島津氏に関する史料群を購入した。現在「島津家文書」と総称されるこの史料群は、総点数で約一七〇〇〇点にも及ぶ大部なもので、その歴史的価値の高さから武家文書の白眉とされ、二〇〇二年にはこのうち八四八巻ほかが国宝に指定されている。島津氏は歴史的に琉球と深い関係を有してきたため、「島津家文書」には国王をはじめとする琉球側から発給された文書の原本が数多く伝来しており、琉球関係文書についても、世界的に群を抜いた点数を誇っている。しかし、琉球関係文書が有している歴史情報を引き出すには、日本史を研究対象とする史料編纂所のスタッフだけでは手に余るものがあり、琉球史研究者の専門的な知見を仰がねばならなかったのである。

四　本書の構成

琉球史研究者に対する史料編纂所側からのニーズと、史料学の展開を課題として意識していた琉球史研究者のニーズと。これらが融合し、進められた一つの共同研究が、本書を生み出す母体となった。

その経緯をふりかえっておこう。東京大学史料編纂所は二〇〇九年、文部科学省より「日本史史料の研究資源化に関する研究拠点」に認定され、翌年度より活動を開始した。これは、史料編纂所がこれまでに蓄積してきた研究資源を基礎として、国内外に存在する日本関係史料について、多くの研究者と連携して共同調査・共同研究を行うものである。

その一般共同研究の一つとして、二〇一四年度より、屋良健一郎を研究代表者とした「史料編纂所所蔵琉球王府発給文書の基礎的研究」がスタートした。翌年度まで二年の共同研究には屋良のほか、上里隆史、麻生伸一、山田浩世、村井章介（二〇一五年度より）に加え、史料編纂所から黒嶋敏、須田牧子が参加した。研究内容は、史料編纂所所蔵の「島津家文書」に伝来する琉球王府の発給文書について、原本の精緻な観察調査とデジタルカメラによる撮影を行なうというものである。ただ予算と日程の都合から、調査対象は一六四〇年に没する国王尚豊の代までの文書の原本調査としては、『辞令書等古文書調査報告書』（沖縄県教育委員会、一九七九年）以来といえるだろう。（約六〇通）に限定せざるをえなかったものの、量的にまとまった琉球王府発給文書の原本調査と

調査によって、とくに印章や花押の問題を中心に新たな所見が得られたため、その成果を報告する場として、二〇一五年一二月一二日、沖縄県立芸術大学においてシンポジウム「琉球史料学の船出」を開催した。シンポジウムでは、共同研究メンバーに、趣旨に賛同してくださった豊見山和行・畑山周平を加えた八名が登壇し、「島津家文書」をはじめとする琉球関係史料に関する諸問題を報告した。本書は、このシンポジウムにおける口頭報告をもとに、論文集として再構成したものである。

次に、収録された各論考の内容を概観しよう。まず第一部は「古琉球の史料学」として、古琉球の史料に関する論文三本を集めた。上里隆史「古琉球期の印章」は、現在判明している古琉球期の印章をまとめたうえで、そのなかで使用例の多い、国王印（「首里之印」）と三司官印について精緻な分析を加えている。使用された古文書の原本調査の結果、それぞれの印章に時期的な差異があることが明らかとなり、古琉球期の日本向け外交文書の作成や文書行政を考えるための大き

なヒントを与えている。村井章介「かな碑文に古琉球を読む」は、文字史料である碑文に着目し、かなと漢字の使い分け、碑の表・裏の意味を考えていく。碑文の文字だけでなく、碑そのものをモノとして検討することで、「女の領域」の広さ等、古琉球社会の実像に迫っていく手法は、まさに碑文の史料学といえる。ちなみに村井は、シンポジウムのタイトル、つまりは本書のタイトルの名付け親でもある。屋良健一郎「琉球辞令書の様式変化に関する考察」は、琉球国王が臣下に官職・給地を授ける際に発給された、いわゆる辞令書と呼ばれる文書を扱う。古琉球期から近世初期にかけての辞令書の様式変化の背景を、琉球の政治・制度の変化と絡めて理解しようとしている。以上の三本でそれぞれ示された日本向け外交文書、碑文、辞令書への分析視角が有機的につながる時、古琉球史料を考える上での新たな論点も浮かびあがってくるのではないか。

続く第二部では、「近世琉球の史料学」として、島津侵入事件以後の近世琉球の史料に関する論文三本を集めた。山田浩世「琉球国中山王の花押と近世琉球」は、国王が日本向け文書で使用した花押を検討し、その形と文書の内容を突き合わせて尚寧・尚豊二代の花押編年を示すだけでなく、以後の歴代国王の花押の規範となった側面にも言及している。史料集に翻刻されるときには「(花押)」と省略されてしまうが、花押もまた、雄弁な史料であることが論証されている。麻生伸一「近世琉球の国王起請文」は、琉球国王が薩摩藩主島津氏に出した起請文について、文言だけでなく、起請文というモノをめぐる儀礼にも注目していく。ともすれば固定的な制度と理解されがちな国王起請文であるが、そのありようが近世琉球の政治史のなかで変容していく様子を丹念にたどっている。豊見山和行「「言上写」再論――近世琉球における上申・下達文書の形式と機能――」は、これまで本格的な検討から外れていた「言上写」を取り上げ、国王への上申(「言上」)の存在を前提とした、国王の上意下達文書という機能を持ったことを解明する。広義の国王発給文書として機能した「言上写」の存在によって、これまで辞令書を中心に構築されてきた国王発給文書の枠組みにも再考を迫るものである。以上の三本によって、史料の量的な多さに圧倒されがちだった近世琉球の研究においても、史料に根差した分析が着実に進みつつあり、それと同時に、関連史料の存在によって、史料の作成・発給と密接に絡む議事や儀礼の問題を含みこんだ史料論へと、新たな展開の可能性を持つ分野であることが諒解されよう。

最後の第三部では、「周辺からの逆照射」として、琉球と関係の深い日本側・中国側の史料に関する論文三本を集めた。畑山周平「島津氏関係史料研究の課題――近世初期成立の覚書について――」は、まだ戦国の記憶が生々しい時期に記された覚書類を取り上げ、書誌学的な手法を駆使しながら、その史料的性格を論じていく。関連史料が豊富なように見える島津氏にあっても、案外良質な同時代史料に乏しく、その制約を踏まえた分析視角を提示する。須田牧子「原本調査から見る豊臣秀吉の冊封と陪臣への授職」は、豊臣秀吉政権と明との和睦時に発給された文書をもとに、精緻な原本調査から、秀吉の冊封の具体的な経緯の復元を試みる。紙質の調査が政治史研究にも応用しうることを明示するだけでなく、日本や琉球など明の周辺諸国にとって一大セレモニーであった冊封を考えるための、重要な指摘をしている。黒嶋敏「琉球渡海朱印状を読む

──原本調査の所見から──」は、戦国期に島津氏が発給していた琉球渡海朱印状を素材に、書札礼と原本文書が持つ特徴が異なることから二つの宛所を想定し、そこに大きく影響していた、抜き差しならない島津氏と琉球との関係性を取り上げる。以上の三本は直接に琉球史を対象としたものではないが、外との関係性のなかで琉球史料を考える視点を提供するとともに、展開される方法論は琉球史料学にもフィードバックしうるものといえるのではないだろうか。

これら九本の論文はどれも多彩な内容を持っているので、ここでの紹介は触りのみにとどめ、結論へと至る興味深い考察は本文に譲ることにしよう。各執筆者とも、共同研究やシンポジウムを進めるなかで意見交換を行い、史料学の見地から琉球史研究をさらに豊かなものにしたいという志を等しくしている。読者の方は、関心を持たれたページからめくっていただければと思う。

＊　＊　＊

活字史料の先に広がる、豊饒なる歴史情報の海へ。琉球史料学という船が今、若夏の風のなかに帆を上げようとする瞬間を、感じとってくだされば幸いである。

二〇一七年五月

目次

第一部　古琉球の史料学

古琉球期の印章

上里隆史

はじめに

琉球では前近代を通じて文書に印章が多用されていたことは周知の事実である。明・清の朝貢国であった琉球は一四世紀以降に中国皇帝より鍍金銀印を下賜された。また国内においては国王の印として「首里之印」が使用された他、首里王府の各機関でも印章が使用され、近世になるとさらに一般庶民の間にも普及し、様々な証文類にも個人印が使用されていた。

印章についての先行研究は、中山王府の印について概説した［東恩納一九七七］、国王辞令詔書（辞令書、御朱印）中の「首里之印」（［沖縄県教育庁文化課編一九七九］）、中国皇帝より下賜された鍍金銀印（［徐一九九一、上江洲二〇〇〇］）、今帰仁グスク出土の印章（［渡辺二〇〇九］）、関連して琉球渡海朱印状（［徳永一九八〇、重永一九九三、福島二〇〇六、荒木二〇〇六、黒嶋二〇一二］）などの研究が散見されるが、いずれも部分的な言及にとどまり、これらを体系的にまとめた研究はみられない。本稿では琉球においてどのような印章が存在し、どのような特徴を有するのか、特に島津家文書中の琉球外交文書群を用いながら、古琉球期（一二世紀頃～一六〇九年）の状況を中心に述べていきたい。

一　古琉球期の印章

①「琉球国中山王之印」「琉球国山南王之印」「琉球国山北王之印」

明・清の朝貢国だった琉球では、中国皇帝より鍍金銀印が下賜された。一四世紀、沖縄島に三つの勢力（山北・中山・山南）が割拠するなかで洪武五年（一三七二）に中山王が入貢し、山南・山北がこれに続いた。まず洪武一六年（一三八三）に中山王察度《さっと》、洪武一八年（一三八五）に山南王承察度、山北王帕尼芝《はにじ》に「駝紐《だちゅう》鍍金銀印」がそれぞれ下賜された（『明太祖実録』）。「駝紐鍍金銀印」とはラクダの形をした紐式（印のつまみ）に金メッキが施された印である。印文は「琉球国中山王之印」「琉球国山南王之印」「琉球国山北王之印」であったと考えられ、大きさは他の朝貢国に下賜された印が中国の三寸四方であることから、琉球も同じサイズであったと推定されている（［徐一九九一］）。

その後中山王の地位を奪取した思紹・尚巴志らによって永楽一四年（一四一六）に山北が、宣徳四年（一四二九）に山南が滅ぼされ中山による統一王朝が成立、中山王の印が事実上の琉球国王印となった。山南王・山北王印のその後の所在は不明である。景泰四年（一四五三）、尚金福王の死後に起こった王位継承争い（志魯《しろ》・布里《ふり》の乱）により首里城は焼失、その際に鍍金銀印も鎔解したという（『球陽』）。翌年、王弟尚泰久は明へ遣使し、志魯・布里の乱で府庫を焚焼し、鍍金銀印も焼失したことを報告、中山王印の再度の下賜を要請し、認められている（『明英宗実録』）。再下賜された中山王印は明清交替にともない順治一一年（一六五四）に清に返還するまで使用された。

　明代の中山王印は清に返還したため現存を確認できず、押印した文書も現段階で未確認であり、印面も不明である。中山王印は日本以外の外交文書にのみ使用されており、残存する琉球の国内文書には中山王印を使用した例はなく、国内では、「首里之印」が国王印としての役割を果たしていた。

②半印勘合

「半印勘合」とは朝貢などの海外渡航に際し、琉球側が独自に設定した通交管理の制度である。符文・執照（渡航証明書）に使用した一種の往来手形であり、文書中に字号の押印がされている（岡本二〇一〇）。「義」「地」「玄」などの好字があてられ、その初見は宣徳元年（一四二六）の義字号の半印勘合（『歴代宝案』一―二八―一）で、岡本氏は一五世紀前期に制度が創始されたと推定する。

　半印勘合が押された古琉球期の符文・執照は現存が確認されておらず、詳細は不明だが、清代の符文・執照の写しがかつての台北帝国大学の史料学研究室に所蔵されていたとみられ、小葉田淳氏が著書のなかで写真を紹介している〔小葉田一九九三〕。小葉田氏によると近世の半印勘合は「経約十糎の円印の左半が方形の紙篇に貼付」けられていたといい、「明代も同様であったと思われる」としている。この半印勘合は王国が滅亡する一九世紀まで一貫して継続された。琉球の半印勘合は明側が朝貢国に設定した勘合とは異なるものであるが、明の勘合制度を模倣し、押印のシステムを琉球に導入した事例として注目されよう。

③「海印」（図1）

一五世紀初頭に成立した第一尚氏王朝が使用したのが「海印」である〔何一九九二、梅木一九九八〕。使用例は琉球代主《よのぬし》書状〔阿多文書〕の一例のみである。年代は一五世紀前半頃と推定され、梅木哲人氏は応永二七年（一四二〇）に比定している。本文書を紹介した相田二郎氏は「代主の字面に「首里之印」より遥かに小さい、上の如き朱印が捺してある。〔略〕この朱印から次に「首里之印」を用いたものと推想せられる」〔相田一九四九〕と述べる。差出が「代主（世の主＝国王）」であることから後の「首里之印」と同様に国王印としての役割を果たしたと考えられる。

また印影は不明だが応永二七年（一四二〇）室町将軍宛て代主国書（写本）にも朱印とみられる押印が確認されることから〔佐伯一九九四〕、「阿多文書」と同じく室町将軍に対しても「海印」を外交文書に使用していた可能性がある。

「海印」とは「宇宙の一切を覚知しうる仏の智」という仏教用語を意味しているとみられ、一五世紀前半の段階で「十刹」と称する官寺を整備した第一尚氏王朝の仏教信仰（［知名二〇〇八］）を裏付けるものといえる。

国内向け文書での使用は確認できないものの、日本向け外交文書と国内文書に併用していた「首里之印」の例を考えると、第一尚氏王朝期に発給したであろう国内文書にも押印されていた可能性がある。

④「首里之印」（図2）

第二尚氏王朝の国王印で、大きさ九・五〜九・六センチの方形朱印である（［沖縄県教育庁文化課編一九七九］）。国王辞令詔書（御朱印）や日本向け外交文書に使用された。朱印。最古の使用例は「島津家文書」中の島津御屋形御奉行所宛て金丸世主書状（一四七〇〜一四七六年）、国内文書は嘉靖二年（一五二三）渡閩船宝丸の官舎職補任辞令書が確認されている。辞令

図1　「海印」（東京大学史料編纂所蔵「阿多文書」影写文書）

図2　「首里之印」（東京大学史料編纂所蔵「島津家文書」）

詔書の朱印は、漢字交じりの平仮名文の文書の左右上部二ヵ所を押印する独特の形式だが〔高良一九八七〕、印は国王を表わす「しより（首里）」と中国年号に合わせて押されたように見える。明の勅書には年号の箇所に「廣運之寶」の朱印が、朝鮮の書契には国王名の箇所に「為政以徳」の朱印が押されており(1)、琉球にもたらされた外交文書を参考に辞令詔書の形式がつくられた可能性を指摘できる。

古琉球・近世を通じて「首里之印」は継続して使用され、辞令詔書のみならず士族家譜その他国内文書などにも押印されたが、皇帝より下賜された中山王印を使用した事例は見当たらず、国内文書と外交文書で印を使い分けていたことがわかる。琉球では冊封・朝貢関係により中国の権威が王の国内における求心力を高める役割を果たした。例えば明より下賜された皮弁冠・皮弁服は王権の象徴物として位置づけられ、琉球にもたらされた冊封の勅書（詔勅）は「鎮国の宝」とされた〔豊見山二〇〇二〕。にもかかわらず国内においては中山王印を一切使用せず、わざわざ独自に「首里之印」を製作し使用していたのはなぜか。古琉球の対日向け外交文書が国内同様の「首里之印」を使用していた問題ともあわせて検討すべき課題である。

また詳しくは後述するが、「首里之印」には二つのタイプが存在したことが今回判明した。

⑤「三司官印」（図3）

琉球の国政を担当する三司官の印章。方形朱印で大きさは七・〇〜七・二センチ。国内文書の使用例は古琉球期の三司官発給の文書そのものが現存していないので未確認である。使用例は正徳一六年（一五二一）種子島武蔵守宛て三司官書状など外交文書のみ四点が確認されている。近世期には「法司之印」に代わる。「首里之印」の使用例と同じく、日本向け外交文書と国内文書に併用していた可能性がある。これも後述するが、三司官の印も二つのタイプが存在していたことがわかった。

⑥「那覇」（図4）

港湾都市那覇の行政を担当していた那覇主部《ぬしべ》（那覇之奉行）の印章。大きさは五・〇センチの方形朱印で、使用例は「島津家文書」中の島津氏老中宛て那覇主部中書状（一五五九年か）の一点のみである。那覇主部発給の国内文書はなく、その他の使用例は未確認である。一方で、古琉球期の沢岻《たくし》里主・那覇里主書状（「島津家文書」）には「首里之印」を使用する例も見られる。那覇里主は那覇主部を構成する一員だったとみられるものの、「那覇」印を使用し

図３　「三司官印」（東京大学史料編纂所蔵「島津家文書」）

図４　「那覇」（東京大学史料編纂所蔵「島津家文書」）

ていない。この問題についても後述したい。

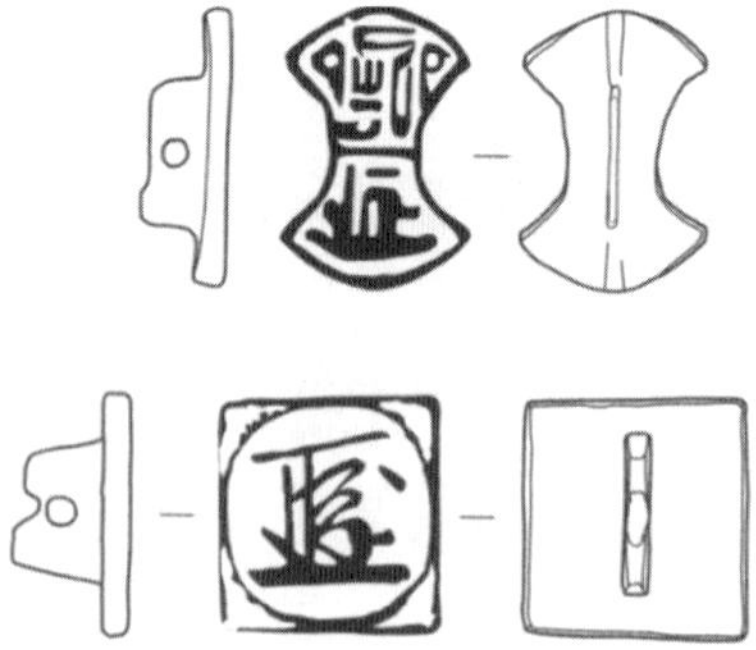

図５　今帰仁グスク出土の印章（今帰仁村教育委員会蔵）

⑦今帰仁グスク出土の印章（図５）

沖縄島北部の今帰仁グスク外郭と志慶真《しげま》門郭で二点の印章が出土している（［渡辺二〇〇九］）。一つは錠形印で縦軸二・三センチ、短軸〇・八センチ、高さ〇・六センチ。銅製で背面に小さなつまみと紐を通す穴がある。印文は不明である。もう一つは方印で約二センチ、高さ〇・六センチで銅製。同じく背面につまみと穴があり、印文は不明だが花押のような形状をしている。これらは周辺遺物から一五〜一六世紀のものと推定されている。

渡辺美季氏は錠形印が宋代以降に中国で使用された私的な花押印に酷似することを指摘しており、印上部の文字は篆書体の文字、下部が花押のタイプ、方形印は花押のみのタイプになるという。今帰仁グスクにおける花押印の存在は、当グスクにおいて実用印として使用していたことを示し、統治機構のなかに文書を発給・押印し、政治的意思を文書によって伝達する何らかの仕組みが存在していたと考えられる。とくに三山時代の山北の文書は皆無なだけに、注目すべき事例である。

⑧伝尚徳の落款印

同時代史料として確認されたわけではないが、戦前まで第一尚氏最後の王・尚徳の書と伝わるものが子孫の家に所蔵されていた（[伊波一九七五]）。書は詩経にある「関雎《かんしょ》」の一節を記したもので、「熱腸冷面傲骨平心」という落款印が押されていたという。書は昭和三年（一九二八）に火災に遭い焼失したとされ（[真境名一九九三]）、現物を確認することができないのでその真贋を判断することは不可能であるが、参考のために紹介しておく。

⑨一七世紀初頭の私印

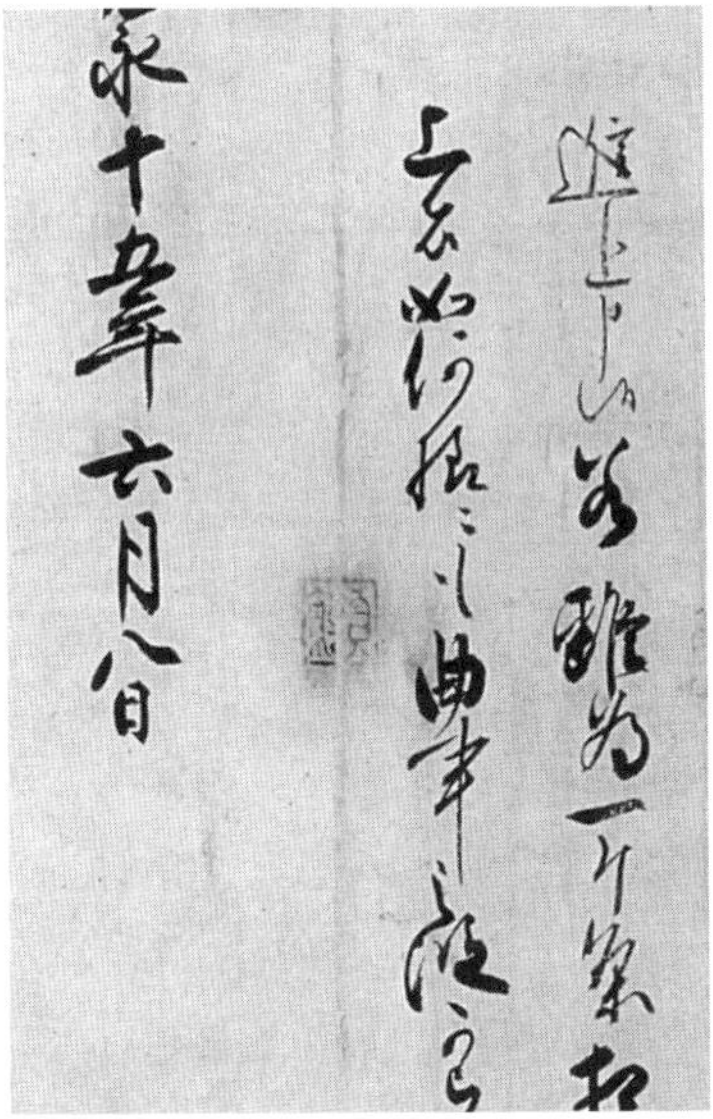

図6　黒印「朝貞」（東京大学史料編纂所蔵「島津家文書」）

一七世紀初頭の私印も何点か確認されている。万暦三九年（一六一一）、尚寧王が浄土僧・袋中に送った画賛のなかに朱印で「三恵至地」という落款印が押されている（[九州国立博物館・沖縄県立博物館・美術館編二〇一一]）。また「島津家文書」中の寛永一五年（一六三八）金武朝貞ら連署請書には、文書裏の紙の継ぎ目に「朝貞」の黒印が確認できる（図6）これらは同時代史料で確認できる最も早い段階での私印の使用例であり、古琉球末期には個人印がある程度普及していたことをうかがわせる。

二　印章をめぐる論点

古琉球期に確認できる印について概説してきたが、ここでは二〇一四～一五年に実施した共同研究「東大史料編纂所所蔵・琉球王府発給文書の基礎的研究」における「島津家文書」中の琉球関係文書の調査成果をもとに、いくつかの論点を提示していきたい。

（1）二つの「首里之印」「三司官印」

①首里之印

調査により「首里之印」は二つのタイプが存在することが明らかになった。「島津家文書」中の琉球関係文書に押された印についてまとめた（表1）。印の形態の違いから二つのタイプを《タイプA》と《タイプB》とした（口絵2、図7）。

両者の形態の違いは印の大きさ、印の枠線の幅、印文の形状と各文字の間隔から明瞭に判別できる。例えば印の枠線の幅は《タイプA》が〇・六センチ、《タイプB》が〇・八センチとなっている。また印文の「首」「里」間の幅、枠線と「之」間の幅が両者の間で差異がある。文字の

表1 「島津家文書」中の「首里之印」一覧表

番号	1	2	3	4	5	6	7	8	9
文書名	金丸世主書状	世主書状	世主書状	那覇里ぬし・たくし里ぬし書状	中山王書状	中山王書状	琉球国使節目録	琉球国使節目録	琉球国書状
印タイプ	【A】	A	A？	A	B	【B】	B	B？	B
年	一四七〇〜一四七六年	一五世紀後半	一五世紀後半〜一六世紀前半？		一五八〇年	一五九一年	一五九一年		一五九七年
①枠線（縦）	9.7	9.6	9.3	9.5〜9.6	9.5〜9.6	9.5	9.5〜9.6	9.5	9.5
②枠線（横）	9.7〜9.8	9.6	｜	9.6	9.5〜9.6	9.7	9.7	9.6〜9.7	9.7
③枠幅	0.6	0.5	0.6	0.5	｜	0.8	0.8	0.8〜0.9	0.8
④首（横）	2.5	2.6	2.5	2.6〜2.7	2.5〜2.6	2.6	2.6	2.5	2.6
⑤首と里	0.7	0.7	0.7	0.7〜0.8	0.5	0.3	0.3	0.3	0.3
⑥里（横）	2.6	2.6	2.6	2.6	2.6	2.6〜2.7	2.6〜2.7	2.7	2.6〜2.7
⑦里（縦）	3.2	3.2	3.2	3.2	3.2	3.3	3.3	3.2	3.3
⑧之と枠	0.4	0.4	｜	0.4	0.2	0.1	0.1	｜	0.1
⑨之（縦）	3.3	3.2	｜	3.2	3.2	3.2	3.2〜3.3	｜	3.2
⑩印（縦）	3.0〜3.1	3.0	2.9〜3.0	2.9〜3.0	3.1〜3.2	3.1〜3.2	3.1〜3.2	3.1	3.1〜3.2
⑪印と枠	1.0	0.8	0.8	1.0	1.0	0.8	0.8	0.7	0.8
備考	Aタイプとしては、印がもっとも綺麗に残る。首の字の横棒が飛び出している特徴あり				印全体にかすれあり。	Bタイプとしては印がもっとも綺麗に残る	Bタイプとしては印がもっとも綺麗に残る	全体ににじんだような印象であるが、法量上はBタイプと推定可能	
史料編纂所架番号	島津11—1—2	島津3—9—16	島津3—10—5	島津11—5—17	島津4—14—32	島津4—14—49	島津4—14—50	島津4—15—24	島津4—20—19

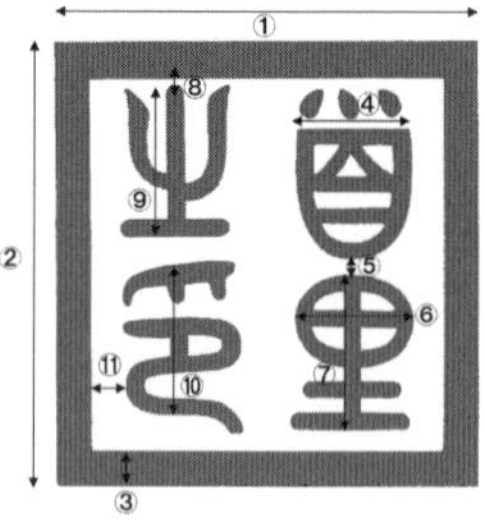

表１　「首里之印」計測箇所

図７　「首里之印」タイプＡ・タイプＢ（東京大学史料編纂所蔵「島津家文書」）

形についても「首」字の下部の形状が《タイプA》が四角状であるのに対し、《タイプB》が丸みを帯びて異なっている。

これらの印を時系列で並べたところ、《タイプA》が一四七〇～一六世紀前半頃、《タイプB》が一五八〇～一五九七年と年代差が確認できた。[2] なお国内文書における「首里之印」の最古の使用例は嘉靖二年（一五二三）の辞令詔書となり、この印は《タイプB》に分類できる。すなわち《タイプA》は一四七〇～一六世紀前半、《タイプB》は一五二三年～近世期の使用が確認できるので、当初の《タイプA》を短期間の使用の後、新たに《タイプB》を製作し、以降近世にいたるまで同タイプを使用し続けるという過程が想定できる。

以上の想定に立つと、「首里之印」を押印している年代不明の文書もある程度の年代比定が可

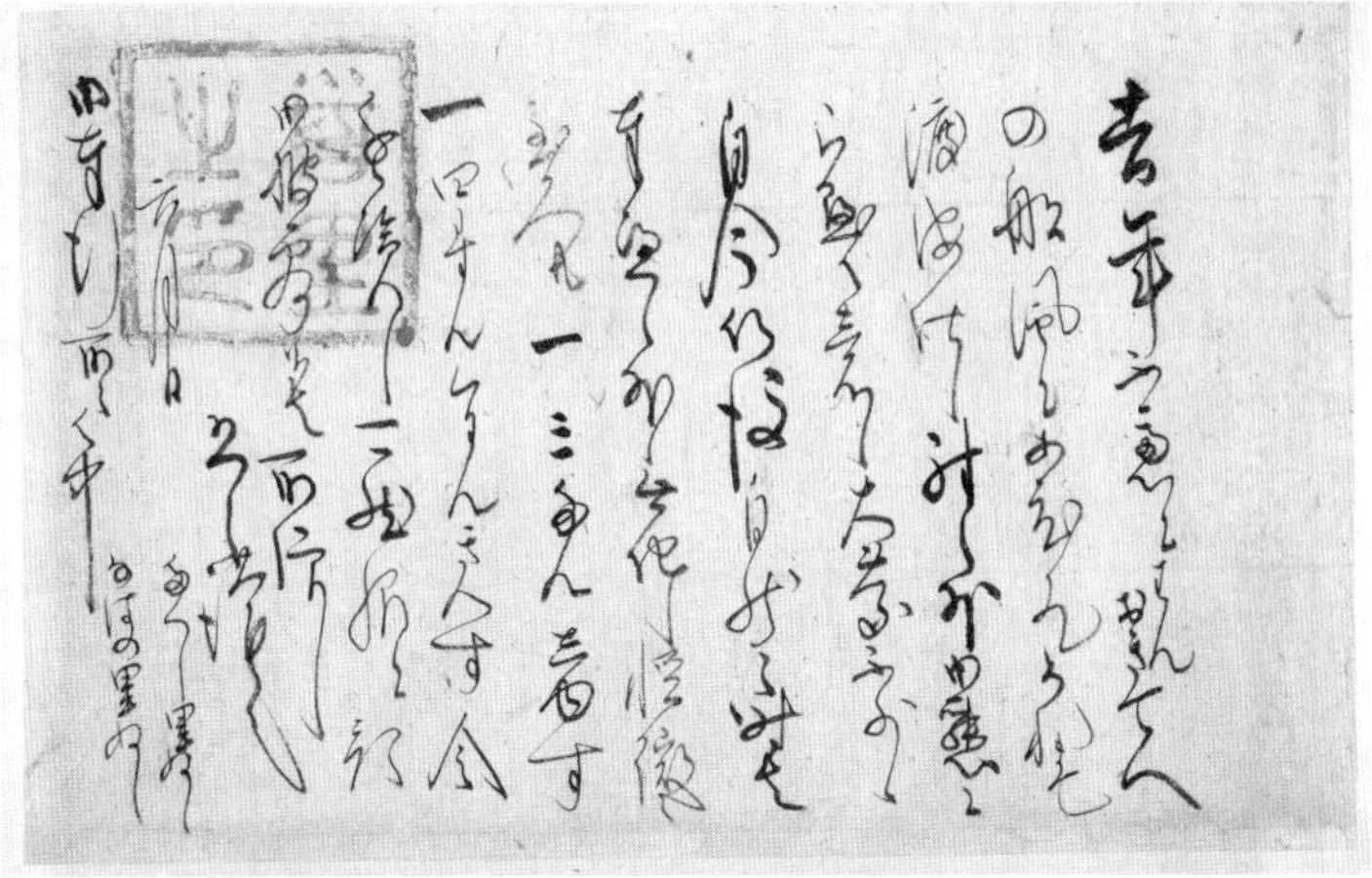

図８　「沢岻里主・那覇里主書状」（東京大学史料編纂所蔵「島津家文書」）

能になる。「島津家文書」中の「沢岻里主・那覇里主書状」（口絵1、図8）は那覇港湾の行政を担当する那覇里主らが島津家御奉行所宛てに琉球漂着民の送還を謝し、以降の送還についても依頼する内容の文書である。

史料一

去年不レ慮にわんおきてへの船、風にあひ候
て、それまて渡海仕候、殊之外御懇に被レ懸ニ
御意一候、大慶不レ少候、自今以後、自然
之時者奉レ憑候外無レ他候、軽微之至候へ共、
一、三たんしゆす・一、四たんくわんきん
す、令ニ進覧一候、可レ然様に預ニ御披露一候
者、所レ仰候、
恐々謹言
六月　日
たくし里ぬし
なはの里ぬし

御奉行所々御中

※文書左上に押印（朱印「首里之印」）

本文書には年代が記されていないが、印は《タイプA》と判別できる。印のタイプから年代を判断すると、一五世紀後半から一六世紀前半となる。この推定が本文書の特異な性格を読み解く鍵となる。本文書の特徴は次の通りである。

①差出が沢岻里主・那覇里主の連署である。那覇里主は薩琉間の外交文書で登場する「那覇之奉行」「那覇主部」の一員に当たるとみられる。那覇里主は琉球王国の港湾であった那覇の行政を掌る長である。また沢岻里主は浦添間切沢岻の「里主所」を給地とした高位の官人層（近世期の親方や親雲上《ぺーちん》に当たる）。

②文書は漢字交じりのひらがな文で記されている。古琉球期、日本向け外交文書は和様漢文など中世日本の文体を踏襲し、国王が独自称号「世の主」を名乗る形式で、冊封・朝貢体制下での国王間外交とは異なるものであった。しかし漢字交じりのひらがな文の外交文書は前述の「阿多文書」中の琉球代主書状と本文書が知られているのみで、対日外交文書のなかでは異例である。その理由は国王より格下の実務担当者が発給したことによるものなのか、年代によるものなのかは不明だが、本文書はひらがな文を多用する琉球国内文書の形式により近いものであることは指摘できよう。

③「首里之印」が書状の左上に押印されている。本来「首里之印」は琉球国王のみが使用する

印であり、那覇里主（那覇主部）には別に「那覇」の印があるはずだが、里主連署の書状に対して国王印が押されている点は異例である。文書の左上に押印する形式については琉球国内で発給されていた辞令詔書と酷似している。琉球の実務担当者であった那覇里主らが国内向けの文書形式をそのまま外交文書に転用した可能性も考えられるが、国王の意を体した意味としての押印であるとも考えられる。

④本史料は「わんおきて」への船の漂着を伝えているが、この「わんおきて」の「わん」とは奄美喜界島湾間切、あるいは沖縄島の読谷山間切大湾か浦添間切小湾と推定される。「おきて」とは「掟」、琉球における地方役人である。島嶼で形成された琉球王国は「地船」と呼ばれる各島間を往来する公用船があり、年貢運送や情報伝達などの役割を担っていた。「わんおきて」への船とは、港湾拠点の那覇から「湾」にある地方機関へ何らかの公用を帯びた地船と推定される。

印による年代比定の傍証としては、「自今以後、自然之時者奉レ憑候外無レ他候」とあるように、一六世紀後半の第二尚氏政権と島津氏との間に見られる漂着民送還の体制が成立していなかったことがうかがえ、(3)また先に述べたように本史料が「首里之印」押印の里主連署書状という通常の文書形式とは異なる点も、いまだ那覇主部による外交文書が定式化していない通交初期の段階、すなわち第二尚氏王朝初期の段階を示すものではないだろうか。

また沢岻里主が書状に名を連ねているのはいかなる理由によるものだろうか。印の年代比定をもとに、一六世紀前半頃までの「沢岻里主」に該当する人物を探すと沢岻親方盛里《せいり》（毛文英）

が見つかった。盛里は第二尚氏王朝初期に活躍した人物で嘉靖五年（一五二六）に死去している。彼の職歴は「正徳年間、任㆓三司官職㆒。先㆑此叙㆓官職㆒之漸次歴代日久而不㆑能㆑知。其細詳故略焉」と正徳年間（一五〇六～一五二一年）に三司官に就任した以前は不明となっているのだが、ここで注目すべきは盛里以後の子孫の職歴にある。『毛姓家譜　上里家』によると、彼の嗣子盛実は嘉靖七年（一五二八）に那覇里主に就いて以来、奄美諸島を統括する「自㆓奥渡㆒上之訯理（奥《おく》渡《と》より上《かみ》の訯理《さばくり》）」から御物城《おものぐすく》（御物城大屋子）、那覇里主に再任、三任されている。さらに次の盛埋は隆慶元年（一五六七）に八重山間切大掟、自奥渡上之訯理、御物城と歴任、万暦二年（一五七四）には宮古間切大掟に就いている。

一六世紀以来、奄美・先島地域を統括する職が密接に関連し、毛氏一族がこれを歴任していたことは指摘されているが（［豊見山二〇〇三］）、これに加え毛氏一族は「那覇里主」と「御物城」という那覇行政と港湾管理職をほぼ独占している事実が判明する。つまり王国中枢の港湾拠点と海上交通で結ばれる周辺離島（奄美・先島）を毛氏が一体として管轄していたといえる。奄美・先島や那覇港湾の統括職がすでに沢岻親方盛里の代から握られていた可能性は充分考えられ、文書中の「わんおきて」が喜界島を指すのであれば、統括地域の責任者として那覇里主とともに連署していた理由も説明できる。[4] 湾間切には奄美大島からの航路が繋がっており（［正保国絵図］）、喜界島における主要な港湾拠点があった。「沢岻里主」とは、毛氏の沢岻親方盛里の可能性を指摘できるだろう。

以上は「首里之印」タイプAの年代比定にもとづいた推論ではあるが、印をはじめとした文書学的なアプローチから文書を解明していく一例として提示した。残存史料数が少ない古琉球史研究でも今後、こうした手法から文書分析を進めていく必要があるだろう。

②三司官印

三司官の印も二つのタイプが存在した（図9）。三司官の印についても《タイプA》《タイプB》として分類し表2にまとめた。

《タイプA》は「三司官等」の印文で縦枠の大きさ六・〇センチ。正徳一六年（一五二一）種子島武蔵守宛て三司官書状（『種子島男爵家文書』、口絵3）の朱印で押された一点のみである。《タイプB》は印文「三司官印」で縦枠の大きさ七・二センチ。「島津家文書」中の一五六九年（隆慶三）三司官書状、万暦六年（一五七八）三司官（池城・那呉・国上）書状、万暦一二年（一五八四）三司官（大里・国上・那呉）書状三点で確認できる。

これらのタイプも「首里之印」同様、《タイプA》が一六世紀前半、《タイプB》が一六世紀後半と時期的な差がある。また二つの印の最大の相違は印文の違いである。《タイプA》の「三司官等」との印文はこれまで知られている琉球の印文では異例である。「等」は何を意味するのか。古琉球期、三司官は国内において「三人の世《よ》あすたべ」（「真珠湊碑文」）また「世あすたべ三人」（「浦添城の前の碑」）と称されていた。「世あすたべ」とは「世（琉球世界）」の「あす（長老）た

タイプA

タイプB

図9　三司官の印《タイプA》（『種子島男爵家文書』影写文書、東京大学史料編纂所蔵）、《タイプB》（「島津家文書」東京大学史料編纂所蔵）

表2　三司官の印一覧表

文書名	印タイプ	年	枠線（縦）	枠線（横）	備考	史料編纂所架番号	番号
三司官書状	A	一五二一年	6.0		印文「三司官等」	種子島男爵家文書	10
琉球国三司官書状	B	一五六九年	7.2	7.0	印文「三司官印」	島津11―3―4	11
三司官書状	B	一五七八年			印文「三司官印」	島津11―3―13	12
三司官書状	B	一五八四年			印文「三司官印」	島津11―4―5	13

（達）べ（部）」、すなわち「たべ」はグループ、集団を意味する琉球語であった。この「たべ」を「等」の漢字で表現したのではないだろうか。その後一六世紀後半までに三司官の印は「三司官

印」の印文に改訂されたとみられる。当初の「三司官等」印は、第二尚氏王朝の成立後に王府機構と役職が次々と確立していくなかで、琉球語の「世あすたべ」を対外的にどう呼称するのか、試行錯誤の末の産物だったのではないだろうか。

（2）印から花押への流れ

対日向け文書に押印する古琉球の外交文書は、対日関係の変化とともに変更を余儀なくされる。万暦三七年〔慶長一四年〕（一六〇九）の薩摩島津軍による琉球征服によって、国王以下の官人は対日関係文書に花押を書くことを強制され、日本の書札礼に準じた形態に変化していく。古琉球期における花押の使用例は嘉靖二一年（一五四二）の相良義滋宛て円覚寺全叢書状〔『相良家文書』〕のみが確認されているが、檀渓全叢は薩摩出身の日本僧であり〔村井一九九五〕、王府の公的な外交文書として出されたわけではない。

琉球の書札礼を問題視する姿勢は、琉球征服前にその兆候が表れていた。一六世紀後半より九州へ勢力を拡大した島津氏は万暦三年〔天正三年〕（一五七五）の綾船一件にも見られるように南の琉球へも圧力を強めていった。万暦一三年〔天正一三年〕（一五八五）、琉球は島津氏の沖田畷の戦いでの勝利を祝賀するため、天王寺祖庭らを薩摩に派遣した。『上井覚兼日記』天正一三年五月六日条には次のようにある(5)。

史料二

一、六日、出仕如レ常、（中略）此日、琉球使僧（天王寺祖庭）へ本田刑部少輔（正親）・白浜周防介（重政）にて、彼口取次にて候間親貞前より、連〻御無沙汰曲事之由、又者進物等次第〳〵ニ弥軽微之義、三司官書状ニ在判無レ之候、国王（尚永）之勅札ニさへ印判候、然ニ三司官判無レ之候、不審之事等也

天王寺祖庭に対し、島津氏側は使者派遣せず無沙汰であること、進物が軽微になっていることに加え、三司官書状に花押がないことを詰問した。この時の三司官書状には三司官印が押印されており(6)、従来の書状と変化したところはなく、島津氏もそれ以前は文章様式を全く問題視していない。この事件は強大化する島津氏が自らの様式を琉球に押し付けようとしたことは間違いないのだが、「首里之印」が押印された国王書状は問題視していないにもかかわらず、同じく押印してある三司官書状の何が「不審」だったのか。

島津氏側は三司官（大里、国上《くにがみ》、那呉《なご》）各個人の名前にそれぞれ花押を書くべきとの認識だったのに対し、琉球側は三人を個人としてではなく「三司官」という官職として一括で捉えており、「三司官印」でそれを表わしたと考えられる。「島津家文書」中の別の三司官書状（隆慶三年（一五六九）鹿児島御奉行所宛て三司官書状）には個人名が書かれず、「三司官」の署名と「三司官印」が押印されていたことからもうかがえよう。つまりこの問題は両者の文書様式に対する認識の齟齬が存在し、それが両者の政治的バランスが変化した際に表面化した事件といえるのではないだろうか。

ここで想起されるのが、宣徳六年（一四三一）の琉球から朝鮮王朝への国書を送った際に起きた事件である（[高橋一九八二、豊見山二〇〇二]）。当初、「表」や「箋」「書」といった形式を朝鮮宛ての国書としていた琉球は、永楽七年（一四〇九）以降、中国の「咨文《しぶん》」を参考に作成した国書へと変更する。咨文は中国の同等官庁間あるいは官庁と官僚間で使用する文書であり、朝鮮では「右、朝鮮国に咨す」の文言が朝鮮国王を意味しないと問題視された（『朝鮮世宗実録』）。朝鮮側は個人間でやり取りされる「書（書契）」で返信したが、朝鮮側が琉球との関係を国王対国王のやり取りと認識していたのに対し、琉球側は機関・組織としての位置づけで外交文書を送っており、両者の文書に対する認識の齟齬が生じていた。

この二つの文書様式をめぐる問題は時期を隔てているものの、共通するのは琉球側が文書発給の主体を機関や組織など非人格的な存在として捉えていることである。これを傍証するのが国王と「首里」との同一視である。国王印「首里之印」は国王を人格的存在というより「首里（王府）」という地名・機関として表わしており、また辞令詔書にも国王の詔を「しより（首里）のおみこと（詔）」と称している。あわせて那覇主部も「那覇」という地名を印としている。そもそも那覇主部は那覇里主や御物城などのいくつかの那覇行政職をあわせたグループであり、この名称は非人格的な機関・組織名である。各個人名を記さず「那覇主部」と一括で表記するのは三司官の書状と同様である。

近世期に入ると、対日向けの文書において三司官はそれぞれの個人名と花押を記すようになっていく。古琉球における書札礼や文書に対する認識については、従来の文書を古文書学的に再検討していくことで、さらなる事実の解明が期待できよう。

まとめにかえて

古琉球の印章について概観し、いくつかの論点を雑駁ながら提示してみたが、これまで注目されてこなかった文書学的な分析から、様々な情報を引き出すことができた。最後に今後の展望と課題を若干述べてみたい。

印章をはじめとした古文書学的な視点で古琉球史料を検討していく際には、古琉球の文書発給システム全体への視野を持つことも重要と思われる。当然ながら行政文書は単体で存在しているわけではなく、琉球王府という権力体の一定のルールに沿って発給されたものである。古琉球期における文書の残存状況は国王辞令詔書の一部を除いてきわめて少なく、三司官以下の発給文書や王府行政文書も皆無で、古琉球期の首里王府がどのような文書発給システムを持っていたのか不明である。

しかし高良倉吉氏が明らかにしているように、古琉球期、王国全域には複雑な耕地区分が設定され、膨大な土地情報を王府中央で把握し、給地の移動や調整が首里から指令されていた（[高良一九八七、二〇一二]）。辞令詔書による土地給付には具体的な土地台帳が前提となる。この古琉球期の土地台帳の存在をうかがわせるのが『間切々々の里主所のかりや高の御さうし』（一六二三年）である（『旧琉球藩評定所類目録』）。残念ながら現物は失われ表題しか知る術はないが、島津軍の琉球征服直後の史料で、古琉球的な様相を色濃く残しているとみられる。(7) こうした台帳を作成するにあたり、各地からの土地情報記録を集積する必要があるが、各間切から首里に提出する文書類も当然存在したはずである。

古琉球には「文子《てこぐ》」と呼ばれる書記役が存在しており、辞令詔書や碑文を作成するための相応の官僚養成機関が存在した可能性も指摘されている（［池宮・小峯二〇〇六］）。嘉靖一三年（一五三四）の冊封使・陳侃によると、琉球では「番字（平仮名）」は日本僧について学んだとも述べている（陳侃『使琉球録』）。

国王の辞令詔書だけではなく、三司官以下の官人層が発給した国内文書も想定すべきであろう。文書が一点も残存していない状況ではこれ以上の分析を進めるのは難しいが、例えば「首里之印」の対日外交文書・国内文書の併用を考えれば、「島津家文書」中に見られる「三司官印」「那覇」印も、「首里之印」同様に国内発給文書に使用していた蓋然性が高い。

先述の今帰仁グスク出土の印章も印を押す文書の存在を示唆し、今帰仁グスクをはじめ喜友名グスクや糸数グスクでは硯や水滴なども見つかっている（［今帰仁村教育委員会編二〇一〇］）。港湾都市那覇では一五〜一六世紀頃の「いわし…文」「きび…」と墨書された荷札とみられる木簡も確認されており（［沖縄県立埋蔵文化財センター編二〇〇七］）、古琉球社会で文字による情報伝達が想像以上に発達していたと考えられる(8)。

すでに失われてしまった古琉球の文書群は戻らないが、文書発給システムや古琉球の政治的状況を見通しながら現存の文書や印章を分析し位置づけていく作業が求められよう。研究はまだ緒についたばかりである。本稿では言及しなかったが、近世に入って印章使用の状況がどのように継続または変化していったのか、花押使用の問題ともあわせて検討していくことも課題である。

注

（1）「琉球国中山王尚真宛て明孝宗勅諭」（成化二三年〔一四八七〕、沖縄県立博物館・美術館蔵）「琉球国王宛て朝鮮国王李㦕書契」（弘治一三年〔一五〇〇〕、都城島津伝承館蔵）。

（2）表1（2）（3）の世主書状については、宛先がそれぞれ「嶋津式部大輔殿」（島津久逸か）「嶋津相模守殿」（島津友久あるいは運久か）とあることから〔黒嶋二〇一二〕、年代を一五世紀後半から一六世紀前半頃と判断した。

（3）前述の「阿多文書」中の琉球代主書状では、日琉間海域を往来する琉球使節船の保護を航路途上の阿多氏へ要請しているが、この段階では琉球域内船の漂着は対象としていない。第一尚氏王朝が中央集権化以前のいまだ琉球域内を直接統治していない状況であったことから、王国内の漂着民を保護する意識は希薄だったと考えられ、一五世紀前半の島津氏内部も権力が一元化されていない状況下で、領内における恒常的な送還体制を構築するのは困難だったはずである。宣徳四年（一四二九）、琉球人包蒙古羅らが朝鮮へ漂着した際、朝鮮王朝が三州太守の島津貴久（忠国）に護送を要請した事例があるが（『朝鮮世宗実録』）、送還の主体は朝鮮側であり、島津氏はその中継役を果たしたにすぎなかった。琉球と島津氏間の直接的な送還体制は第二尚氏王朝に入ってから確立されたと考えられる。

（4）沢岻里主の里主所が浦添間切にあることから「わん」が浦添間切小湾を指す可能性も指摘できるが、沢岻と小湾は別々のシマ（村）であり、沢岻里主は沢岻から所得耕地としての里主所を所有しているにすぎず、小湾との統治関係はないとみたほうがよい。「わん」が小湾を指していた場合、本来は小湾里主が責任者として登場するはずである。

（5）『大日本古記録　上井覚兼日記（中）』（岩波書店、一九五五年）二一八頁。

（6）万暦一二年（一五八四）三司官（大里・国上・那呉）書状（「島津家文書」）。

（7）嘉靖一〇年（一五三一）に第一巻が成立した『おもろさうし』は古琉球期の王府文書のあり方をうかがう貴重な事例である。さらに『間切々々の里主所のかりや高の御さうし』や、一八世紀初頭に成立した古琉球的な神女の職掌などについて記した『女官御双紙』の例からも考えると、古琉球では王府作成の行政文書を「さうし」と称していた可能性がある。

（8）『喜安日記』には島津軍侵入によって首里・那覇の「家々の日記、代々の文書、七珍万宝さながら失果つ」と記している。また自家の由緒を記した「陳姓有銘家銅板」（一五五二年）の存在からもうかがえるように、私的な記録・文書も作成されたはずである。

参考文献

相田二郎『日本の古文書（上）』（岩波書店、一九四九年）

荒木和憲「一五・一六世紀の島津氏――琉球関係――」（『九州史学』一四四号、二〇〇六年）

池宮正治・小峯和明「対談　琉球文学の内と外――東アジアの視界――」（『国文学　解釈と鑑賞』七一巻一〇号、二〇〇六年）

伊波普猷『琉球古今記』（『伊波普猷全集』第七巻、平凡社、一九七五年）
上江洲安亨「清代の琉球国王印について――失われた国王印の行方――」（『首里城研究』五号、二〇〇〇年）
梅木哲人「解説（その二）」（『琉球往復文書及関連史料（一）』法政大学沖縄文化研究所、一九九八年）
岡本弘道『琉球王国海上交渉史研究』（榕樹書林、二〇一〇年）
沖縄県教育庁文化課編『辞令書等古文書調査報告書』（沖縄県教育委員会、一九七九年）
沖縄県立埋蔵文化財センター編『沖縄県立埋蔵文化財センター調査報告書　第四六集　渡地村跡』（沖縄県立埋蔵文化財センター、二〇〇七年）
小葉田淳『増補　中世南島通交貿易史の研究』（臨川書店、一九九三年）
何慈毅「十五・十六世紀における日琉関係の一考察」（『年報中世史研究』一七号、一九九二年）
九州国立博物館・沖縄県立博物館・美術館編『琉球と袋中上人展』（九州国立博物館・沖縄県立博物館・美術館、二〇一一年）
黒嶋敏『中世の権力と列島』（高志書院、二〇一二年）
佐伯弘治「室町前期の日琉関係と外交文書」（『九州史学』一一一号、一九九四年）
重永卓爾「中世島津氏印判をめぐる諸問題――古文書学的検討を中心として――」（『鹿児島短期大学付属南日本文化研究所叢書一〇　大隅・北地域学術調査報告書』一九九三年）
徐恭生『中国・琉球交流史』（ひるぎ社、一九九一年）
高橋公明「外交文書、「書」・「咨」について」（『年報中世史研究』七号、一九八二年）
高良倉吉『琉球王国の構造』（吉川弘文館、一九八七年）
高良倉吉『琉球王国史の探求』（榕樹書林、二〇一一年）
知名定寛『琉球仏教史の研究』（榕樹書林、二〇〇八年）
徳永和喜「琉球渡海朱印状の一考察」（『西南地域史研究』第三輯、文献出版、一九八〇年）

豊見山和行「南の琉球」（入間田宣夫・豊見山和行共著『日本の中世五　北の平泉、南の琉球』中央公論新社、二〇〇二年）
豊見山和行「琉球・沖縄史の世界」（豊見山和行編『日本の時代史一八　琉球・沖縄史の世界』吉川弘文館、二〇〇三年）
今帰仁村教育委員会編『企画展　掘り出された硯――琉球・沖縄の硯から見た歴史と文化――』（今帰仁村教育委員会、二〇一〇年）
東恩納寛淳「中山王府の印鑑」（『東恩納寛淳全集』一巻、沖縄タイムス社、一九七七年）
福島金治「戦国期島津氏琉球渡海印判状と船頭・廻船衆」（有光友學編『戦国期印章・印判状の研究』岩田書院、二〇〇六年）
真境名安興『真境名安興全集』三巻（琉球新報社、一九九三年）
村井章介『東アジア往還　漢詩と外交』（朝日新聞社、一九九五年）
渡辺美季「出土印章から見える今帰仁グスク」（『今帰仁グスク』三号、二〇〇九年）

かな碑文に古琉球を読む

村井章介

はじめに

碑文は東アジアのみならず世界的にも通有の文字史料だが、ヤマトの中世は、中国の影響を色こく受けた禅宗界の一部をのぞいて、ほぼ碑文文化を欠く不思議な社会だった。そこにはおびただしい石造遺物があるが、圧倒的多数は仏教系の供養塔で、無銘のものが大半を占め、銘があっても供養される者の名前すら多くのばあい記されない。故人の事蹟を顕彰したり、建造物の竣工を記念したりという心性がきわめて希薄だった。その由来は、かりそめの現世よりは来世での救済に重きをおく仏教的価値観にあるのだろう。

これに対して古琉球は、同時代の日本列島地域のなかでは例外的に碑文文化をもつ社会で、一四二七年を最古として、一七世紀初頭までに、碑の一部ないし全部が失われ文章のみ知られる

表1　古琉球主要碑文一覧

番号	年号 西暦	年号 中国暦	国王	金石文名	文体 平仮名琉球文	文体 漢文
1	一四二七	宣徳　二	尚巴志六	安国山樹華木之記		○
2	一四九四	弘治　七	尚真一七	小禄墓石棺銘	○	
3	一四九七	一〇	二〇	万歳嶺記		○
4	〃	〃	〃	官松嶺記		○
5	〃	〃	〃	円覚禅寺記（荒神堂の南の碑文）		○
6	一四九八	一一	二一	国王頌徳碑（荒神堂の北の碑文）		○
7	〃	〃	〃	円覚寺放生橋欄干の銘		○
8	一五〇一	一四	二四	サシカヘシ松尾の碑文		○
9	〃	〃	〃	円覚寺松尾の碑文		○
10	〃	〃	〃	玉御殿の碑文	○	
11	一五〇九	正徳　四	三三	百浦添之欄干之銘		○
12	一五一九	一四	四二	園比屋武御嶽の額文	○	
13	一五二二	嘉靖　一	四五	国王頌徳碑（石門の東の碑文）	△	○
14	〃	〃	〃	真珠湊の碑文（石門の西の碑文）	○	
15	一五二五	四	四八	識名沢岻王舅墓の銘		○
16	一五二七	六	尚清一	崇元寺下馬碑	○	○
17	一五三九	一八	一三	宝口一翁寧公之碑		○

18	一五四三	二二	一七	カタノハナの碑文（国王頌徳碑）	○	○
19	一五四六	二五	二〇	添継御門の北の碑文		○
20	〃	〃	〃	添継御門の南の碑文	○	
21	一五五四	三三	二八	屋良座杜城の碑文	○	
22	一五六二	四一	尚元　七	君誇の欄干之記		○
23	一五九七	万暦二五	尚寧　九	浦添城の前の碑文	○	○
24	〃	〃	〃	広徳寺浦添親方塚碑	△	○
25	一六二〇	四八	三二	浦添ようどれの碑文	○	○
26	一六二四	天啓　四	尚豊　四	本覚山の碑文	○	○

注　△は碑文の一部に平仮名琉球文が用いられているもの。『琉球国中碑文記』より補足を加え作成。なお、『金石文―歴史資料調査報告書V』参照。

事例――沖縄戦の惨禍によりこれが大半を占める――をふくめ、二十数点が知られている（表1）[1]。そのもっとも大きな要因は、中国文化の影響が直接およぶ地理上の位置にあるが、古琉球の碑文文化は中国の単純なコピーではなかった。

琉球碑文の独自性をなによりも語るのが、東アジアに通有の漢文表記にまじって、平かな表記がそうとうの割合で見出されることだ。もとより同内容を複数言語の文字で刻んだ碑は、東アジアでもめずらしくない。とくに清代中国では、漢・満・蒙・蔵（チベット）・回（ウイグル）の複数の文字表記をもつ碑が多く見られる。しかし古琉球の碑文は、かな文[2]のみのものが相当数あることに加え、表がかな文、裏が漢文の例、あるいは両表記の碑が対をなす例に即して見ると、かな文と漢文で内容にかなり大きな相異が認められる。

東南アジア〜華南〜ヤマトをつなぐ海道に位置する琉球の文化は、基層にそれら諸地域の文化要素が堆積している。宗教を例にとれば、ウタキ信仰などのアニミズム、ニライカナイ・熊野権現などの海洋渡来神、石敢当《いしがんとう》やヒンプンなどの道教系呪物などがいりまじり、多種混合（hybrid）の様相を呈する。その一方で、王家の保護のもと隆盛を誇るかに見えた禅宗系の仏教も、明治以降「国教」として浸透が図られたヤマトの国家神道も、社会に根を下ろすことはなかった。こうした状況はヤマトときわめて対照的だが、人びとの信心深さはヤマト以上で、現在でもウタキにつどって紙銭を焼く情景をふつうに見かける。

本稿では、やや長めにとった「古琉球期」のみに見られるかな碑文（一六二四年が終見）を窓口として、古琉球社会のhybridな姿をかいま見ようとする。そのさいの主要な分析軸はとうぜん和／琉／漢となるが、もう一つ、女／男すなわちジェンダーの視点を導入したい。これこそかな文／漢文の対照にもっとも色こく係わる要素だからである。

一　古琉球期の文字表記

一三六八年に明が建国されてまもなく、琉球の三山はあいついで明を盟主とする国際秩序に参入するが、そのさいの意思疎通手段はとうぜん漢文だった。明の外交使節を迎え、また明へ外交使節を送った琉球のふるまいを見ると、中華世界の外交慣例や文書作法にそうとう習熟していたらしい。それを支えたのはおそらく元明交代以前から琉球を訪れていた華人で、三山の小王国はかれらを華南地域との貿易に活用していたものと思われる。

琉球三山と明との往復文書は『明実録』に相当数が載っているが、多くは取意文でほんらいの形は留めていない。しかし、琉球側で一四二四年以降の中国・朝鮮・東南アジア諸国との往復文書の控を集積した『歴代宝案』は、文章のみならず、闕字《けつじ》・平出《へいしゅつ》・擡頭《たいとう》までふくめて原形を忠実に写しており、中国をとりまく外交世界で用いられた文書の用語や様式を知るまたとない史料である。

これらの外交文書は中国国内で用いられた公文書を襲用したもので、中国をとりまく諸国は、外交の場において、それぞれの国内で用いられる言語や文字とは関わりなく、中国式公文書の作法をわきまえている必要があった。その担い手は海禁体制下の故国を離れて海外に拠点を構えた華人たちで、琉球では閩人《びんじん》三十六姓とか久米村人とか呼ばれた。こうした状況は琉球でのみ見られたものではなく、むしろ中国周辺の諸国に通有だった。

その一方で、琉球とヤマトとの外交文書は『歴代宝案』に一通も見られず、ヤマト側の文書集や辞書に、室町殿（日本国王）からよのぬし（琉球国王）に宛てたものが、一四一七年から一五二七年にかけて五通見出される。これらの文書の様式は、日本国内で室町殿が発する上意下達文書である「御内書《ごないしょ》」と見てよいが、「御文くハしく見申候、しん上の物とも、たしかにうけとり申候ぬ、めてたく候、／応永廿四年十一月廿五日／りうきう国のよのぬしへ」（『伊勢貞久書札抄』）のように、かな文で記され、年月日のみ日本年号により漢字で書かれている。(3)

琉球国内に目を転じると、人事異動や領地給与にさいして国王から出される「辞令書」は、初見が尚真王代末の一五二三年まで降ってしまうが、明年号による年月日を漢字で記す以外は、かな文である。(4) 例示すると、「しより（首里）の御ミ事／にしはらまきりの／あめくのさとぬしところ（西原間切天久里主所）ハ／にしのこおり（北庫理）の／一人くわんしや（官舎）に／たまわり申候／しよりよりくわんしやか方へまいる／嘉靖十五年五月十三日」（『田名《だな》家文書』）。間切はヤマトの郡郷に相当する地方行政単位、里主所は上級官人層に与えられた領地、庫理は首里王府の三司官が分掌する三つの主要官庁、官舎は庫理に属する官名でここでは田名家四世真孟《しんもう》という個人をさす。

より古い時代、国内支配にどのような文書が用いられていたかは、残存例が皆無で判然としない。そこで参照したいのが、国王がヤマトに発した外交文書だ。(5) 応永二七年（一四二〇）五月六日室町殿あて「代主《よのぬし》（思紹）」書状写（『大館記』所収昔御内書符案）は、「畏言上、毎年為二御礼一令二啓上一候間、如レ形奉レ捧二折紙一候、随而去年進上仕候両船、未二下向仕一候之間、無二御心元一存候、以二上意一目出度帰嶋仕候者、所レ仰候、諸事御奉行所へ申入候、定可レ有二言上一候、誠恐誠惶敬白」という、ヤマト中世文書にありふれた和様漢文だった。臣下が室町殿に差し出す披露状（名ざしを避けて「御奉行所」を形式上の宛所とする）の用語・文体・様式にかなっている。一方で、第一尚氏時代に遡る五月三〇日島津氏（？）あて「代主」書状（『阿多文書』四七号、『鹿児島県史料 薩藩旧記雑録拾遺 家わけ七』）は、「御はいりやうの御事、ひたすらたのミ入存候〳〵、我々かふねの間事ハ、風ニより候て、しせんの時ハ御意をたのミ入候」というかな文だった。(6)これもヤマト中世で用いられていた消息文として異和感がない。

右の二例から、国王のそばにヤマト中世文書を熟知した者がいたことがうかがえる。おそらくはヤマト中世の代表的な知識人層たる僧侶で、琉球に渡来した者だろう。たとえば、京都生まれの禅僧芥隠承琥《かいいんじょうこ》は、「景泰年中（一四五〇～五六）」に琉球に渡り、尚泰久王の帰依を得て広厳《こうごん》・普門・天龍各寺に歴住し、尚真王代の一四九四年に首里城の北側に王家の氏寺ともいうべき円覚寺を開き、一四九五年に示寂した（『琉球国由来記』巻一〇・円覚寺開山国師行由記(7)）。

つまり、ほぼ第一尚氏王朝に重なる一五世紀なかば以前、琉球国王は明・朝鮮・東南アジア外交には久米村人を、対ヤマト外交にはヤマトからの渡来僧を、用いていた。同時期の国内支配に文書が用いられたとすれば――そうでなかった可能性もあるが――、漢文よりは琉球語の表記になじむヤマト式の和様漢文または消息文と想像される。

その後第二尚氏第三代尚真王の治世（一四七七～一五二七）に、琉球公文書の文体としてかな文が採用された。ヤマトで生まれたかな文字が、故郷では私・女性の領域に留まったのに対して、琉球では琉球語の正書法の地位につくという、一見逆説的な状況が生まれた。高良倉吉によれば、王家や高級官人を葬る石棺の銘が、一四九四年から一六世紀中期にかけて四例確認されるが、そのすべてがかな文だという[8]。

この推測は碑文の文字遣いの状況からも裏づけられる[9]。例外的に古い一四二七年の①「安国山樹華木之記」（ほぼ完存、『金石文』三九―四〇頁）をはじめ、一四九七年〜一五〇一年六月造立の七つの碑文（③〜⑨）はすべて漢文だったが、一五〇一年九月の⑩「玉御殿《うどぅん》碑文」（那覇市首里金城町の玉陵に現存、同、一〇三―一〇四頁）を初見としてかな碑文があらわれ、一六二〇年代まで漢文・かな文がほぼ拮抗する（表1）。

琉球史の時代区分では、島津氏が琉球を征服した一六〇九年を境に古琉球と近世琉球を分けるが、じっさいには古琉球的様相は一七世紀なかばすぎまで残存する。

辞令書が全文漢字表記となるのは、一六六六年に羽地《はにじ》朝秀《ちょうしゅう》（向象賢《しょうしょうけん》）が摂政《せっせい》となり制度改革に着手して以後で、その文体は「首里之御詔／真和志間切／儀間里主所者／儀間筑登之親雲上給之／康熙十年（一六七一）正月十七日」といった感じになる（『田名家文書』）。このような「近世辞令書」と一六〇九年以前の「古琉球辞令書」との間に、「過渡期辞令書」の時期が設定されている。その指標は本文末の「しよりより……（受給者名）の方へまいる」という文言が消えることで、文字遣いははじめ「古琉球辞令書」に近いが、しだいに漢字の割合が大きくなっていく（後出の図4参照）。

碑文では、かな文の最後は一六二四年の㉖「本覚山碑文」（『金石文』一〇五―一〇六頁）の表側とされる。ただし国家レベルに限定しなければ、個人の業績を記念した一六五七年の「木火土金水碑」（同、二〇頁）、官人層の墓域に立つ一六七〇年の「池城《いけぐすく》墓碑」（同、九二頁）・一七〇四年の「大門森の上の墓碑」・「同下の墓碑」（同、九六―九八頁）、散骨を集めて供養した一八一七年の「飯森墓碑」（同、一二〇―一二二頁）のような、かな文のものが存続する。

また、かな文表記の琉球史料の代表ともいうべき『おもろさうし』の歌謡群（全一五五四首）が、国家事業として集中的に採集されたのは一六二三年だが（第一巻四一首は一五三一年、第二巻四六首は一六一三年に採集）、そのころには謡われ方も古琉球語の意味も忘却されかけていた。採集事業はそうした状況への危機意識からなされたといってよい。

こうしてかな文による琉球語の表記が公的世界から退場し、ヤマトとおなじく漢字表記を正統とする観念が浸透していった。ヤマト化の進行につれてヤマト固有の文字であるかながかえって正統の地位からすべりおちたとは、皮肉な話である。

二　碑文にあらわれた古琉球社会

（1）漢文碑文の撰述者

漢文碑文の文体はほぼ中国風の直輸入で、琉球らしさはあまり感じられず、東アジアの一般的な王国のイメージに近い。とはいえ、碑文の撰述に華人が関わった事例はさほど多くない。以下に名の出る華人たちは、澹菴倪寅《せんあんげいいん》以外はみな実名の前に小ぶりの字で「臣」字を添えているが、これは琉球国王でなく明皇帝への称臣である。

宣徳二年（一四二七）の①「安国山樹華木之記」は、久米村出身の王相懐機《かいき》が首里城外に龍潭を掘り庭園を整備した事業を顕彰した記念碑だから、撰述者の「安陽澹菴倪寅」も華人僧の可能性が高い。安陽はあるいは華僑の郷里として著名な浙江温州府瑞安県の雅称か。弘治一〇年（一四九七）の⑤「円覚禅寺記（荒神堂之南之碑文）」（『金石文』四一－四二頁）は、「球陽天界精舎浙東大嵩鄭氏臣僧釈周雍」、すなわち寧波府鄞《ぎん》県大嵩《たいすう》[10]の鄭氏出身で琉球天界寺住持となった熙山周雍《きざんしゅうよう》の手になる（図1）。かれはのち琉球円覚寺五世となった[11]。同年、正義大夫程璉《ていれん》・長史梁能・通事陳義の久米村人三名が北京へ朝貢に赴いたさい、福州出身の翰林庶吉士許天錫（一四六一～一五〇八）

図1　円覚禅寺記　残欠拓本
現物は沖縄県立博物館・美術館にある。ほかに破壊前の完形の拓本もある。（『金石文』p.42）

に面会して、尚真王の徳を称える詞を賜わって石に刻みたいと願い、天錫はこれに応えて四言二八句からなる詞を賦した。翌弘治一一年の⑥「国王頌徳碑（荒神堂之北之碑文）」（同、四二—四三頁）は、以上の経緯を、三名に正義大夫鄭玖《ていきゅう》・長史蔡賓《さいひん》を加えた五名が碑文としたものだ。梁能・陳義は同年の⑦「円覚寺放生橋欄干銘」（同、三四頁）にも「督造」者として見える。

これ以外で古琉球期の漢文碑文に撰述者としてあらわれるのは、ことごとくヤマト出身あるいはその流れを汲む琉球出身の禅僧とおぼしい人びとだ。記名部分を摘記すると、扶桑散人樗《ちょ》不材（③一四九七年：『金石文』三三—三四頁）、円覚住山釈氏種桂叟（④一四九七年：同、四一頁）・種桂（⑧⑨一五〇一年：同、二三四—二三五頁）、住山円覚仙岩叟（⑬一五二二年：同、二三六頁）、大琉球国中山府天王小比丘瑞興（⑮一五二五年：同、一〇六—一〇七頁）・前円覚興龍雲（⑰一五三九年：同、一一三—一一四頁）、日本南禅琉球円覚精舎釈檀渓老衲全叢（⑱一五四三年：同、二三六—二三七頁）・扶桑南禅球陽円覚檀渓老衲全叢（⑲一五四六年：同、二三七頁）、円覚洞観鑑叟（㉒一五六二年：同、二三八—二三九頁）、幻住円覚菊隠閑道人（㉓一五九七年：同、三二—三三頁）、福源山天王寺藍玉叟（㉕一六二〇年：同、一一四—一一六頁）・天徳山円覚藍玉叟（㉖一六二四年：同、一〇五—一〇六頁）となる。

不材一樗は「扶桑散人」とあるようにヤマト出身で、琉球天王寺に住していたときに京都大徳寺大仙院開山古岳宗亘から道号頌《じゅ》をもらい、のち琉球円覚寺三世となった[12]。仙岩はヤマト五山の文筆僧月舟寿桂の『幻雲文集』所収「鶴翁字銘幷序」に「琉球人」とあり、琉球円覚寺六世となった[13]。檀渓全叢は薩摩出身で南禅寺派雲夢崇沢《うんぼうすうたく》の法嗣《はっす》、琉球の楞伽《りょうが》寺・天王寺に歴住し、一五二六年に琉球国王使としてヤマトに赴き、その後琉球円覚寺八世にして「琉球国大僧録司」となった(14)。菊隠宗意（?〜一六二〇）は琉球出身で、円覚寺一〇世洞観□鑑のもとで僧となり、京都五山に十余年参学して大徳寺派の古渓宗陳の法を嗣ぎ、帰国後天王寺住持のとき一五九三年に尚寧王の使者としてヤマトへ赴き、さらに琉球円覚寺一八世を退いたのち、一六〇九年にも尚寧王に従って和睦交渉のため薩摩・江戸に赴いている(15)。藍玉宗田（?〜一六三〇）は城間《ぐすくま》親方盛順の二男で、ヤマト五山出身の琉球円覚寺一三世春盧祖陽の法嗣となり、崇元・天王・円覚の住持を歴任した（円覚寺は二三世）。以上のほか、種桂・龍雲瑞興(16)・洞観□鑑はそれぞれ琉球円覚寺の四・七・一〇世だが出身は不明。

漢文碑文の文化的特徴としては、第一に、琉明外交を造立の契機とする碑が一定数存在することをあげたい。①「安国山樹華木之記」は懐機が一四一七年に「朝二于天京一、観《み》二中国礼楽文物之盛一、覧《み》二名山大川之荘一」て帰国したことから筆を起こしており、⑥「国王頌徳碑」も一四九七年の久米村人三人の使節行から始まっている。一五〇九年の⑪「百浦添之欄干之銘」（『金石文』二三五頁）は、尚真王の善政一一項目の第九に、三年一次の朝貢を一年一次に戻してもらったことをあげており、⑮「王舅達魯加禰《たろかね》国柱大人寿蔵之銘」は沢岻《たくし》親方が一五二二年に「至二大明一進二皇帝即位之表文一」めた功績を称えており、㉖「本覚山碑文」裏は一六二四年の王母葬送に明使が参列したことを特筆している。

第二に、一四九四年開創の「王家の氏寺」円覚寺との関係が格段に深いことだ。碑の造立が一四九七年以降に急増すること、碑文の撰述者で円覚寺との関係が確認できない人は開創前の人澹菴倪寅のみであること、の二点は、漢文碑の文化が円覚寺開創を契機にもりあがったことを推測させる。さらに、造立が直接円覚寺と関わっている例が五つもある。⑤「円覚禅寺記」と⑥「国王頌徳碑」は、一四九七・八年に境内荒神堂の南北に建てられたもので、前者に「創二建円覚道場一、玉殿金門・彫梁峻宇・鐘楼鼓閣、精二選良工一、尽二其巧美一、殊途異域・老若貴賎・率土之浜、共沐二恩波一、不レ課而子来」、後者に「仏刱《はじむ》二円覚禅寺一、規模宏敞（＝広く高く）、儀物備至、以為二祝禧之場一、王毎《つねに》遊豫、必与レ民同、寔《まことに》国之瓌（＝玉の名）観也」とある。⑦は「円覚寺山門前之石橋欄干之銘」であり、⑧「サシカヘシ松尾の碑文」と⑨「円覚寺松尾の碑文」は、ともに一五〇一年、松尾の地に稚松千株を植え円覚寺修理の用材とするよう、子孫に言いおいたものだ。

（2）国家的インフラ整備

かな碑文の大半は、尚真王代以降にとりくまれた道・橋・城砦・城壁・聖地・墓所などの国家的インフラ整備を記念して造立された。地域的には首里・那覇・浦添など、王国にとって重要な地域に重点がおかれている。軍事色濃厚な石畳道・石橋による道路網は、武田信玄の「棒道」が知られる程度の、同時代のヤマトより先進的といえる。

〔イ〕嘉靖元年（一五二二）の⑭「真珠湊碑文（石門の西のひのもん）」（『金石文』四三―四四頁）[17]は、尚真王の「み御《お》ミ事《こと》（ご命令）」により施工された、首里城から那覇港（真玉湊）にいたる石畳道

図2　真珠湊碑文
破壊前の拓本　ごく一部の残欠が沖縄県立博物館・美術館にある。（『金石文』p.218）

（真玉道）と国場川を跨ぐ石橋（真《ま》玉橋《だんばし》）の落成を祝って、首里城域から南へ出る石門の西側に建てられた。末尾に「三人の世あすたへ」すなわち三司官が碑文の撰者として名を連ねているが、これは以下の五例すべてに共通する（図2）。これに〔ロ〕以下の四例では一ないし三名の「奉行」の名が加わる。

碑文の後半に真玉橋の役割がこう記されている。

こ乃はしハ、くにのあんし（按司）・けす（下司）のため、又世の御さうせ乃ために、ねたてひかわ又とよミくすく、此くすくとミつ（水）のかくこ（格護）のために、一はんのさとぬしへ・あくかへ、はへはら・しまおそい大さと・ちへねん・さしきわ、ま玉はしおわたり、下しましりともに、かきのはなちにせいそろい。

〔この橋は、国家の役人たちの指令、また国王の思し召しとして、根立樋川という港を支える水源と、豊見城という港をにらむ城砦の防備のために、一番里主部・赤頭という首都防衛三部隊の一つと、南風原・島添大里・知念・佐敷という本島東南部の兵が、真玉橋を渡って、本島南部下島尻の兵と合流し、那覇港南岸の垣花地に勢揃いする。〕

王国の命綱は那覇港の防衛にあり、王宮と港を直結する道橋はなによりも軍事施設だった。ときあたかも後期倭寇のハシリの時期で、その活動が王国の繁栄を支えた中継貿易にとって脅威だったばかりか、那覇港の占拠すら危惧される状況だった。

〔ロ〕嘉靖二二年（一五四三）の⑱「国王頌徳碑（かたのはなの碑）」（『金石文』二三六―二三七頁）は、聖地弁ノ嶽への参道を整備した記念に建てられた。首里城東方の丘上にある弁ノ嶽は、「きこゑ大きみ・きミ〳〵・かミ・ほとけの御あそひ（遊び＝歌舞）めしよわる（＝なされる）ところ」なのに、そこへ行く道は「あめふる時ハとろつち（泥土）ふかさある」状態だった。これを憂えた尚清王の命に従って、国中上下の官人たちが「こゝろ一つにあわせ、ちからをそろへ、いしをはめ、まつをうへれは（＝道路に石を敷きつめ、松並木を植えたので）、ミちハきよらく、まつハすゝし」となった。その恩恵は「おひ人・わか人・めとも・わらへに」まで及び、かれらは「よるもひるも御たかへ（御崇べ＝祈願）し申候、ねかひ事かなひ、よろこひたのしむ事かきりなし」であった。[18]

〔ハ〕嘉靖二三年（一五四四）六月、首里城の東～南面の城壁が「腰当て」を欠く一重の状態で、西～北面にくらべ手薄だったので、「石垣を積め」との王命が発せられた。そこで東～南面の城壁を二重にするとともに、東面（裏側）の赤田御門（美福門）の外に添継御門《すえつぎうじょう》（継世門）を設けることになった。「くに〳〵（＝各間切）のあんしへ（按司部）・ミはん（三番）の大やく（屋子）もいた（達）・里ぬしへ（主部）・けらへあくかへ（家来赤頭）、ここより上下（＝沖縄本島）、又おくと（奥渡より上（＝奄美諸島）、ミやこやへま（宮古八重山）のおゑか人、大小の人々、そろて御石かきつミ申候」。二年後の嘉靖二五年五月上旬、石垣は根立ての深さ二尋《ひろ》、厚さ五尋、丈八〇尋、長さ二三〇尋となり、石垣上の御倉ともども、めでたく「全備円成」となった。八月一日の毛祓《もうはら》い（落成式）にさいして、門外の北側に漢文の⑲「添継御門の北の碑文」が建てられ、一二月三〇日に、南側にかな文の⑳「添継御門の南の碑文」が建てられた（『金石文』二三七―二三八頁）。

〔三〕後期倭寇最盛期の嘉靖三三年（一五五三）六月、尚清王の「ミ御ミ事」により、那覇港口南側、小禄《おろく》間切垣花《かきのはな》地先の磯に、陸地と石堤で結ばれた屋良座《やらざ》森グスクが築かれた[19]。その後北側におなじ構造の三重《みい》グスクも築かれ、こちらは現存している。㉑「やらさもりくすくの碑文」（『金石文』二三八頁）によれば、築城の目的は「国のようし（用心）、とまり（泊＝港）のかくこ（格護）のため」で、「くに〳〵のあんしへ、ミはんのさとぬしへ・けらへあくかへ、かミしも・ちはなれ（地離れ＝離島）」が揃って奉仕し、城を築造して王に献じた（口絵5、図3）。

碑文は、屋良座森グスクの軍事的機能を「ミはんの御ま人（真人）、一はんのせい（勢）や、しより御城の御まふ（守）り、一はんのせいや、なはのはん（番）、一はんのせい、又はゑはら・しまおそい大さと・ちへねん・さしき・しもしましりきやめ（迄）のせいや、かきのはなち・やらさもりくすくに、よりそろて」と語る。三番に編成された王都守備隊のうち、一番は首里城の守備、一番は那覇の警備につき、残る一番に本島東南部・南部の郷兵が加わって、那覇港有事のさいは垣花地と屋良座森グスクに集結した。また裏面の碑文には、屋良座森グスクと根立樋川の格護の責任者として、小禄・儀間《ぎま》・金城《かねぐすく》の大屋子もいが指名されている。これが「真珠湊碑文」の記す軍事体制の拡大版であることは明らかだ。

図３　屏風に描かれた屋良座森城と碑
19世紀の首里城公園本「那覇港図屏風」第5・6扇より。
（『うるまちゅら島琉球』p.83）

〔ホ〕万暦二五年（一五九七）の㉓「浦添城の前の碑文」（『金石文』三一―三三頁）は、首里城から浦添城に向かう往還が平良《たいら》川（現・安謝川）を渡る地点に架かる平良橋（大平橋《たいへいけう》はその雅名）とその取付道路の修築完成を祝うもの。「たひら（＝現・那覇市首里平良町）・おほな（大名《おおな》＝現・首里大名町）ハ、たひらのかはら（平良川）、雨ふる時ハとろつち、ミつのふかさあるけに、はしかけさせ、きほ（儀保＝現・首里儀保町）くひり（小坂《こひら》）まて、みちにいしはめさせ」という王命により、「ミはんの大やくもいた・さとぬしへ・けらへあくかへ、かミしもちはなれそろて、ミちはしつミ（積）つけてミおやし（＝奉る）た」。同年八月一二日、「かミほとけ」が降臨して毛祓いが終わると、「くに〳〵のあちへ・ちやうらうた（長老達）・あすたへ・かなそめはつまき（金染鉢巻）・はうすた（坊主達）・三はんの大やくもいた・さとぬしへ・けらへあくかへ」と、「うらおそひ（浦添）まきりの大やくもいた・さとぬしへ・けらへあくかへ・おゑか人・のろへ（ノロ部）・しまのあすた・くにのあむた（阿母達）・大小のゑくか（男）おなこ（女）とも」が招かれ、たくさんの「ミおほけ（＝賜り物）」があった。「おきなハの天か下のあち・けす・おゑ（老）人・わか人・おなこ・わらへまても」、王の「ねいし（根石）・まいし（真石）のや（様）に、いつまても御ちよ（来）わい（＝いらっしゃる）めしよわる、御かほう（果報）」を願って、昼夜御牌を拝み申した。碑文は「九月大吉日」の日付となっている。

ときの王尚寧は、尚真の長子ながら王位から疎外されて浦添を領地とした尚維衡《いこう》の曾孫で、尚永王に嗣子がなかったため一五八八年に二五歳で即位したが、王位をめぐる浦添・首里両尚家の暗闘は、豊臣政権・島津氏との外交問題もからんで、長く続いた[20]。尚寧は在位中、浦添の仏塔・神社に三年に一度、五年に二度参詣したというが、両所を結ぶ往還の整備には、浦添を副都として聖化しようという意図が感じられる。落成式に聞得大君《きこえおおぎみ》の浦添来臨を求めたこと（後述）や、浦添の地域住民が広く招かれて引出物をもらったことも、おなじ方向で解釈できよう。

三　碑文の語るジェンダー状況

（1）神女が主役の毛祓い

古琉球では国家組織が聖俗の二本立てになっていた。国王のもとに「くにくのあんしへ・あすたへ・大やくもいた・里主へ・けらへあくかへ」⑱（「国王頌徳碑」）とか「おゑか人」（オヱカは拝領物のこと）とか呼ばれる男性の官人各層がおり、最高神女「聞得大君」（典型的には王の妹）のもとに「君々」「大あむ（阿母）」「のろ」などと呼ばれる神女各層がいた。官人はもちろん神女も国王から辞令書で任命される一種の役人であり、一五六六年から一六六三年までに神女の辞令書が二二例残っている（古琉球・過渡期の辞令書の総数は九一[21]）。

過渡期辞令書になるが、一六二五年のものを例示しておくと、「首里乃御ミ事／はねしまきりの／やかのろハ／もとののろのうまか／一人おとうに／たまわり申候／天啓五年四月廿日」（『沖縄県立博物館・美術館所蔵文書』）（口絵4、図4）。沖縄島北部の羽地間切屋我ノロの職を元のノロの「うまか（孫）」である「おとう」に継承させたものだ。神女の任命権は聞得大君ではなくあくまで王にあったから、聖・女と俗・男が対等に並び立っていたわけではないが、同時代のヤマトにくらべて女性の領域が格段に広かったことはたしかだ。そして、漢文碑文からはうかがい知れず、かな碑文こそが雄弁に語ってくれるのが、神女たちの世界である。

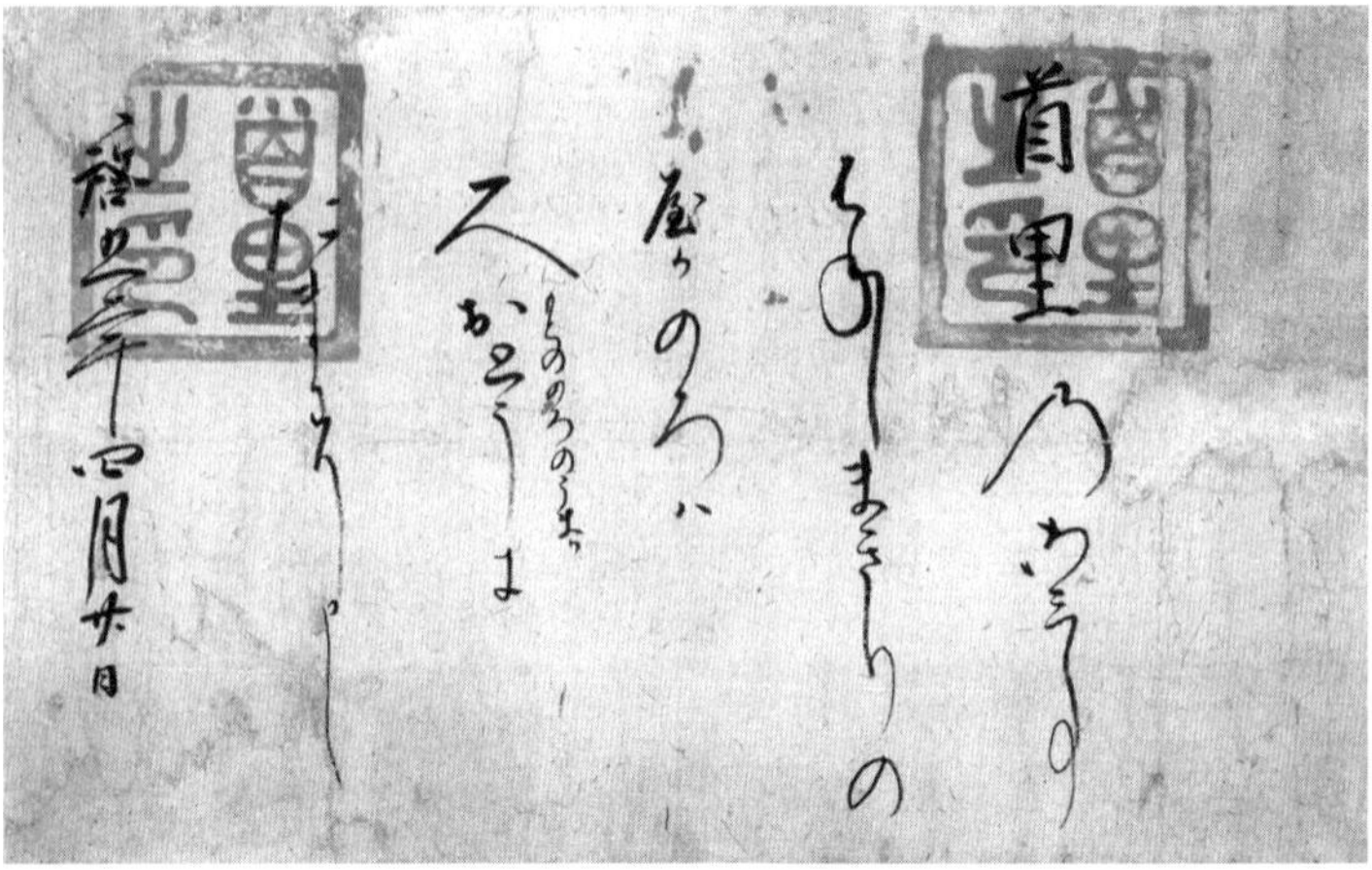

図４　羽地間切屋我ノロ辞令書
古琉球辞令書ならば、「首里」が「しより」とかな書きになり、本文末に「しよりより＊＊＊か方へまいる」という文言が入る。沖縄県立博物館・美術館蔵（『うるまちゅら島琉球』p.170）

〔イ〕前述した一五二二年の「真珠湊碑文」は、真玉道・真玉橋の毛祓いをつぎのように描写している。

嘉靖元年ミつのへむまのとし四月九日き乃とのとりのへに、きこへ大きミ・きみ〳〵のおれめしよわちへ、まうはらいの時に、御せゝるたまわり申候。「とよミもり、よそいもり、おくのミよ、くもことまりに、ま玉はし、くにのまたや、わたしよわちへ、つかしよわちへ、たしきやくきつさしよわちへ、あさかかねとゝめわちへ、ミしまよねん、ミくによねん」てゝ、御ゆわいめしよわちや事。千人のさとぬしへ・あくかへそろて、御はいおかミ申候。

〔嘉靖元年壬午歳四月九日乙酉の日に、聞

得大君と君々が降臨なさって、落成式の時にミセゼルを賜った。「豊見森、世添森、奥の澪（海の深い所）、雲子泊（見事な港）に、国のまた（要衝？）たる真玉橋を、渡し給いて、築かせ給いて、ダシキャ（呪力のある木の名）釘を突き刺しなさって、アザカ・ガネ（琉球青木とススキ）を留めなさって、御島よねん（祈願）、御国よねん」と、御祝いなされた事だ。千人の里主部・赤頭が揃って御牌を拝み申した。」

この儀式では、聞得大君・君々に神が憑依して「豊見森……」というミセゼルを謡い、霊木の杖を地に突き霊草の冠を髪に留めるという姿で、[22]国のために祈願をささげた。その後、千人の里主部・赤頭が牌に拝礼した。主役は明らかに神女たちで、碑文の核心も神が彼女たちの口を借りて発するミセゼル[23]にあり、男性官人の拝礼の位置づけは従属的だ。続けて碑文は橋の軍事機能を語り（二節（2）参照）、最後にとってつけたように「天三十三天、地八十八天、あか（崇）めたてまつり候て、三百人そうたち（僧達）はしくやう（橋供養）の御ゆわい申候」と結んでいる。王室と結んで隆盛を誇ったかに見える琉球仏教は、いかにも影が薄い。

（ロ）「真珠湊碑文」と対で、といっても八か月後の嘉靖元年一二月に建てられた⑬「国王頌徳碑（石門の東のひのもん）」（『金石文』二三六頁）は、円覚寺住持仙岩の撰した漢文碑文で、仙岩の献議により王や王母への殉死を禁ずるなど、舜・禹にもおとらぬ尚真王の治世を称える内容だ。しかし、冒頭に「首里おきやかもいかなしの御代に、ミやこより、ち金丸・ミこしミ玉のわたり申候時に、たて申候ひのもん」と、造立の直接のきっかけとなった宮古島からの宝剣・真珠の渡来をかな文で記し、さらに続く漢文の書き出しに「爰有㆓宝剣㆒、神仙託曰、号㆓治金丸㆒、玉称㆓真珠一也、欽奉二尊命一、雕レ石刻レ銘功レ名立レ碑」とある。ことの始まりはやはり（おそらくは神女を依り代とする）神託にあり、それを受けた王が尊命を発したのだ。

〔八〕嘉靖二五年（一五四六）の添継御門と石垣の整備では、落成式が複雑な構成になっている。歳末一二月三〇日に記された⑳「添継御門の南の碑文」にこうある。

嘉靖二十五年ひのへむま（丙午）の年八月一日ミつのとのとり（癸酉）のへ（日）に、きこゑ大きみ・きミ〳〵のをれめしよわちへ、まうはらへの時に、御せゝる御たほ（賜）ひめしよわちへ、「首里もり・またまもり、けらへて（＝造って）、くもこたけ（雲子嶽）・世つきたけ（世継嶽）、おりあけ（織り上げ）わちへ、つミあけ（積み上げ）わちへ、世のこしあて（腰当）、あを（煽）りやたけ、おりあけわちへ、つミあけわちへ、すゑつき（添継）のミ物（＝見事な）いちやちや（板門）、けらへわちへ」、御ゆわひめしよわちへ、御おもろ御たほいめしよわちや事。おもひくわへ（思子部＝王子たち）・くに〳〵のあんしへ・大やくもいた・里主へ・けらへあくかへ、こくより上下、おくとより上、ミやこやへまのおゑか人、しまともに、ミはい（牌）をか（拝）ミ申候。又九月三日ひのとのミ（丁巳）のへに、にるやの大ぬし・きみ〳〵の御のほりめしよわちへ、首里天つきのあんしおそひかなし（＝尚清王）、ミ御ミつかゐ（＝御招待）めしよわちへ、御ゆわいめしよわちへ、御おもろ御たほいめしよわちや事。そろてミはいおかミ申候。又ちやうらうそうたちそろて、御石かきの御くやうの御ゆわひ申候。

八月一日、聞得大君・君々が毛祓いに降臨してミセゼルを謡い、あわせて「御おもろ」を賜与した。雲子嶽は、前出の雲子泊が那覇港の美称であったように、首里城の石垣の美称で、世継嶽はその対語だ。拝礼を行なった人びとが、王子から家来赤頭にいたる垂直方向と、本島・奄美・宮古八重山という水平方向で表現されている。同月大吉日に漢文の⑲「添継御門の北の碑文」が建てられた。九月三日、「にるや（海の彼方の楽土）の大ぬし」が君々をともなって首里城に登り、王に招かれて祝詞を述べ、また「御おもろ」を賜与した。これもおそらくは神女に憑依した神で、儀式の主役は明らかに神女たちだ。王や王子以下の男性官人たちは、神のことばであるミセゼルやオモロを賜る受身の存在であり、石垣供養の祝詞を述べた長老僧たちは、ここでも刺身のツマにすぎない。

〔三〕㉑「やらさもりくすくの碑文」は、嘉靖三二年（一五五三）五月四日に挙行された屋良座森グスクの毛祓いのようすをつぎのように描く。

きこゑ大きみ・きミ〳〵のをれめしよわちへ、まうはらひめしよわちやるミせゝるに、「やらさもり、やへさもり、いしらこは、ましらこは、おりあけハちへ、つミあけハちへ、ミしまよねん、おくのよねん、世そふもり、国のまてや、けらへハちへ、このミよハちへ、たしきやくきついさしよわちへ、あさかかねとゝめわちへ、まうはらて、ミよ（澪）はらて」てゝ、いのりめしよわちやるけに、「ともゝすゑ、せいくさよせらやい」てゝと、わうかなし（王愛し＝尚清王）も、ミはいおかミめしよハる。かミしも乃あんし・けすそろて、千万のミはいおか（拝）てあり。又ちやうらうはうすたそろて、ちかため（地固）のおよハひ（祝）

しめさしよハる。

八重座森は屋良座森の対語。石ら子・真石ら子ともに城の石垣のこと。まては「真珠湊碑文」のまたと同語で、要衝の意か。げらへる・このむはともに造るの意。[24]式次第は「真珠湊碑文」とほぼ同様で、神の憑依した神女が王の御前で謡うミセゼルが中心に据わる。[25]これを受けて王が「十百末、精軍寄せらやい（＝永遠に強敵よ寄せるな）」と唱えて御牌を拝み、「上下の按司・下司」がこれにならった。王さえも官人たちの代表として、神の憑依した神女に対して従の位置にあること、長老坊主たちによる地固めの祝いが付けたりの扱いであること、に注意したい。右の引用に続く「おきなハ（沖縄）の天きや下（天が下）ハ、きこゑ大きみの御せち（セヂ＝霊力）のミまふ（守）りめしよハるけに、むかしから、いくさ（軍）・かちよく（海賊）のき（来）ちやることハ、なきやもの」という文句こそ、聞得大君以下の神女の霊威を雄弁に語っていよう。

（ホ）万暦二五年（一五九七）の㉓「浦添城の前の碑」は、豊臣政権に屈服した島津氏に課せられた朝鮮侵略の軍役の一部を、琉球王国が「与力」として負担することを強いられるという、激動の時期に建てられた。表のかな文が記す八月一二日の毛祓いでは、「たひらもり（平良森）、おしあけもり（押開森）、いしらこは、ましらこは、おりあけわちへ、つミあけわちへ、くもこはし、ミ物はし、かけよわちへ、わたしよわちへ、ミしまよわねん、くにのまてや、このミよわちへ、けらへわちへ」というミセゼルが謡われ、前述のように国中の支配層と浦添間切の全住民が、尚寧王から「お労り」の賜り物を頂戴した。一見のかぎりでは一六世紀なかば以前と変わりないかのようだ。

しかし本碑文では、「かミ・ほとけのをれめしよハちゑ、まうはらひめしよハちやるミせゝる」と、神・仏の降臨が抽象的に語られるのみで、ミセゼルの引用の後に「きこゑ大きミかなしむうらおそひ（浦添）に御ちよわひめしよハちや（＝ご来臨なさる）事、わう（王）かなしのおほこ（誇）りめしよハちゑ、うらおそひの御くすく、世のつち（頂）に御ちよわいめしよハちゑ、御くすくのうちほか（内外）の御いへ（＝聖地《イベ》）・ひのかミ（火神）、御たかへめしよハちや事」と文章が続いている。聞得大君は王に招かれて浦添城を訪れ、王と城を賛嘆する客にすぎない。さらに、賜り物に与った浦添間切の住民のなかに「のろへ」「くにのあむた」という神女の姿がある。王と神女の地位は逆転したのだ。

（2）碑の表と裏

古琉球の国家機能における漢文／かな文の使い分けについて、漢文は対外的、かな文は対内的という対比的把握が示されている。[26] たしかに対ヤマトをのぞく外交世界は完全に純中国式の漢文で覆われていたけれども、一節に述べたように、第一尚氏時代、室町殿からよのぬし宛て、またよのぬしから島津氏（？）宛ての文書はかな文だった。

逆に内政がすべてかな文の世界というわけでもない。二節（1）に紹介した円覚寺住持撰の碑文群は、対外的メッセージの要素は大きくないが、漢詩文の文体で記されていた。それは『歴代宝案』文書のような公文書の文体とは趣を異にするが、中国直輸入の色がこい文化の形だった。その一方でかな碑文も並存したから、問題は内政面で漢文とかな文がどう使い分けられていたかにある。これを考える格好の素材は、おなじ事柄がかな文・漢文二つの文体で書かれた事例だろう。

〔イ〕もっとも単純な例は、嘉靖六年（一五二七）に崇元寺石門の東西脇に建てられた⑯「崇元寺下馬碑」（『金石文』五六―五七頁）だ。東碑は原位置の近くに現存、西碑は残欠が沖縄県立博物館・美術館にある。碑文は東西とも同一で、表は一行に「あんし（按司）もけす（下司）もくま（＝ここ）にてむま（馬）からお（下）れるへし」と大書し、左上に小さく「大明嘉靖六年丁亥七月二十五日」と造立年月日を添え、裏は「但官員人等至此下馬」とある。表裏まったく同趣旨で、かな文が主、漢文が従だったことがわかる。

〔ロ〕聖地弁ノ嶽の参道整備を記念する⑱「国王頌徳碑（かたのはなの碑）」の表のかな文は、嘉靖二二年（一五四三）六月二四日の毛祓いのようすを「きこゑ大きみ・きみ〳〵のをれめしよわちへ、天つき王にせのあんしをそひかなし（＝尚清王）、ミ御ミつかひ（＝ご招待）めしよわちへ、あまこ（眼）あわしめしよわちへ、御ほこ（誇）り（＝祝福）めしよわちや事」と記す。この碑文にはミセゼルが引用されていないが、神の憑依した神女たちの所作が中心だったことは、本節（1）で述べた諸例と変わりないだろう。

ところが、檀渓全叢の撰になる裏の漢文では、そもそも毛祓い自体が影も形もなく、「億載万年、有レ富無レ貧、太平之期、適当二今辰一、天長地久、呼《さけぶ》二万歳一三矣《みたび》」のような、王の治世への大仰な賛辞でみたされている。表で「きこゑ大きみ・きミ〳〵・かミ・ほとけの御あそひめしよわるところ」と紹介される弁ノ嶽も、裏では「神仙来賁《はしり》降遊之霊地」と抽象化される。裏の末尾には「邦畿千里、聖躬万歳、甃《ふき》レ石修レ路、記二太平世一、植レ松蔭《たすけ》レ涼、仰二漢武帝一、遠〔達カ〕レ天大願、比レ海弘誓、琢二詞斯石一、継二慶末裔一」という四言十句の賛が掲げられている。全文きれいな対句で構成され、偶数句の末字で押韻する。檀渓個人が円覚寺住持として王の治世を賛嘆するこの賛こそ、裏の眼目だった。

〔八〕一五四六年の⑳「添継御門南碑」と⑲「同北碑」は、修造なった城門の南北の脇に一対として建てられたが、このときあらたに積まれたのは首里城南側の石垣だから、南碑が主、北碑が従と考えられる。本節（1）で述べたように、かな文の南碑は、嘉靖二五年（一五四六）八月一日の毛祓いに降臨した神女のミセゼルと王へのオモロ賜与、同年九月三日に登城したニルヤ大主による王へのオモロ賜与を語り、同年一二月三〇日時点での記述となっている。「首里天つきのあんしおそいかなし天」という尚清王の琉球名とならんで、「きこゑ大きみ」でも一字擡頭していることも見のがせない。

これに対して末尾に檀渓全叢「謹記レ之」とある漢文の北碑は、「洪惟《ここにおもふに》聖朝、大二統八紘一、撫二育天下一、列《ならび》レ祖継レ志、丕《おほいに》承二鴻業一、祖二述唐虞（＝堯・舜）三代（＝夏・殷・周）之道一、以致二雍煕至治〔道カ〕（＝北宋太宗代の年号）之化一、威光同三柔風之偃《なびかす》二樹林一、恩渥如三時雨之潤《うるほす》二大地一、偉哉盛哉」と尚清王を讃える美文で始まる。嘉靖二三年（一五四四）六月二〇日に王の綸旨が大臣・官長に発せられ、王族・官人・百姓が「異体同心」に石を積み、完成した石垣の形勢は「譬如三衆星之共二北辰一也」だったという。工期は「甲辰歳林鐘中浣（＝嘉靖二三年六月中旬）」から「丙午歳盛夏上浣（＝嘉靖二五年五月上旬）」まで二年にもおよび、同年「八月大吉日」に王が人びとにもれなく「恩二賜金銀米穀財帛衣食茶菓酒肴一」し、北碑が建てられた。

　右の「八月大吉日」は毛祓いのあった「八月一日」とおなじ日だろう。両碑は一対とはいえ、北碑はこの日までのことを記し、南碑はこの日からのことを記している。しかも北碑は神女やミセゼルには片言すら費やさず、王の賛嘆に終始する。とはいえ碑文の末尾は、北碑では「仰祝二聖寿之無レ疆《かぎり》、以祈二国家之有レ道、克《よく》慕二仁政一、永娯《たのしむ》二壮観一、宜哉」、南碑では「この御石かきつミ申候あひたハ、日々のミ御ほけ（＝拝領物）ハかすしらす、月々におゑか（＝拝領物）をかミ申候、みはい（牌）ハ、首里天つきのあんしおそひかなし天（＝尚清王）の、ともゝと・とひやくさ（十百年十百歳）と、ミはいをかミ申候」と、いずれも王への賛嘆で結ばれている。

〔二〕万暦二五年（一五九七）の㉓「浦添城の前の碑」表のかな文の特徴については、二節（2）・本節（1）に述べたのでくりかえさない。ミセゼルを中核に据えるという文章構造は健在であること、王名・「天」・「きこゑ大きミかなし」で二字擡頭していること、の二点だけ確認しておきたい。これとの対比で円覚寺住持菊隠宗意の撰になる裏の漢文を見ると、「帝道、縦雖二唐堯・虞舜之徳、秦皇・漢王之威一、豈過レ之乎」という王の盛徳により「橋路」が完成したことの賛嘆に終始し、神女やミセゼルはとうぜんながら見えない。なにより、表のかな文にくらべてかなり短く、「天長地久、国泰民安、至祝至禱、久立珍重」という末尾の偈にしても、おざなりの感を免れない。

終末期のかな碑文――むすびにかえて――

辞令書の時期区分で過渡期とされる一七世紀前半は、かな碑文もまた大きく変質しつつ、消滅していく時期だった。実例としては、いずれも王家の陵墓に関わる二例があるが、墓の主は一方は大昔の伝説的よのぬし、他方は同時代の王母と対照的だ。

〔イ〕万暦四八年（一六二〇）の㉕「ようどれのひのもん（極楽山之碑文）」（『金石文』一一四―一一六頁）は、一三世紀後半の王英祖を祀る陵墓「浦添ようどれ」を、「うらおそいよりしよりに、てりあかり（照上）めしよわちや」尚寧王（一八頁参照）の命で、「ちよ（強）くきよ（清）らくけらゑらし（＝造らせ）めしよわちへ」た工事の完成を記念したもの。神女もミセゼルもまったく登場しない一方で、浦添間切が墓掃除を盆・正月の前に勤めること、碑文の文字が浅くなったら三司官が彫りなおすこと、といった実務的指示がめだつ。藍玉宗田の撰になる裏の漢文は、表の「八月吉日」が「秋時正日」だとわかることと、「仰《あふげば》弥高、鑽《きれば》弥堅、涅不緇《くろまず》、磨不磷《うすろがず》者、夫《それ》極楽山之風景也」という『論語』丸写し(27)の風景描写（？）がめだつ程度で、表のかな文から実務的指示

図5　本覚山碑文の立つ風景
金武家墓域は首里から那覇方面へ下る傾斜地にある。村井撮影。

を省いたものという印象だ。

〔ロ〕天啓四年（一六二四）の㉖「本覚山碑文」（『金石文』一〇五―一〇六頁）は、尚豊王の母金武《きん》大按司志良礼《あじしられ》（一鏡妙円皇后）の葬送を記念したもので、那覇市首里山川町の金武家墓域内に現存する（図5）。表のかな文[28]は、同年一〇月六日の葬いのようすを「国中の僧俗・めとも・わらへの御弔はいふにおよひ申さす、をりふし唐より御つかいのちいへい（指揮）御わたり候て御さ候間、御とむらひに、いろ〳〵のかさり物をするゑ、かくにて、代の官人のさいもん（祭文）よミ候て、ミはいからめき（＝勤め）申候」と描き、造立の動機を「かにある事ハ、昔今にもあるましく候ほとに、末代のしるへきために、ひのもん（碑文）御たてめされ候」と説明する[29]。このかな文は「がらめき」の一語以外はほとんど琉球語の匂いがしない。神女・ミセゼルは登場せず、祭文を読む役が明使の「代の官人」の仕事になってしまった。裏の漢文はこれも藍玉の撰で、「大明国之欽差（＝勅使）有合故、大明之高客奏㆓涅样楽㆒、一国之諸僧唱㆓梵相曲㆒」とある音楽関係記事が目につく程度だ。表のかな文の縮小版という印象はここでもぬぐえない。

以上二例はともにかな文を表、漢文を裏とする点で、古琉球の伝統を継いでいる。しかし、漢文はもとよりかな文からも女性の影は完全に消えてしまった。『球陽』巻一諸神出現護衛国祚に「託遊之俗、伝至二尚豊王世一、尚有レ存焉」とあるように、神女による神降儀礼が尚豊王代（一六二〇～四〇）までで廃絶したこと、王が「天喜也末按司添（てにぎやすゑあんじおそい）」といった神名をもったのも同王までであることも、関連する事象であろう。

こうした「改革」を強力に推進したのが、一六六六年に摂政《せっせい》となった向象賢（羽地朝秀、一六一七～七五）だ。『羽地仕置』に収める一六七三年の三司官宛「口上覚」に、「国中仕置相改」の必要性を、「前々女姓巫女風俗于レ今多候故、巫女之偽ニ不レ惑様ニと、如レ斯御座候」と説明している（『沖縄県史料　前近代一』沖縄県教育委員会、四八頁）。神遊びの託宣や霊力《セヂ》による護持は、人を惑わす「巫女の偽り」と貶められ、公的領域から姿を消していった。[30]

以上のような近世への移行を「中国化」ととらえる見方がある。[31]羽地仕置の儒教的教化策にともなってかな文が姿を消していく状況からは、そのようにも見え、じっさい王府儀礼の「中国化」が種々図られてもいる。[32]しかし、儒教的教化策は同時代の江戸幕府でも推進されているし、そもそもヤマトでは中近世を通じて公的文章は漢字で書かれていた。儀礼の「中国化」にしても幕府や薩摩藩の意図に沿う面が無視できない。琉球の近世はむしろ「ヤマト化」を基軸にとらえるべきではないか。

一七一九年に『南島志』を著した新井白石は、ある書簡で「扨《さて》倭歌は日本の本色のものに候、琉球人は南倭とて、此国と同じ地脈の国に候、故に名歌をもよみ出し候もの有之候」といっている(33)。古琉球でオモロの書記媒体だったかな文は、近世になると「日本の本色のもの」である和歌のそれに変貌した。琉球の「ヤマト化」は、このようにして近代国民国家の前提の一角を形づくっていく。

注

（1）高良倉吉『琉球王国の構造』（吉川弘文館、一九八七年）八四―八五頁所掲の表「古琉球主要碑文一覧」に準拠。以下の論述では、本表一列目の番号を丸で囲んだ数字で各碑を指称する。なお、㉖は裏に漢文碑文があるので、原表の漢文欄に○を追加した。琉球碑文の研究史については、石碑の目録採取と復元の観点から書かれた川島淳「那覇市歴史博物館所蔵の拓本資料の整理について――目録記述を軸として――」（『（那覇市）壺屋焼博物館紀要』一四号、二〇一三年）が有益である。

（2）御・事・人・申・候・又・方・上・中・下・大・王・世・天・国や漢数字など、限られた漢字以外を平かな（片かなミ・ハをふくむ）で表記する文体を、本稿では「かな文」と呼ぶ。

（3）田中健夫「文書の様式より見た足利将軍と琉球国王の関係」（同著『対外関係と文化交流』思文閣出版、一九八二年）。

（4）高良注1書。文書の雰囲気は後出の図4参照。

（5）佐伯弘次「室町前期の日琉関係と外交文書」（『九州史学』一一一号、一九九四年）。

（6） 黒嶋敏『中世の権力と列島』（高志書院、二〇一二年）一二三頁。

（7） 小島瓔禮「芥隠承琥伝」（島尻勝太郎・嘉手納宗徳・渡口眞清三先生古稀記念論集刊行委員会編『球陽論叢』ひるぎ社、一九八六年）。

（8） 高良注1書、八二頁。ただし同時期の墓碑⑮⑰は漢文である。

（9） 琉球碑文の拓本・釈文は、沖縄県教育委員会文化課編『金石文 歴史資料調査報告書V』（緑林堂出版、一九八五年、以下『金石文』と略記）に集成されている。この文献では、①全体ないし部分が現存するもの（二一一―二三六頁）、②亡失・残欠資料を破壊前に採取した拓本（二一四―二三三頁）、③亡失碑文を収める文献（二三四―二五二頁）、の三か所に碑文を掲げている。①と②とはとうぜんながら一部重なる。本文で言及する碑の現状や碑文の原拠については、とくに必要なばあい以外いちいち記さないので、本文中に記した『金石文』のページ数と右の①〜③を対照して推察されたい。

なお、『金石文』に先行して塚田清策『琉球国碑文記』（学術書出版会、一九七〇年）があり、『金石文』に集成された碑文の多くの拓本・釈文が収載されている。著者は長野県の高校の書道教師で、琉球かな碑文の「平仮名の研究こそ本土と沖縄との文化の関係を解明する鍵であるということを考えた」のが研究の動機という（自序）。誤読・誤釈が皆無ではないが、釈文には『金石文』にはない返り点・送り仮名・頭注が付されており、別巻1・2に東恩納本、同3に伊波本の『琉球国碑文記』影印も収められている。琉球碑文理解にとって学ぶところの多いこの労作が、沖縄側の研究では完全に無視されている。稀覯本だからかもしれないが不審でならない。

（10） 『宝慶四明志』巻五・商税に「鄞県旧有二大嵩・横渓両税場一」とある。

（11） 道号および円覚寺の世代は『琉球国由来記』巻十・円覚寺甲乙住持事による。ただしこの住持表には脱漏があるらしく、代数はあくまで仮のものである。以下同様。

（12） 伊藤幸司『中世日本の外交と禅宗』（吉川弘文館、二〇〇二年）二四二―二四四頁。

(13)「鶴翁字銘幷序」に「我（鶴翁智仙）是前席関東円覚仙巌和尚徒也」とあるが、鎌倉円覚寺の歴代住持に仙岩は確認されず、疑問。

(14) 村井章介『東アジア往還――漢詩と外交――』（朝日新聞社、一九九五年）一九九―二〇六頁。

(15) 伊藤注12書、二四八―二五二頁。

(16) ⑮の瑞興と⑰の興龍雲を、年代が近いことに加えて、同一人としたばあい天王寺から円覚寺に昇住するという経歴が不材・檀渓・菊隠・藍玉と共通することから、同一人と判断した。

(17) 村井章介「真珠湊碑文に古琉球を読む」（同著『境界史の構想』敬文舎、二〇一四年）。本碑文をはじめとするかな碑文の解釈にあたっては、『仲原善忠全集　第二巻』（沖縄タイムス社、一九七七年）四九八―五七九頁、高梨一美「古琉球の祭司史料を読む」（同著『沖縄の「かみんちゅ」たち――女性祭司の世界――』高志書院、二〇〇九年）、波照間永吉「碑文とオモロからみる古琉球の王府祭儀」（『沖縄県史　各論編第三巻　古琉球』沖縄県教育委員会、二〇一〇年）、島村幸一「『おもろさうし』と仮名書き碑文記」（同編『琉球――交叉する歴史と文化――』勉誠出版、二〇一四年）、高良倉吉「古琉球碑文に見る王国中枢の防衛体制」（『琉球アジア文化論集』二号、二〇一六年）などを参考にした。

(18) 以下のかな碑文の引用において、（　）内はかなに漢字を宛てたもの、（＝　）内は語や文の意を村井なりに解釈したものである。

(19)『中山世鑑』巻五所収の碑文には「嘉靖三十年（一五五一）辛亥三月五日、海神新ガヽリ出現、同年十月二日ヨリ弥良坐森城石普請始リ、同三十二年癸丑四月廿八日其功終、其記曰」という綱文が付されていて、碑の完成までに長い経緯のあったことを知る。「新懸《あらがかり》」とは五年または七年に一度出現する海神で、心志誠篤なる者の家を訪れて寿を祝い年を延べ、不善なる者には託言して刑罰を加えるという（同書巻一・琉球開闢之事）。

(20) 上里隆史『琉日戦争一六〇九――島津氏の琉球侵攻――』（ボーダーインク、二〇〇九年）一三七頁以下。

(21) 高良倉吉「琉球辞令書の一覧表と収集状況」(『琉球大学法文学部紀要 日本東洋文化論集』創刊号、一九九五年)記載のものに一例の脱落を追加した。他に一八四三年と一八五一年の八重山島大阿母補任辞令書がある。

(22) 一六〇一年序、一六二四年刊の徐学聚編『国朝典彙』巻一六七兵部三一琉球に、「信㆑鬼畏㆑神。神以㆓婦人㆒為㆓尸祝㆒。号㆓女巫㆒。女巫之魁称㆓女君㆒。白日呼嘯。聚輙数百人。携㆑枝戴㆑草。騎歩縦横。時入㆓王宮㆒。褻遊狎戯。一倡百和。音声凄惨。倏忽《たちまち》往来。莫㆑可㆓踪跡㆒。馮‐㆓附淫昏㆒。矯‐㆓誣禍福㆒。王及世子陪臣。皆頓首拝跪。」とある(『明書』巻一六五列伝二一琉球に同文あり)。神女に神が憑依してミセゼルを謡い、禍福を告げ、王以下がひれ伏すという情景が、よくとらえられている。傍線部は一五三四年来琉の陳侃『使琉球録』に「各戴㆓草圏㆒、携㆓樹枝㆒」とあるのをふまえており、「たしきやくきつさしわちへ、あさかかねと〻めわちへ」とよく符合する。今も宮古島北部のウヤガン(親神)祭などで見られるように、神女が木の枝を持ち草の冠を被って神に変身した姿ではないか(図6)。

(23)『おもろさうし』一三―一八の詞書に「きみまもの御まへよりおがみ申みせゞる」とある(注25参照)。君真物《キミマモン》は遠来の守護神で、オボツカグラから来る天神と

図6　宮古島狩俣ウヤガン祭の神女たち
手に木の杖を持ち頭に草冠を被る。(比嘉康雄『神々の古層③遊行する祖霊神 ウヤガン〔宮古島〕』ニライ社、1991年、pp.54-55)

ギライ（またはニライ）カナイから来る海神があった（『中山世鑑』巻一・琉球開闢之事）。

（24）『おもろさうし』一三―一八に「うきしまは、げらへて」、同一〇―二八に「やまとふね、こので」の用例がある。

（25）『おもろさうし』一三―一八の詞書に、屋良座森グスク毛祓いのミセゼルを、尚清王の命により、「やふそ（屋富祖）の大やくもい」以下四人が「ゑと」（オモロの一種）に改作した、とある（島村注17論文、三〇四頁以下参照）。

しよりゑとの節

一天つぎの御さうぜ大きみは たかべて やらざもり いしらごは おりあげて

ともゝすへ せいいくさ よせるまじ

又わうにせの御このみ せだかこは のだてゝ やへざもり ましらごは つみあげて

ともゝすへ（せいいくさ よせるまじ）

又きこゑ天つぎの世のさうぜ めしよわちへ おくのみよう（澪） いしらごは おりあげて

ともゝすへ（せいいくさ よせるまじ）

又とよむわうにせの世のさうぜ めしよわちへ おくのうみの ましらごは つみあげて

ともゝすへ（せいいくさ よせるまじ）

又きこへ大ぎみぎや やらざもり ちよわちへ だしきやくぎ さしよわちへ

ともゝすへ（せいいくさ よせるまじ）

又とよむせだかこが やへざもり ちよわちへ あざかがね とゞめば

ともゝすへ（せいいくさ よせるまじ）

傍線を施したミセゼル中のフレーズが連続部（対句部）に、碑文中の王の唱え言を加工した「ともゝすへせいいくさよせるまじ」が反復部に（「又」以下の反復部では「せいいくさよせるまじ」が省略されている）、たくみに配置され、「（きこゑ）天つぎ」「（とよむ）わうにせ」すなわち尚清王が、「（きこへ）大きみ」「（とよむ）せだかこ」すなわち最高神女の霊威に守られて、外敵にたちむかう姿を謡いあげている。王のプレゼンスがミセゼルにおけるそれより大きく映る。おもろ作品誕生の経緯をうかがわせる希有の事例である。

（26）田名真之『南島地名考――おもろから沖縄市誕生まで――』（ひるぎ社、一九八四年）一六―一七頁。

（27）『論語』子罕第九に「仰之弥高、鑽之弥堅」、同陽貨第十七に「不曰堅乎、磨而不磷《ましてうすらがず》、不曰白乎、涅而不緇《でつしてくろまず》」とある。

（28）『金石文』が刊行された一九八五年には漢文側を表にして立っていた（上江洲敏夫「石碑概観　県内の石碑採拓を通して（一）」『沖縄県立博物館紀要』一一号、同年、六頁に写真あり）が、その後据え直されたらしく、『企画展　刻まれた歴史――沖縄の石碑と拓本――』（沖縄県立博物館、一九九三年、四七頁）ではかな文側を表とし、現況と一致する。

（29）「唐より御つかいのちいへい」については、『中山世譜』巻八尚豊王に「（天啓）四年甲子秋、福建布司奉レ旨、仍遣二衛指揮蕭崇基一、賷二登極及大婚之詔一、偕二壬戌使臣蔡堅等一至レ国〈翌年春、蕭指揮還朝〉」とある。福建布政司からの使者で、崇禎帝即位を告げるのが任務だった。また末尾に、この墓所は被葬者の男子三人・女子五人に賜ったので、「千年万年までも、此御すし（筋）よりほかに、あんしもけすも入事あらは、天にあふき地にふしてたゝるへし」という訓戒がある。内容・文章ともに一五〇一年の⑩「玉御殿碑文」を強く意識している。仲原注17書、五五一頁参照。

（30）高梨一美「古琉球の女性祭司の活動――一六世紀の史料を中心に――」（野村伸一編『東アジアの女性信仰と女性生活』慶應義塾大学出版会、二〇〇四年）七〇―七四頁。ただし、『羽地仕置』には続けて「今少相改度儀御座候得共、国中ニ同心之者無御座、悲歎之事候」とあって、改革に対する強い反発があったことを知る。

（31）たとえば、島村幸一は琉球の公的文章が漢文化されていくことを根拠に、「近世期の琉球は、中国化していく時代である」と述べる（注17論文、三〇三頁）。
（32）島村幸一「『おもろさうし』の神女」（同著『おもろさうし』と琉球文学』笠間書院、二〇一〇年）三三七―三三八頁。
（33）伊波普猷「琉球和歌史管見」に引用（同著『古琉球』岩波文庫、二〇〇〇年、四二八頁）。

琉球辞令書の様式変化に関する考察

屋良健一郎

はじめに

琉球と日本との外交関係（琉日関係）の研究は、両国間でやり取りされた文書の内容を詳しく分析することで、近年目覚ましい進展を見せている。一方で、文書様式自体についての研究はそれほど多くないように思える。足利将軍から「りうきう国のよのぬし」（琉球国世主＝琉球国王）へ宛てた国書を考察した田中健夫は、仮名書きの御内書様式をとりつつも、年号・印章の使用で外交文書の体裁を整えていることに着目し、「足利将軍と琉球国王は、相互に外国の君主であることは認めがならも、同文同種の者同士として一体感に近い意識」を持っていたと指摘した（〔田中一九八二〕一二六頁）。その後、未発見だった琉球国王から足利将軍宛の国書が写の状態で発見され、琉球側からの文書は和様の変体漢文、すなわち日本の古文書の文体であることが確認された

（[佐伯一九九四]）。このような日本式の文書が国書として作成されていたことから、国王の側近には日本人が存在し、対日本外交のブレーンとして活躍していたことが想定されている

ところで、琉球国内で使用されていた文書がどのように作成されたのか、様式がどのように変遷したのかについては、琉日間の外交文書に関する研究以上に困難である。現存している古琉球期の国内文書がいわゆる琉球辞令書（以下、辞令書とする）[(1)]に限定されるためである。安良城盛昭の先駆的な研究[安良城一九八〇]を受けて、高良倉吉が辞令書から王国の内実を明らかにした（[高良一九八七、一九八九、二〇一一]）。その研究は矢野美沙子によって発展的に継承されている（[矢野二〇一四]）。琉球の制度を解明するために辞令書は活用されているが、その様式自体については、それほど研究がないように思う。

本稿では、辞令書を取り上げ、日本からの政治的影響と辞令書様式の変化との関係を考察する。辞令書はその様式によって三つのタイプに区分されることが明らかにされている。「古琉球辞令書」「過渡期辞令書」「近世琉球辞令書」である。これらの三タイプの辞令書は同時併行的に用いられたのではなく、「最初に古琉球辞令書が用いられ、その次に過渡期辞令書が使用され、そして最後に近世辞令書が用いられるというように、各辞令書が明確に時代を異にしながら継起的につながっている」という（[高良一九八七]四九頁）。そして高良は、古琉球辞令書から過渡期辞令書への変化の契機を島津氏の琉球侵攻（一六〇九年）に求め、一六六六年に始まる向象賢《しょうじょうけん》による政治改革が過渡期辞令書から近世琉球辞令書への変化をもたらしたと指摘する。本稿では、古琉球

辞令書について述べた後、主にこの一六〇九年から一六六六年に至る時期に着目し、辞令書の様式変化の要因を琉球の文書作成に携った人や職との関連から考えることとする。琉球史の時期区分は、島津氏の侵攻前後で古琉球と近世琉球に区分できるが、近世的な制度の確立、という点で見れば向象賢の改革期に画期があるとされている（[高良 一九八七] 二五三頁）。そういう意味では本稿で主として扱う時期は、古琉球から近世琉球への移行期ということになろう。

一　古琉球辞令書

成化一三年（文明九、一四七七）、尚円《しょうえん》（第二尚氏の祖）の子である尚真《しょうしん》が一三歳で国王となった。嘉靖五年（大永六、一五二六）に死去するまでの五〇年もの間、王位にあった尚真は琉球の黄金時代を築いた人物として知られている（[高良一九九三] 六二頁）。正徳四年（永正六、一五〇九）に首里城正殿前の欄干に刻まれた「百浦添欄干之銘《ももうらそえらんかんのめい》」は、尚真の事績を一一ヶ条にわたって漢文で記している（『金石文――歴史資料調査報告書Ｖ――』二三五頁。以下、『金石文』と略す）。その第五条目には、臣下を官職に任じて帕《はちまき》(2)や簪の違いで身分を表すようにしたと記されている。この時期に王府の様々な官職が新設され、官人の序列が定められたのであろう。そのことと対応するかのように、官職を授ける際や土地を給与する際に国王の命令で出される辞令書が尚真の時代から見られるようになる。日本や中国などに宛てた外交文書は第一尚氏の時代のものも知られているが、国内向

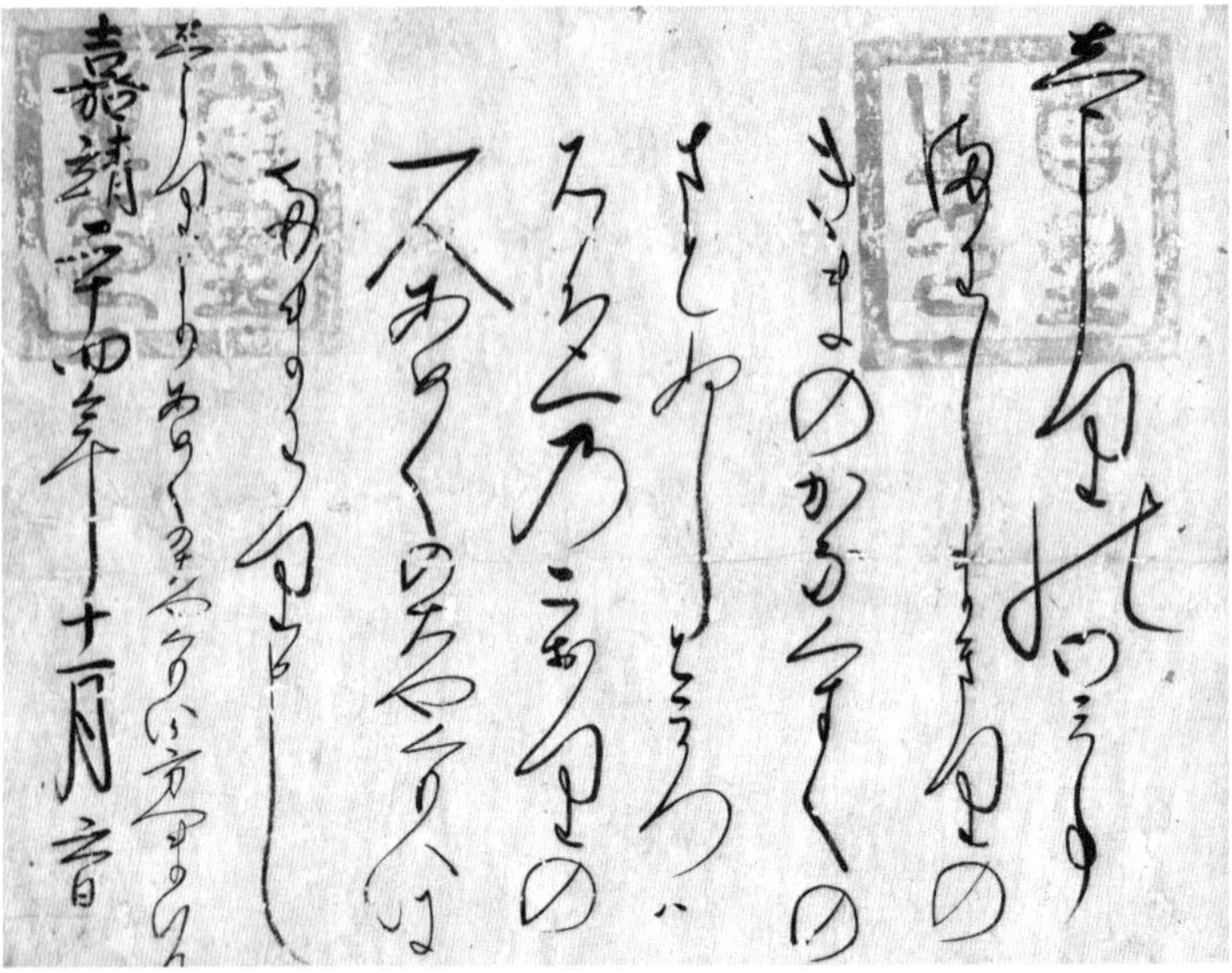

図1　古琉球辞令書（沖縄県立博物館・美術館寄託「田名家文書」）

けに出された文書が確認されるのは辞令書が最初である。現存する最古の辞令書は嘉靖二年（大永三、一五二三）のものだ。ここでは、嘉靖二四年（天文一四、一五四五）に出された辞令書（古琉球辞令書）を見てみよう（図1、『辞令書等古文書調査報告書』三〇頁。以下、『辞令書』と略す）。

史料1　儀間金城里主所給賜辞令書

〔印〕しよりの御ミ事
まわしまきりの
きまのかなくすくの
さとぬしところハ
はゑのこおりの
一人あめくの大やくもいに
たまわり申候
しよりよりあめくの大やくも
いか方へまいる

〔印〕嘉靖二十四年十一月六日

漢字を充てると「首里の御命／真和志間切の／儀間の金城の／里主所は／南風のこおりの／一人天久の大屋子もいに／給申候／首里より天久の大屋子もいが方へ参る」（「／」は改行を示す）となる。「首里」はここでは国王を指す語であり、「間切《まぎり》」は現在の市町村に相当する行政区画。「里主所」は官人に与えられた地で、官人は里主所から収入を得ていた。「大屋子もい」は上級官人の称号である。この辞令書を与えられた天久大屋子もいという人物は、「南風のこおり」に所属していた。「こおり」は行政組織で、南風のこおりの他に、「北《にし》のこおり」ともう一つのこおり（名称不明）が存在していたことが分かっている。この三つのこおりを統轄したのが、三司官《さんしかん》（琉球語で「世《よ》あすたべ」）と呼ばれる三人の大臣であった。

右の辞令書は土地の給付に関するものだったが、他にも渡唐船（中国へ派遣された貿易船）の乗組員を任命する辞令書、「ひき」と呼ばれる組織（こおりの下に属していた）の官人を任命する辞令書、地方役人を任命する辞令書などが現存している。王府の制度が整っていく尚真の時期には、官人を組織するためにこのような文書が必要とされたのである。

さて、右の辞令書から分かるように、古琉球辞令書は以下のような特徴を持つ（［高良一九八七］）。①冒頭に「しよりの御ミ事」と記し、この辞令書が「首里の御命令」であることを明示する。ここでいう首里とは、王都首里を統べる琉球国王のことである。②辞令書の内容は「AはBに与えられる」という風に書かれる。Aには官職や采地、Bには受給者が書かれる。③B（受給者）の名の前に「一人」という語が付く。これは、給与内容（官職など）が受給者として記された人物のみに与えられることを強調する語で、辞令書の一回性の効用を示すものだという。④そして文頭の「しよりの御ミ事」と対応するように、文末には「しよりより〜方へまいる」という文言が付される。「〜」の部分には受給者の名が記され、この辞令書が「国王から〜に与えられる」という点を明記している。⑤「首里之印」という朱印が二か所に捺されている。この押印について上里隆史は、明皇帝の勅書や朝鮮の外交文書をモデルにした可能性に言及し、国王を意味する「しより」（首里）と中国年号の位置に捺されたのではないかと指摘している（［上里二〇一六］六九頁および本書所収上里論文）。

以上のような先行研究の指摘を踏まえて若干の私見を述べたい。まず、古琉球辞令書に二回出てくる「しより」と中国年号は他の箇所と比べて高い位置から書き始められていることが注目される。これは古琉球の仮名書き碑文が国王に関わる語や中国年号に擡頭を施していることと通じる(3)。辞令書でも擡頭を用い、「首里之印」の使用と共に視覚的にも国王の権威の高さを示していると考えられよう。

次に表記について見てみよう。右の古琉球辞令書の中で、漢字で記されるのは「御」「事」「一人」「中候」などの限られた語と、中国年号、年月日のみであり、表記は平仮名を主体としている。これに関連して、古琉球期の辞令書、仮名表記（平仮名主体の漢字仮名交じり表記）(4)の碑文、『おもろさうし』第一（古琉球期に編纂）に使用されている漢字を表にしたのが後掲の表1である。これを見て分かるように、辞令書、碑文、『おもろさうし』の漢字使用の傾向は共通していることが分かる。すなわち、「上」「中」「下」「大」「小」「人」を始めとする画数の少ない字や接頭語、「給」「申」「候」などの補助動詞などである。煩雑になるため表1には入れていないが、数字、国王の名や中国年号も漢字で表記される。また、「国」「王」「天」「世」「玉」「金」「城」といった支配者に関わる語や尊貴を表現する語が漢字で表記される傾向にあるようだ。古琉球では中国をはじめとする諸外国向けの漢文外交文書、日本向けの和様漢文の外交文書、漢文の碑文など、漢字のみで記される史料も少なくない。しかし、国内向けの文体としては（漢文の碑文もあるとは言え）、仮名表記がメインだったことが窺える。(5) 仮名が用いられたのは琉球語を表記するためだろう（［高良一九八七］）。

次に、辞令書の発給過程についても考えてみよう。不明な部分が多いものの、わずかながら手がかりがある。康熙二九年（元禄三、一六九〇）の序文を持つ「和姓家譜」（『那覇市史資料篇』第1巻7、八八六頁）から、浦添親方景明の記事を引用する。

史料2「和姓家譜」一世景明

嘉靖年間、奉事於
尚清尊君尚元尊君而、任国頭間切惣地頭職、班於三司官職相勤焉、当時之作法、将進官職于其人者、豫通于其人而後、奉　言上請之矣、於茲、那覇住人銭氏友寄親雲上直能請御物城職時、豫不通而奉　言上、其時、直能辞之、故再三頻勸之、而固辞不敢受其職矣、是故、獲

罪、嘉靖三十八己未之年、流久米島（以下略）

　これによると、浦添景明は、尚清《しょうせい》（在位：一五二七〜一五五五年）と尚元《しょうげん》（在位：一五五六年〜一五七二年）に仕え、国頭《くにがみ》間切を領し、三司官に昇った人物であった。当時の琉球における任職は、三司官が叙任候補者からあらかじめ内諾を得た上で、国王へ任職のことを「言上」し、許可を得るというプロセスを経ていたらしい。しかし、御物城《おものぐすく》(6)職を任じる際、浦添景明は候補者の友寄《ともよせ》親雲上《ぺーちん》に内諾を得ないまま、言上してしまった。国王より叙任の命が下った後、友寄が御物城職を固辞するという事態が発生したため、内諾を得るというプロセスを怠った浦添は久米島へ配流となった。ちなみに右で省略した箇所には、叙任を断った友寄が鬼界島に流されたことも記されている。

　右の事例と関連して、豊見山和行による「言上写」の研究は示唆的である（［豊見山二〇一二］および本書所収の豊見山論文）。豊見山によると、「言上」とは琉球では「国王へ申し上げる」の意味で使われる語であり、「言上写」とは、人事や祭祀等について摂政・三司官から国王への申請と国王の回答を示す文書であるという。

　「言上写」は申請後、国王によって裁可されると下達文書としての性格に変わり、当該者へ与えられるという。豊見山は、人事に関する「言上写」と同日付の辞令書が存在することに着目する。すなわち、ある人物の任職に関する言上が先にあり、それを国王が裁可した後、辞令書が発給されたらしい。「言上写」と辞令書がワンセットであるという指摘が大変興味深い。

この豊見山の研究成果を踏まえて、「和姓家譜」の記事を考えると、近世と同様の慣例が古琉球期にも存在していた可能性がある。「言上写」のような文書が作成されていたかは不明だが、三司官による言上を受ける形で辞令書が発給されていたと考えられる。古琉球期の辞令書とは、言上に対する国王の許可および任職等の命令を示すもので、その命を固辞するのは許されなかったことが「和姓家譜」の記事から推察される。

最後に、金石文の文章をヒントに、辞令書の「たまわり申候」という文言についても考えておきたい。「申候」という語句に注目すると、たとえば、「真珠湊碑文（石門の西のひのもん）」（一五二二年）では「首里の王おきやかもいかなし天のみ御ミ事に、ま玉ミなとのミちつくり、はしわたし申候時のひのもん」とあり、「わたし申候」という語が見られる（『金石文』四三頁）。これは、尚真の命令を受けて、真玉道・真玉橋が築造された際の記念碑だが、橋を「わたし申候」という動作の（碑文上の）主体は、碑文の最後に名が記されている、この碑文建立の責任者である「三人の世あすたへ」すなわち三司官であろう。他にも、「添継御門の南のひのもん」（一五四六年）に「ちやうろう、そうたち、そろて御石かきの御くやうの御ゆわひ申候」とある（『金石文』二三八頁）。首里城の継世門の石垣を造営した時の碑で、長老・僧たちが揃って石垣の供養を行ったことが「御ゆわひ《（祝）》申候」[7]と表現されている。これらのことから、「申候」という語句は臣下や庶民の動作に付く傾向があると言える。

史料3

(A)くに〳〵《国々》のあちへ《按司部》、ちやうらうた《長老》、あすたへ、かなそめはつまき《帕》、はうすた《坊主》、三はん《番》の大やくもいた、さとぬしへ《里主部》、けらへあくかへ《家来赤頭部》、(B)御よひめしよわちへ《呼召》、(C)御いちやわり《労》ハ千りやう《両》の金よりもなを《猶》まさり《勝》の(D)ミ《御》おほけにあひ《会》申候、又、(a)うらおそひまきり《浦添間切》の大やくもいた、さとぬしへ、けらへあくかへ、おゑか人、のろへ、しまのあすた、くにのあむた、大小のゑくか、おなこ《女子》とも《共》に(b)御よひめしよわちへ、(c)ミおほけハかす《数》しらす、(d)おゑかたまわり申候、

「浦添城の前の碑」（一五九七年）の一節を引用した（『金石文』三二頁）。浦添と首里とを結ぶ道の途中の太平橋を木橋から石橋に架け替えた際の記念碑である。引用箇所には、工事関係者に褒美が与えられたことが記されている。(8) まず、国々の按司部（各間切の按司たち）以下の人々を国王が「御よひめしよわちへ」（御呼び寄せになられて）、その人々は千両の金にもまさる「ミおほけ」（御褒美）を受けた。また、浦添間切の役人やノロ、老若男女も同じく国王に召されて、「おゑか」（拝領物）を「たまわり申候」たという。ところで、引用箇所の前半部と後半部は文の構造が対句になっている。様々な身分の人々が列挙され（A・a）、「御よひめしよわちへ」という国王の動作が記される（B・b）。そして、褒美の量の多さが讃えられ（C・c）、国王に呼ばれた人々が褒美を受けたことが記される（D・d）。引用部の（D）の「ミおほけにあひ申候」の主体は国王に呼ばれた臣下たちと解釈するのがいいこと、文章が対句になっていることから、「おゑかたまわり

申候」の主体も国王に呼ばれた浦添間切の人々と考えるのが妥当と思われる。「たまわり申候」は「国王が与えた」というのではなく、「臣下が与えられた（いただいた）」ということだろう（ちなみに、右の引用部でも、国王の動作については、「御よひめしよわちへ」とあって、「申」は付けていない）(9)。

以上のことから、たとえば古琉球辞令書に「あめくの大やくもいにたまわり申候」などとあるのは、「あめくの大やくもいにいただいた」と捉えるのがいいのだろう。この辞令書の「たまわり申候」あるいは「申候」には、国王の命を受けて辞令書を記し、受給者に伝達する臣下の立場が表れているようにも思われる(10)。

二　過渡期辞令書

ここでは、過渡期辞令書と呼ばれるタイプの文書についてみていこう。

史料4　仕上世奉行職叙任辞令書

〔印〕首里の御ミ事
　　仕上世奉行ハ
　　にしのこおりの
　一人儀間の里之子大やくもいに
たまわり申候

〔印〕天啓八年四月二十八日

「田名家文書」所収の辞令書（『辞令書』四五頁）で、一六二八年発給のものである（口絵6、図2）。薩摩への上納米を掌る仕上世座《しのぼせざ》（那覇に置かれた役所）の奉行に任じた辞令書である。「北《にし》のこおり」に所属している「儀間里之子大やくもい」という人物へ与えられた。先に挙げた古琉球辞令書と比較すると、漢字表記が増えている点、「〜方へまいる」という文句がない点で異なっている。高良が指摘するように、このような変化は島津氏の琉球侵攻後に見られ、やがて次のような近世琉球辞令書へと変化する。

史料5　儀間里主所給賜辞令書

〔印〕首里之御詔

真和志間切

儀間里主所者

儀間筑登之親雲上給之

〔印〕康熙十年辛亥正月十七日

真和志間切の儀間の里主所を与える一六七一年の辞令書で、全て漢字で表記されている（口絵7、図3、『辞令書』五五頁）。「一人」文言が消え、年号に干支が入っている点も過渡期辞令書と異なる。少なくとも康熙五年（寛文六、一六六六）までは漢字仮名交じりの過渡期辞令書が発給されていたことが知られており（[上江洲一九八四]五頁）、高良によれば、このような完全な漢字表記

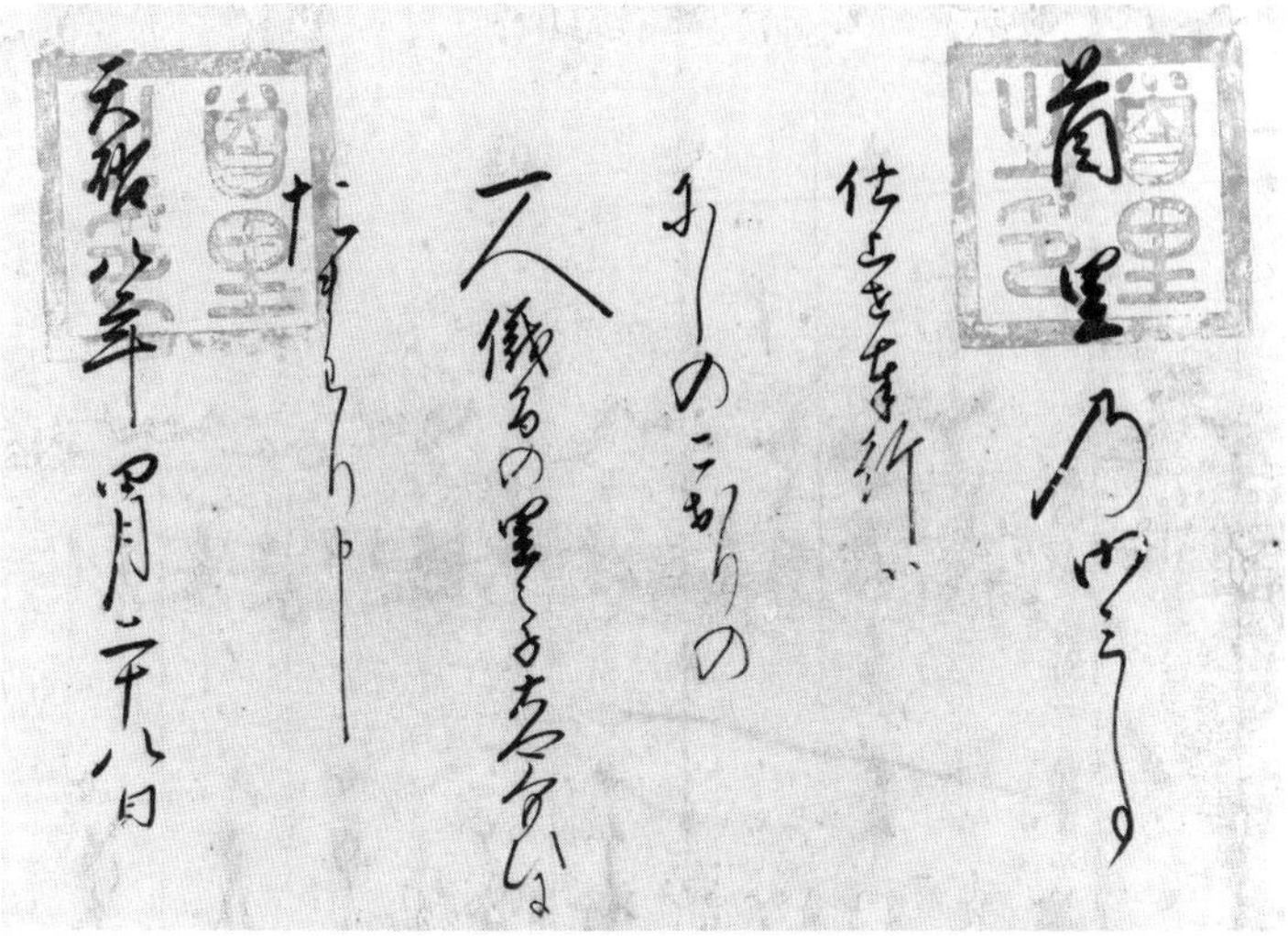

図２　過渡期辞令書（沖縄県立博物館・美術館寄託「田名家文書」）

の辞令書は康熙六年（寛文七、一六六七）から発給されるという。(11) 近世琉球辞令書についてはまた後で少し触れることにして、ここで注目したいのは、次のような辞令書を見ると、古琉球辞令書から過渡期辞令書への変化の間にワンクッションあったように思える点である。

史料６　謝花掟職叙任辞令書

〔印〕しよりの御ミ事
　　ミやきせんま［（きりの）］
　　ちやはなのおき［（てはカ）］
　　ミのへはんの［　　］
　　くたされ候
〔印〕万暦四十年十二月八［（日）］

今帰仁間切の謝花《じゃはな》掟という役職を巳日番出仕(12)の某氏（欠損があって不明）に与えることが記された一六一二年発給のものである（『辞令

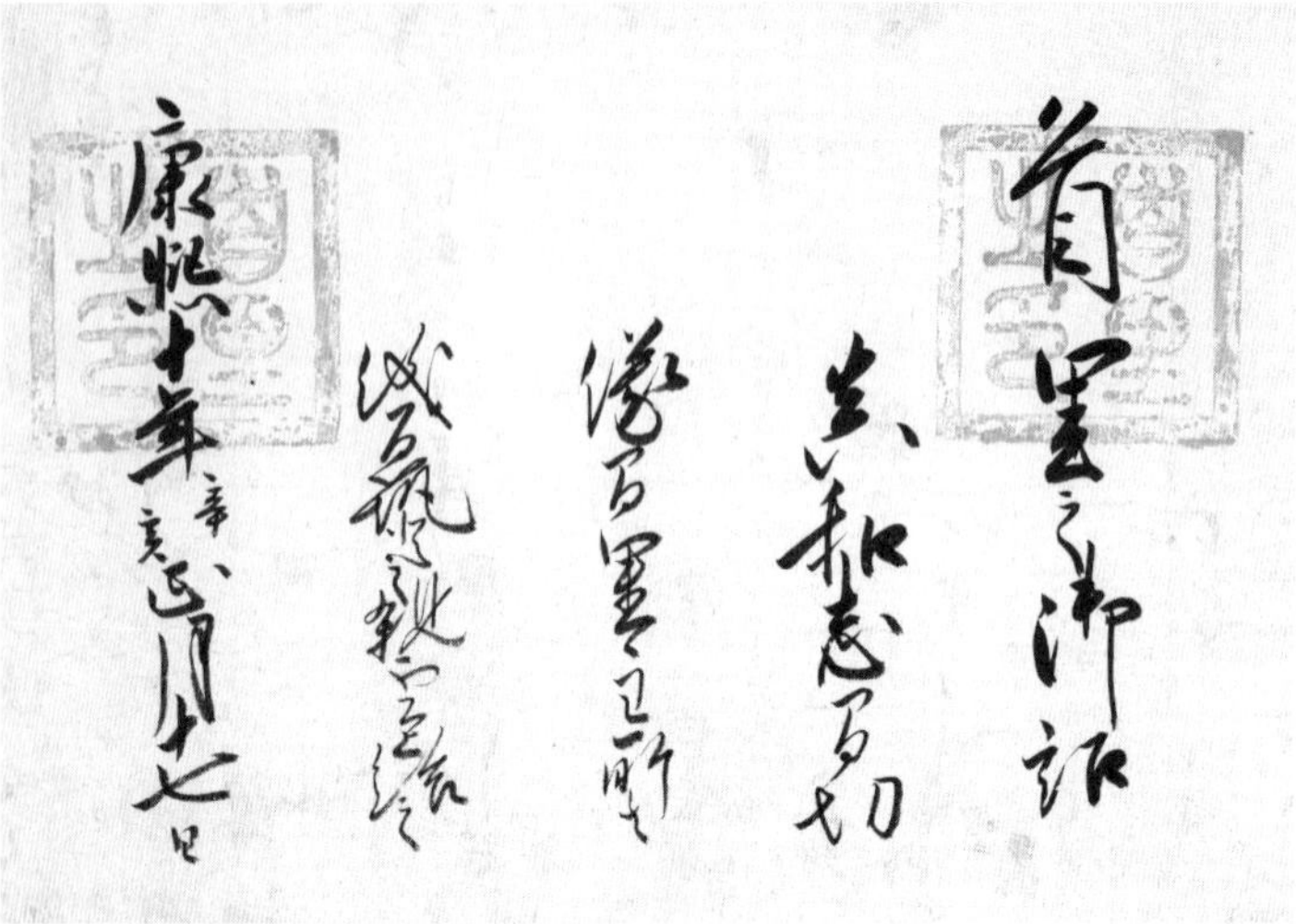

図3　近世琉球辞令書（沖縄県立博物館・美術館寄託「田名家文書」）

書』四一頁）。国王を表す首里は過渡期辞令書のように漢字ではなく、古琉球辞令書と同じく平仮名で「しより」となっている。一方で、古琉球辞令書に付される「〜方へまいる」文言が書かれない点では、過渡期辞令書と共通する（この点はすでに［富田二〇〇七］が指摘している）。また、古琉球辞令書とも過渡期辞令書とも異なり、「たまわり申候」ではなく「くたされ候」になっている。

史料6は今帰仁間切の役人に関わるものであるが、『那覇由来記』に万暦四五年（元和二、一六一七）の「渡唐官舎」（渡唐船に乗船する役人）の叙任辞令書が引用されており、同様の特徴を持つ[13]。このことは、**史料6**のような様式が地方役人だけではなく中央官人を任命する辞令書にも用いられていたこと、この様式の辞令書は短くても五年ほどの期間は発給されていたこと、を示唆する。ちなみに、その渡唐官舎職叙任辞令書には「一人」文言が無い。また、史料6と同日に出された別の辞令書にも「一人」文言は無い[14]。史料6は欠損があるため断定はできないが[15]、これらの辞令書同様「一人」文言は無かったのではないか。辞令書の様式は島津氏の侵攻を契機として史料1のような古琉球辞令書から史料4のような過渡期辞令書へスムーズに移行したのではなく、侵攻後しばらくは史料6のような様式がとられていたと考えられる。以下、本稿では史料6のタイプの辞令書を「過渡期Ⅰ型辞令書」、高良が「過渡期辞令書」と呼んでいるもの（史料4のタイプ）を「過渡期Ⅱ型辞令書」と仮称することとする。

では、古琉球辞令書から過渡期Ⅰ型辞令書への変化、あるいは過渡期Ⅰ型辞令書から過渡期Ⅱ型辞令書への変化の背景としてどのようなことを想定できるだろうか。残念ながら不明というほかないが、注目したいのは、侵攻後に琉球から薩摩に宛てた書状に変化が見られることである。

本書所収の上里隆史「古琉球期の印章」でも触れられているように、侵攻後、琉球から薩摩宛の書状には印ではなく花押が用いられるようになる。それまで用いていた中国年号も用いられず、基本的には無年号になっていく（起請文などの場合は日本年号を記す）。日本側の書札礼、文書様式によって薩摩向けの書状が書かれるようになったのである。

乾隆二六年（宝暦一一年、一七六一）に成立した「中山要案総論」[16]の「附録」には、書札礼の琉球での受容の歴史が記されているが、その中に「過にし万暦年間之比、菊隠国師、三司官・加判役兼て和国往復之文書を執り行ひ給ふ」とあり、日本・琉球間の文書を「執り行」った人物（文書作成を主導していたのであろう）として菊隠の名が挙げられている。菊隠は首里の円覚寺の住持をつとめた僧である。日本へ十数年間を遊学し、その際に大徳寺派の古渓宗陳から菊隠の号を受けたという（［伊藤二〇〇二］二四八頁）。薩摩にも数年間滞在していた経験があり、一六〇九年の侵攻の際には琉球側の和睦の使者として活躍した。

「三司官・加判役兼て」について、菊隠が三司官に就いていたかは疑問も残るが(17)、「加判役」という立場にあったことは、康熙五二年（正徳三、一七一三）に成立した『琉球国由来記』所収の「達磨峰西来禅院記」にも「時人不知倭国風、故雖為僧、受両国命、掌加判役職」と見える（『琉球史料叢書』第一巻、二一五頁）。「加判役」がどういった立場なのかは不明だが、島津氏側から琉球側に出された書状の宛所に三司官と西来院（菊隠）が併記されているものもあることから（『喜安日記』所収「琉球国知行目録」）、菊隠が三司官と共に島津氏側から重視されていたことは間違いない。その理由は、「日本之様子能依存之儀候」すなわち日本の事情をよく知っているからというものであった（『鹿児島県史料 旧記雑録後編四』八四〇号）。「日本之様子」をよく知る菊隠が「和国往復之文書を執り行ひ給ふ」たことで、琉球から薩摩に出される書状が、島津氏側の意向も受ける形で、無年号化、印の使用から花押の使用へという変化を遂げたのであろう(18)。

そして、そのような対薩摩向けの文書の変化と同時期に、過渡期Ⅰ型辞令書の発給が開始される。つまり、過渡期Ⅰ型辞令書に関しても、文書の日本化と考えることができないだろうか。「しよりより～方へまいる」は日本の古文書様式からすると本文に記すべき文言ではないし、古琉球辞令書に見られた「一人」文言も琉球辞令書に独特の表現である。こういった文言が削られ、辞令書は日本の文書様式に接近しているように見える。[19]「和国往復之文書を執り行ひ給ふ」た菊隠が国内文書である辞令書にまで影響を与えたかどうかは分からないが、興味深いのは、過渡期Ⅰ型辞令書が発給された時期が菊隠が活躍した時期と重なりそうだということである。

菊隠は万暦四八年（元和六、一六二〇）に没する。その前には加判役を辞していたようだが（「達磨峰西来禅院記」『琉球史料叢書』第一巻、二一六頁）、いつまで務めていたのかは不明である。菊隠の加判役就任（『中山王府相卿伝職年譜』によると万暦三九＝一六一一年）の後に、過渡期Ⅰ型辞令書が登場し（史料6は一六一二年の発給）、彼の加判役辞職、ないしは死去（一六二〇年）の後、天啓二年（元和八、一六二二）に最初の過渡期Ⅱ型辞令書が確認される[20]（すなわち過渡期Ⅰ型辞令書が終焉する）のである。

遅くとも天啓二年（一六二二）には過渡期Ⅰ型辞令書から過渡期Ⅱ型辞令書への変化が起きるわけだが、過渡期Ⅱ型辞令書は、史料4を見れば分かるように、古琉球辞令書にはあって過渡期Ⅰ型にはなかった「一人」文言、および「たまわり申候」という表現が復活する（しかしその一方で「〜方へまいる」文言は復活していない）。古琉球辞令書からいったんは離れた辞令書様式が、過渡期Ⅱ型では再び古琉球期の様式に接近している。

ちなみに、菊隠の加判役就任・辞職に加えてもう一つ時期的なことで言うと、天啓元年（一六二一）には尚寧が死去し、尚豊が即位している。富田正弘によれば、尚寧政権までは辞令書の料紙に楮紙を用いるのが多かったのが、尚豊からは竹紙が一般的になるという（［富田二〇〇七］七一頁）。富田は竹紙への変化を、後に辞令書の表記が完全に漢字化（近世琉球辞令書）することとあわせて「琉球国政体の中華文明化」と捉えようとしている。しかし、薩摩侵攻後の尚寧政権下で見られた過渡期Ⅰ型から尚豊政権の成立と同時期に登場する過渡期Ⅱ型への変化は、辞令書の文言で見ると、古琉球辞令書への揺り戻しであるとも言える。

さて、過渡期Ⅰ型からⅡ型へと漢字表記が増え、さらに近世琉球辞令書になると完全な漢字表記となる。高良によれば「全体的な傾向としては時代が下るにしたがって平仮名の表記から漢字の表記へと変化する」という（［高良一九九三］一二九頁）。この点について確認しておこう。

史料7　多良間首里大屋子職叙任辞令書

〔印〕首里の御美事

　　大宮古間切の

　　たらまのしより大屋子ハ

　一人中すし与人に

　たまハり申候

〔印〕隆武三年八月廿八日

史料7は一六四七年発給の地方役人への辞令書である（『辞令書』五一頁）。大宮古間切のうちの多良間島のトップの役人である首里大屋子という職に、現在の仲筋与人（多良間島内の仲筋村の与人という役職を務めている人物）を任じるというものである。

史料4や史料7のような過渡期Ⅱ型辞令書を史料6の過渡期Ⅰ型辞令書と見比べると、漢字がより多く用いられるようになっていることが明らかである。地名（間切名）、役職名、受給者名の漢字化が進んでいると言える。一方で、過渡期Ⅱ型辞令書の漢字表記について、次のような点も指摘できる。

首里王府中枢の役職が先に漢字化し、地方の役職については漢字化が遅れる傾向があること。たとえば、史料4の「仕上世奉行」（天啓八、一六二八年）のほか、「筑殿」（崇禎七、一六三四年、『辞令書』四八頁）、「船奉行之脇筆者」（順治一〇、一六五三年、［上江洲一九八四］三頁）といった漢字表記の職名が見られる一方、「いしかき《石垣》のしよりの大やこ」（天啓五、一六二五年、［上江洲一九八四］二三頁）、史料7の「たらま《多良間》のしより大屋子」、「水納めさし」（順治九、一六五二年、『辞令書』五二頁）といったように、離島に置かれた首里大屋子や目差（首里大屋子の補佐役）などの役職は完全な漢字化を遂げていない。漢字表記の進み具合には、中央の役人に対して出される辞令書と地方の役人に対して出されるものとでは差があったようだ(21)。

また、地名や役職の漢字表記が可能であっても、漢字で表記するとは限らないということも分かる。たとえば、史料4では受給者「儀間の里之子大やくもい」となっているが、同じ人物に三年後の崇禎四年（一六三七）に与えられた辞令書では、受給者は「きまの里之子親雲上」と記されている（『辞令書』四七頁）。漢字で表記可能な儀間《ぎま》という地名が、仮名表記となっているのだ。

同じく、「筑殿」(崇禎七、一六三四年、『辞令書』四八頁)という職名も別の辞令書では「ちくとの」(順治一七、一六六〇年)となっている。漢字表記と仮名表記の間で揺れている点に、仮名表記をスタンダードなものとする古琉球社会(［屋良二〇一六］)の名残と、後述するような漢字による文書作成を身につけた人々の出現という近世琉球のはざまのこの時期の特徴が感じられる。

三　琉球の文書作成者

さて、史料5のような近世琉球辞令書が登場するのは康熙六年(寛文七、一六六七)のことであるという。その康熙六年には「始定御朱印不許授賜賤官軽職」とする措置、すなわち、従来あらゆる役人に「御朱印」(「首里之印」を押した辞令書)を授けていたのを改め、低い官職に対しては辞令書を発給しないという、発給範囲の限定が行われている(『球陽』巻六・尚質王二〇年)。この前年に向象賢が摂政に就任し、琉球の諸制度の改革に着手していたから、辞令書に関するこういった変化も彼の主導したものと考えられており、高良は右のような康熙六年の措置を機に近世琉球辞令書が登場すると見ている(［高良一九八七］五三頁)。様式変化の時期から考えてもその説は首肯すべきだが、なぜ様式の変化が起きたのかは不明のままである。本節では、近世琉球の文書作成を担った職について見ていくことで、辞令書が漢字表記となった背景を考えたい。

来は納殿《なでん》の官員が記していた辞令書を御右筆が記すようになった。(22)

（1）御右筆

まずは、康熙六年から辞令書の作成を担うことになる御右筆という職について見ておこう。御右筆は、書院（首里城南殿の南側に位置。国王が日常の政務を執る場）に詰めていた[23]。職務については、『琉球国由来記』（一七一三年成立）に次のように記されている（『琉球史料叢書』第一巻、五〇頁）。

史料8　『琉球国由来記』巻二「官爵位階之事」

御右筆三員、相付三員〈今、附役無之〉

尚豊王御代、天啓三年（一六二三）癸亥、毛氏安里里之子清盈、任御右筆〈見家譜〉、自何代始乎、未詳、掌御書簡・御朱印等、書認也〈先此、御印判者、自納殿相認処、康熙六年（一六六七）丁未、正月十八日ヨリ、御右筆書認也〉

これによると、御右筆は三名、それを補佐する御右筆相附が三名置かれていた。御右筆の職務とは、御書簡・御朱印を掌ることだった。御書簡は国王の名で出される書状を指すのであろう。御朱印は辞令書のことである。右の記述によると、『琉球国由来記』の編纂者が確認できた最古の御右筆は天啓三年（元和九、一六二三）の安里《あさと》里之子清盈であった。御右筆の設置の時期については不明だという。

なお、一七世紀後半には御右筆主取という職が設置された。その職についても見ておこう（『琉球史料叢書』第一巻、四九頁）。

史料9　『琉球国由来記』巻二「官爵位階之事」

御右筆主取

尚質王御代、順治十八年(一六六一)辛丑、十一月十五日、蔣氏津波古親雲上元重、任御右筆主取職、自此以前、有此職乎、不可考矣、元重之後、闕職之処、康熙七年(一六六八)戊申二月廿二日、郭氏根覇親雲上正親、兼任後祐(御)筆主取・評定所筆者主取也、其後闕職之処、同十八年(一六七九)己巳、九月廿八日、金氏上江洲親雲上安嵩、任此職、以後于今連続也、掌御書簡之草案也、

主取はある職の長を指す語で、御右筆のトップが御右筆主取である。職務としては、御右筆が「書認」（史料8）のに対し、御右筆主取は「草案」を掌るとある。御右筆主取の設置後は、主取が起草した文章を御右筆が記す、という分担があったのかもしれない。『琉球国由来記』が編纂された段階で確認することができた最古の御右筆主取は順治一八年（寛文元、一六六一）の津波古《つはこ》親雲上元重で、それ以前にこの職があったかどうかは不明だという。

この御右筆主取の設置については、書札礼の受容との関わりで捉える麻生伸一の重要な指摘がある［麻生二〇一五・二〇一六］。先にも触れた「中山要案総論」の「附録」では、琉球で用いられている書札礼が日本から伝わったこと、書札礼が重要であることを説いた後、次のように続ける。

史料10　「中山要案総論」附録

過にし万暦年間之比、菊隠国師、三司官・加判役兼て和国往復之文書を執り行ひ給ふ、其後、

麑府の住人日高紹賀、当邦へ招請せられて書翰の事を掌らせ、書礼法を教させ玉ふよし、今に申伝へり、紹賀本国（マヽ）之後、本邦の士に掌翰の職を命し給ふ、しかれハ北谷王子朝愛、摂政職を聞し召れし時、書礼・文法之事を緊要におほしめされけるにや、康熙三拾《元禄四年》辛未年、王世孫尚益公薩州渡御被遊し時、朝愛摂政を兼玉へて太保職にて在鹿府の時、一大老島津図書久洪殿より要伝の秘書を伝習し玉ふを榜（傍カ）様にして翰礼を用ゐらる、

加判役として琉球・日本間の文書を掌っていた菊隠については前述したが、菊隠の後（菊隠の死は一六二〇年）、日高紹賀という人物が薩摩から招かれ、書札礼を琉球の官人に教授したという[24]。そして、日高紹賀の「本国」（帰国の意であろう）の後は、琉球国王は「本邦の士」、すなわち琉球の官人に文書作成を掌らせたというのである。日本の事情に詳しい禅僧（菊隠）や日本からやって来た人物（日高紹賀）の指導を受けるのではなく、琉球士族が自らの力で文書作成を行っていくことになったのだ。麻生の指摘のように、「本邦の士に掌翰の職を命し給ふ」というのが一六六一年の津波古元重の御右筆主取就任と考えられる（［麻生二〇一六］一一二頁）。津波古は、崇禎七年（寛永一一、一六三四）以降、薩摩で書札礼を学んだという経験を持つ（［麻生二〇一五］八頁）。日高紹賀の後を継ぐ者としてふさわしい人物であったろう。

ところで、史料9にあるように、康熙一八年（延宝七、一六七九）の上江洲《うえず》安嵩の任職以後は御右筆主取は連綿と続いたようだが、それまではしばしば「闕職」、すなわち任職者がいないという時期があったようだ。書札礼に充分習熟した適任者がいなかったのであろうか。史料10で、一

七世紀末に北谷朝愛が薩摩で書札礼を学んだというのも、琉球士族による文書作成を安定的に行っていくために書札礼の重要性が認識されていたからだろう。

（2）評定所筆者

次に、評定所筆者という職についても見ておこう。評定所とは、近世の王府の中心となる機関で、摂政と三司官から成り、その下には一五名の主要役人から成る「表《おもて》十五人」という評議機関が存在した。この評定所と表一五人で「内政、外交の国家案件から家臣団個々の家督相続まで審議、決定し、国王に上奏、裁可を仰いだ」のであり、一七世紀前半から一部機能しはじめたが、本格的な成立は康熙七年（一六六八）頃といわれている（［田名二〇〇三］一七〇―一七一頁）。そしてその評定所の事務方が評定所筆者であって、評定所で話し合われたことの記録（日記）や、審議・決定内容を国王に上奏するための文書、各所へ布達される行政文書、さらには薩摩藩へ送る文書を作成した。評定所筆者は遅くとも康熙五年（寛文六、一六六六）までには設置されており（『球陽』巻六・尚質王一九年）、同七年（一六六八）には御右筆主取の根覇（寧波）正親が評定所筆者主取となっている。『琉球国由来記』によれば、この時が評定所筆者主取の初めての設置だという（『琉球史料叢書』第一巻、五七頁）。ちなみに史料9にあるように、根覇は御右筆・評定所の両方の主取を兼ねていた。

一六六〇年代は、近世琉球の文書作成を考える上で画期となる時期のようだ。

（3）一六六〇年代以前の文書作成者たち

表2は、一七世紀の琉球で文書作成に関わったと見られる職をまとめたものである。御右筆や評定所筆者と関係の深いと思われる職が一六六〇年代以前に確認される。「御状書」「仮御状書」「御状書相附」「状書」「状書相附」である。これらについて、表2にも記載してある平良《たいら》親雲上幸縄という人物の経歴を見てみよう（那覇市歴史博物館蔵「習姓家譜支流」（写本）複製本）。

平良幸縄は、万暦三八年（慶長一五、一六一〇）の生まれで、天啓七年（寛永四、一六二七）に状書相附、崇禎四年（寛永八、一六三一）には状書となっている。状書相附として経験を積むことで、状書へと昇進したのである。一六六〇年代以降、評定所筆者相附をつとめた者が評定所筆者へ、御右筆相附をつとめた者が御右筆へと昇進する（表2参照）のと同様なステップがすでに一七世紀前半から見られることが分かる。平良は、状書となった一一年後、崇禎一五年（寛永一九、一六四二）には仮御状書となり、順治二年（正保元、一六四五）には御状書となっている。ちなみに、この家譜では、状書任職の記事に割書で「今評定所筆者」とあり、御状書任職の記事にも割書で「今御右筆」とある。家譜編纂の時点では既に状書は評定所筆者に、御状書は御右筆へと名前が変わっていたということだろう。この割書の違いや、状書として長年勤めた後に御状書の見習い役と思われる仮御状書になっていることからして、御状書と状書は、名前は似ているが異なる職のようだ[25]。それぞれ御右筆、評定所筆者へとつながる職であることからすると、御状書は国王の

名で発給される文書を、状書はそれ以外の者（摂政・三司官など）が出す文書を作成したということだろうか。(26)

ところで、表2から、一六六〇年代半ば頃に状書は評定所筆者へと変化したと見てよさそうだが、御状書についてはどうだろうか。どうやら、御状書が先に存在して御右筆へと変わったというわけではなさそうだ。というのは、この二つの職は同時期に存在していたと思われるためである。順治一〇年（承応二、一六五三）から御状書の職にあった屋富祖《やふそ》親雲上仲安は、同一四年一二月二〇日に御右筆となっている（那覇市歴史博物館蔵「薫姓家譜支流」複製本）。一方、この年の一二月に、平安名《へんな》親雲上基満が御状書となり一〇年にわたって勤務したことが家譜に記されている（那覇市歴史博物館蔵「隆姓家譜」（写本）複製本）。平安名基満の御状書への任職は、屋富祖仲安が御右筆へ異動したことに伴うものであろう。また、すでに天啓年間にも御右筆が存在していたであろうことは史料8から窺える。恐らく、御状書はすでに存在していた御右筆に機能を吸収される形で、消失したのであろう（表2を見て分かるように、管見の限り、ある時期以降、御状書の任職は確認できない）。

なお、御状書や状書が見られるのと同時期、「御手判書」「手判書」という職名も確認できる。『琉球国由来記』は、「無于今官職」すなわち、同書の編纂時点で存在しなくなっていた職として「御手判書」を挙げ「此役三司官手形書役也」と説明する（『琉球史料叢書』第一巻、六九頁）。「手判」も「手形」も「命令書」といった意味であるとすると（『沖縄古語大辞典』四三八頁・四四二頁）、御手判書は三司官が出す国内向け文書を作成する職であったと思われる。しかし、御手判書と手判書にどのような区別があったのか（あるいはこの二つが同じ職なのか）は不明である。

以上のような職が一七世紀前半から半ばを中心に見られる。これらについて、確認できた任職事例が少なく、職務内容を明確に知ることができる史料が見当たらないため、不明なことばかりなのだが、以下のことが言えそうである。状書・御状書、および御手判書・手判書の任職は、管見の限り、一六六〇年代の半ばを境に見られなくなる（表2参照）。先述したように、状書は評定所筆者へ変わったのだろうし、御状書はすでに存在していた御右筆に機能を吸収されたのだろう。また、三司官の文書を作成していたと見られる御手判書（あるいは手判書も）についても、評定所の事務局（評定所筆者・同主取）が整うことで不要となっていったのではないだろうか。

先行研究も指摘しているように、一六六〇年代は評定所が本格的に機能し始めるという画期であった（[梅木一九九〇]）。その時期に、本節で見たように、一七世紀前半から文書作成に携わっていたと見られる職についても整理・統合が進んだと考えられる。御右筆が納殿に代わって辞令書発給を担うようになるのもこのような文書作成職の整理の一環であろう。御右筆が御状書の機能も吸収したと思われることは先述した。このような動きは、文書作成が菊隠や日高紹賀の主導から、琉球士族主導へと変わる中で起きたのであろう。

論旨から逸れてしまったことは否めないが、本節で見た文書作成職の整理が、辞令書の変化（特に漢字化）とどう関係するのかを最後に考えてみたい。

古琉球期に国内でどのような文書が発給されていたかは、辞令書以外については不明と言わざるを得ない。ただ、ひらがなをメインとする表記が古琉球社会のスタンダードなものだったとするならば、同様な表記の文書が発給されていたと考えていいだろう。しかし、島津氏の侵攻後、遅くとも一六三〇年代には、琉球国王が国内向けに発給する文書は和様漢文、すなわち日本風の様式だったことが確認される。(27) そのような書状は、御右筆あるいは御状書の官人によって記されたであろうから、彼らは日本風の文書作成を行っていたと言える。一方で、この時期、納殿では、古琉球辞令書の名残のある漢字仮名交じりの過渡期Ⅱ型辞令書が作成されていた。

やがて、文書作成職が整理される中で、御右筆が辞令書作成を担うことになる。このことが辞令書の様式に変化をもたらしたのではないだろうか。すなわち、薩摩による侵攻後の琉球において、公的な文書は漢字で書かれるべきという規範が広がる中で仮名表記は辞令書から姿を消し、同時に、琉球辞令書に特有な表記であった「一人」文言も、日本風な文書作成が一般化する中で、消失したのではないか。

おわりに

本稿では、琉球辞令書の様式変化に関するいくつかの論点を提示すると共に、様式変化の背景を文書作成職の変化とからめて理解しようと試みた。

過渡期辞令書は、本稿で見たように過渡期Ⅰ型と過渡期Ⅱ型に分けることができ、過渡期Ⅰ型は島津氏によって菊隠が抜擢され、薩摩向けの外交文書が変化する時期に登場する。古琉球辞令書と比べると、辞令書の様式が日本風に近づいていたと言えるだろう。しかし、菊隠が政治の表舞台から姿を消す時期、あるいは尚豊政権の成立と時期を合わせるかのように、過渡期Ⅱ型辞令書が登場する。これは過渡期Ⅰ型と比べると古琉球辞令書の様式に近く、古琉球への「揺り戻し」を感じさせる。[28]しかし、その過渡期Ⅱ型も、一六六〇年代には完全な漢字表記となり、近世琉球辞令書へ変化する。

近世琉球辞令書への変化の時期には、文書作成職の整理が行われていた。公的な文書は漢字で記すべきとする考え、琉球独自の文言を忌避する考えが辞令書に影響し、様式変化が惹起されたのではないだろうか。

本稿では、推測に頼る部分が多く、辞令書の文書様式の変化やその背景を深く論じることはできなかった。[29]日本の文書様式との比較をきちんと行う必要がある。中国や朝鮮の古文書との比較もなされるべきであろう。[30]また、今後、辞令書の原本調査（特に「首里之印」の調査）などを通じて、辞令書研究の深化が期待される。

注

（1）辞令書は史料上には「御朱印」「御印判」と登場するため、そちらの呼称の方が適当とも言えるが、本稿では高良倉吉の辞令書の分類に言及する関係上、従来通りの辞令書という呼称を用いる。

（2）琉球語で「ハチマチ」。当初は頭を布で巻くターバンのようなもので、後にかぶる冠になった。

（3）たとえば、一五九七年の「浦添城の前の碑」では「首里」「しやうねい」（尚寧）「てん」（天）という国王に関わる語、最高神女の「きこゑ大きミ」、中国年号「万暦」が二字擡頭となっている（『金石文』三二頁）。

（4）『おもろさうし』の表記法を分析した中本正智によると、『おもろさうし』全巻を通じても使用されている漢字はわずか五十余字だという（［中本一九八五］二八九頁）。なお、『おもろさうし』の原本は焼失しており、現存するのは近世に再編纂されたものである。よって、巻一の表記が古琉球期に編纂された時のものと全く同一とは限らない。だが、表記の傾向が古琉球期の辞令書や碑文と似ていることから、原本の表記が反映されていると考えられる。

（5）ちなみに、一五世紀前半に南九州の領主に宛てたと見られる書状（「阿多文書」）は漢字仮名まじり文であり（［黒嶋二〇一二］一二三頁）、日本の領主に宛てた文書も初期は完全な漢字表記ではなかったと思われる。

（6）一七一三年に成立した『琉球国由来記』に、御物城について「前代、称御物城之大屋子」とあり、かつては御物城之大屋子という職名だったこと、「尚清王御代、嘉靖年間、蔡氏中村柄親雲上政賢、任此職」すなわち遅くとも嘉靖年間には存在していた職であることが記されている。職務内容は「與那覇里主、倶主那覇中也」とあり、那覇里主と共に那覇のことを司る職であった（『琉球史料叢書』第一巻、五五頁）。

（7）「国王頌徳碑（かたのはなの碑）」（一五四三年）にも「おひ人《老》、わか人《若》、めとも《女供》わらへ《童》にいたるまて、よる《夜》もひる《昼》も御たかへし申候」とあり、老若男女が御たかべ（神への祈願）を「し申候」たことが記されている（『金石文』二三六頁）。

（8）仲原善忠による訳文［仲原一九七七］や『沖縄古語大辞典』（角川書店、一九九五年）を参照した。

（9）たとえば「国王頌徳碑（かたのはなの碑）」（『金石文』二三六頁）でも、国王の動作は「つきめし《継召》よわちへ」「天下をおさめ《治召》しよわる事」などとあり、「申」は付けていない。

（10）古琉球辞令書の本文最後の「〜方へまいる」文言は、「しよりより」という差出書と「〜方へ」という宛所（「まいる」は脇付か）が結合したものだろうか。あるいは、「まいる」という語に、国王と受給者の間に存在する辞令書執筆者の立場が表れているのだろうか。

（11）高良によれば、近世琉球辞令書の初期のものは寛文七年（康熙六年）四月九日発給のものだという（［高良一九九二］三九一頁）。

（12）この「巳日番」とは、役人の出仕すべき日を示している。丑・巳・酉の三グループに分けられ、自分の属するグループが勤務担当の日に出勤した（［高良一九九三］一五六頁）。この辞令書の［　］には受給者名（この受給者は巳日番に所属する人物であった）が入る。

（13）『那覇市史資料篇』第一巻二、一〇〇頁。文言は以下の通り。「たうへまいるうきとよみ御ふねのくわん舎ハなはの大てこゝにくたされれ」。「くたされれ」は正しくは「くたされ候」であろう。

（14）［高良一九九〇］三五頁で紹介されている与那嶺の大屋子職叙任辞令書。

（15）『辞令書』四一頁に写真が掲載されている。

（16）ハワイ大学所蔵。沖縄県立図書館にマイクロフィルムが架蔵されている。この史料に言及しているものとして［真境名一九六五］［麻生二〇一五］［屋良二〇一五］などがある。

（17）島津家久は、年不詳六月九日付の三司官宛の書状の中で、菊隠について「西来院之儀者日本之様子能依存之儀候、雖沙門之事候、相加三司官候間、無遠慮被入精尤候」と述べている（『鹿児島県史料 旧記雑録後編四』八四〇号）。このことから、菊隠が三司官の一員だったとする理解が一般的である（［上原二〇〇一］

一二五頁など）。ただし、康熙五四年（一七一六）に成立し、書き継がれていったとされる『中山王府相卿伝職年譜』は、菊隠を「法司」（三司官）ではなく「国相」（摂政《せっせい》）の項に載せている。尚宏（具志頭王子朝盛）や尚豊（中城王子朝昌）ら摂政を勤めた人物には単に「勤職」や「任職」とある一方、菊隠には「任加判役」と記述があることからすると、菊隠は摂政ではないが、加判役という摂政に准ずる立場だったという認識なのだろう。いずれにしても、三司官とは捉えていないのである。また、『琉球国由来記』や『球陽』も菊隠が加判役になったとは記しているが、三司官就任については記述がない。「中山要案総論」は、家久書状の「相加三司官」という記述と、琉球側の史料に見られる加判役という職名との両方を整合的に理解しようとして「三司官・加判役兼て」と記したのだろう。家久書状の「相加三司官」たという記述は、三司官に就任させたというのではなく、三司官と共に（三司官と並ぶ立場＝加判役として）琉球の政治にあたらせることにしたという意味であろうか。なお、戦国期の島津氏の老中は加判役と呼ばれていたようであること（『上井覚兼日記』天正一一年六月三日条など）。ともあれ、三司官や摂政に匹敵するほどの立場にあったことは間違いないだろう。

(18)　真栄平房昭は、加判役の設置が琉球の文書行政の嚆矢であることを示唆している（［真栄平一九八五］一五四頁）。また、琉球の対外文書に加判役菊隠が影響を与えたであろうことは、東恩納寛惇も明治四一年（一九〇八）に記した論文で指摘している（［東恩納一九七八］一三八頁）。

(19)　ただし、辞令書では年号はそのまま中国年号が用いられ続けている点が、対薩摩向けの文書の変化とは対照的である。

(20)　［高良一九九〇］三六頁に次の辞令書が紹介されている。

首里乃御ミ事

〔印〕はねしまきりの

大のろくもひ

もとののろのうまか
一人ひやかなに
〔印〕たまわり申候
天啓二年十月一日

(21) これに関連して、少し後の時期になるが、次のような事例も興味深い。雍正一〇年（一七三二）に宮古・八重山といった離島の役人に発給する辞令書に関して、氏姓・名乗を表記することになったが、それより先に、本島の辞令書はそのように規定されていたという（[上江洲一九七九]二〇頁）。つまり、本島での措置が少し遅れて離島で実施されたわけである。

(22)『球陽』巻六・尚質王二〇年条（康熙六年）には「往昔之時、納殿官員書御印判、至于是年改定、御右筆書御印判、永著為例」と記されている。『琉球国由来記』には納殿の職務として「掌御内原御用、且御薬種之類、御茶、御煙草等之御物也」とある（『琉球史料叢書』第一巻、五八頁）。御内原《おうちばる》とは、大奥にあたるもので、首里城正殿の裏側（東側）にあった。国王やその親族、女官などが住み、男子禁制だった。

(23) これとは別に、中城御殿《なかぐすくうどぅん》（世子の御殿）や摂政のもとにも右筆が置かれていた（『琉球史料叢書』第一巻、六五頁）。本節では国王に仕えた御右筆のみを扱う。

(24) 日高紹賀の経歴等については一切不明である。麻生は、近世琉球に存在していた「紹賀親方」という人物が日高紹賀ではないかと指摘している（[麻生二〇一六]一一一頁）。

(25) ただし、『琉球国由来記』の評定所筆者主取の記事の中に、評定所筆者についての説明として「中頃迄者、称御状書」とある（『琉球史料叢書』第一巻、五七頁）。すなわち、かつて御状書と呼ばれていたというのである。これが正しいとすると、御状書と状書とが同じ職の可能性もある。だが、平良幸縄の経歴および家譜の割書から御状書と状書は異なる職と思われること、また、他にも状書を「今評定所筆者」とする家譜があること（**【表2】**「状書」の根覇正親の家譜参照）から、『琉球国由来記』の「称御状書」は「称状書」

の誤りではなかろうか。

(26) 近世琉球では薩摩へ差し出す文書を御状と呼んでいたことからすると、あるいは御状書・状書はそれぞれ薩摩向けの国王、摂政・三司官の文書を作成したのだろうか。そうだとすると、後述する御手判書・手判書が国内向けの文書、御状書・状書が対薩摩の文書という担当があったのだろうか。

(27) 国王尚豊が久米村の喜友名親方（蔡堅）に宛てた崇禎七年（一六三四）のものが家譜に写されている（『那覇市史資料篇』第1巻6、二五九頁）。臣下宛てという国内向けの国王書状が当時の日本と同様の様式であり、興味深い。「在判」とあることから、花押が用いられていたことも分かる。

猶々、其方之母親之儀者、此方より節々可申通候間、可安心候、焼物無然ニ候ヘトモ、自作之故進入候、以上、

一書申聞候、仍唐与琉球不通有之處ニ、其邊致渡唐、往来相濟候、又者五年ニ一度進貢之由候處、如昔之三年ニ兩度之進貢ニ罷成、其上舟一艘増候御佗相濟、此上之満足者有間敷ト存處、用段之物共御法度稠候間、就其、為專使、今度差渡候上者、隨分肝煎御佗罷成様ニ尤候、此國者唐之往来之故今分ニ仕居候處、御國本ヨリ御用之儀不達候而者無詮候条、我等始諸臣下ニ至迄、心遣千万無申計候条、乍重言、可入念事、可為肝要候、兼又、辨嵩（嶽カ）、識名、末吉権現ニ立願仕、歸國之間、毎月我等自身致参詣、祈念仕候、猶期来慶候也、謹言、

十月廿四日　尚豊御在判

喜友名大夫

(28) この「揺り戻し」が薩摩藩の琉球支配の転換、すなわち「同化」から「異化」への方針転換［紙屋二〇一三］と関係するのかどうかも今後検討の余地があろう。

(29) なお、近年の辞令書研究としては、古琉球期の「しよりより〜方へまいる」文言を考察した濱地龍磨「琉球王国「御朱印」の形式差異について――「仮名文字表記御朱印」における「か」と「の」――」（沖縄

文化協会二〇一五年度公開研究発表会での報告）が注目される。
(30) 朝鮮王朝の古文書に、官教という官職任命文書があり、たとえば「王旨／都膺為朝奉大／夫典医少監者／洪武廿六年十月日」というような文面である。この官教は、「王旨」という王命を示す語で始まり、受給者（都膺）と与える官職（朝奉大夫・典医少監）を記したシンプルな内容となっており、年月日のところには「朝鮮王宝」の印が捺されている（［川西二〇一四］一〇三頁）。このような東アジアの古文書との比較も今後の課題であろう。

参考文献

麻生伸一「一八世紀中期における琉球の漢字・漢文および書札礼の学習について」（『沖縄芸術の科学』二七、二〇一五年）
麻生伸一「琉球王府発給文書に使われた薄墨について」（東京大学史料編纂所一般共同研究「琉球王府発給文書の基礎的研究」プロジェクト編『琉球王府発給文書の基礎的研究』二〇一六年）
安良城盛昭『新・沖縄史論』（沖縄タイムス社、一九八〇年）
伊藤幸司『中世日本の外交と禅宗』（吉川弘文館、二〇〇二年）
上里隆史「古琉球・那覇の「倭人」居留地と環シナ海世界」（『史学雑誌』一一四―七、二〇〇五年）
上里隆史『人をあるく尚氏と首里城』（吉川弘文館、二〇一六年）
上江洲敏夫「辞令書の古文書学的考察」（沖縄県教育庁文化課編『沖縄文化財調査報告書第一八集　辞令書等古文書調査報告書』沖縄県教育委員会、一九七九年）
上江洲敏夫「辞令書等古文書調査報告補遺（二）」（『沖縄県立博物館紀要』一〇、一九八四年）
上原兼善『幕藩制形成期の琉球支配』（吉川弘文館、二〇〇一年）
梅木哲人「評定所の機構と評定所文書」（琉球王国評定所文書編集委員会編『琉球王国評定所文書 第四巻』浦

添市教育委員会、一九九〇年）
紙屋敦之『東アジアのなかの琉球と薩摩藩』（校倉書房、二〇一三年）
川西裕也『朝鮮中近世の公文書と国家』（九州大学出版会、二〇一四年）
黒嶋敏『中世の権力と列島』（高志書院、二〇一二年）
佐伯弘次「室町前期の日琉関係と外交文書」（『九州史学』一一一、一九九四年）
高良倉吉『琉球王国の構造』（吉川弘文館、一九八七年）
高良倉吉『琉球王国史の課題』（ひるぎ社、一九八九年）
高良倉吉「新発見の古琉球辞令書について」（『浦添市立図書館紀要』二、一九九〇年）
高良倉吉「近世琉球辞令書とその概況」（仲松弥秀先生傘寿記念論文集刊行委員会編『神・村・人――琉球弧論叢――』第一書房、一九九一年）
高良倉吉『琉球王国』（岩波書店、一九九三年）
高良倉吉『琉球王国史の探求』（榕樹書林、二〇一一年）
田名真之「自立への模索」（豊見山和行編『日本の時代史18　琉球・沖縄史の世界』吉川弘文館、二〇〇三年）
田中健夫「文書の様式より見た足利将軍と琉球国王の関係」（『対外関係と文化交流』思文閣出版、一九八二年）
富田正弘「琉球国発給文書と竹紙」（『東京大学史料編纂所研究紀要』一七、二〇〇七年）
豊見山和行「近世琉球の政治構造について――言上写・僉議・規模帳等を中心に――」（西村昌也他編『周縁と中心の概念で読み解く東アジアの「越・韓・琉」』関西大学文化交渉学教育研究拠点、二〇一二年）
中本正智「おもろ仮名遣の源流」（山本弘文先生還暦記念論集刊行委員会編『琉球の歴史と文化』本邦書籍、一九八五年）

東恩納寛惇『東恩納寛惇全集2』（第一書房、一九七八年）
真栄平房昭「鎖国形成期の琉球在番奉行」（『琉球の歴史と文化』本邦書籍、一九八五年）
真境名安興『沖縄教育史要』（沖縄書籍販売社、一九六五年）
矢野美沙子『古琉球期首里王府の研究』（校倉書房、二〇一四年）
屋良健一郎「近世琉球の日本文化受容」（清水光明編『「近世化」論と日本』勉誠出版、二〇一五年）
屋良健一郎「古琉球の官人と文字」（『歴博』一九四、二〇一六年）

表1　古琉球期の漢字仮名まじり文に使用された漢字と用例

		古琉球期の仮名書碑文	古琉球辞令書	『おもろさうし』第一
①	上	い上九人、おくとより上、こくより上下		
②	中	中山王、中くすく	中かわはる、中くすく、中はる	
③	下	こくより上下、下しましり、天下、天きや下	下はる	てにきや下、天より下
④	内		内より、この内ニ	
⑤	大	大あんし、大きミ、大さと、大ぬし、大ほやくもい、大やくもいた、大ら、きこゑ大きミ、大吉日、大小、大明、大りうきう国	大あむ、大くすく、大さち、大しより、大たはる、大はる、大ミね、大ミやこ、大やくもい、大やこ	大きみ、大ころた、大さと、大ぬし、きこゑ大きみ
⑥	小	大小		
⑦	人	あらそふ人、い上九人、御一人、おひ人、おゑか人、そむく人、人々、わか人	しまくにの人、一人、ま人ち	
⑧	国	国のまて、国のやうし、国王、大りうきう国		国かね、国もち、首里おや国

⑨	王	王かなし、王の御くらひ、王の御な、国王、首里の王、中山王、天つき王にせ		王にせ
⑩	天	首里天、地ハ十八天、天下、天きや下、天三十三天、天つき王にせ、天より、〜かなし天		天より下
⑪	地	地ハ十八天		
⑫	世	しま世、御世、世あすたへ、世そふもり、世つきたけ、世の御さうせ、世のこしあて、世のつち		おほつ世、かくら世、世かけ、世かほう、世そうせち、世つきとみ
⑬	代	二十一代、御代		
⑭	物	ミ物	とりあわ物	物しり
⑮	事	御いわひ事、御ミ事、おもひ事、たのしむ事、ねかひ事、むかしいまの事、めしよわる事、めしよわちや事	御ミ事	
⑯	時	あめふる時、あら時、申候時、まうはらいの時		

⑰	分		此分のミかない、三分一	
⑱	玉	ま玉ミなと、ま玉はし		ま玉もり
⑲	丸	ち金丸	たから丸	
⑳	金	千りやうの金、ち金丸		金うち
㉑	城	御城、とよミ城		
㉒	雨	雨ふる時		
㉓	花	花くすく		
㉔	石	御石		
㉕	里	里主へ、里ぬしへ、首里		首里
㉖	主	里主へ		
㉗	平	みや平		
㉘	奉	奉行		
㉙	方		方へまいる	
㉚	貫		十六貫八まいめのいね	

㉛	御	御あそひ、御石、御いちやわり、御いへ、御いわひ事、御おもろ、御かほう、御くすく、御くやう、御くら、御くらひ、御しま、御城、御さうせ、御するゑ、御せゝる、御せち、御たかへ、御たほひ、御ちやう、御ちよわひ、御な、御のほり、御はい、御一人、御ほこり、御ま人、御まふり、御ミ事、御ゆわい、御代、御よひ、御よろし、ミ御ミつかひ、ミ御ほけ	御いんはん、御きんせい、御さけ、御まへ、御ミ事、御よるし、	御さうせ
㉜	共		又ちやふけなはる共	
㉝	此	此くすく、此すミ	此分のミかない	
㉞	是		是ひやうすく	
㉟	見	見るへし		
㊱	上		上申あるへし	
㊲	給		そゑて給候	

㊳	申	あひ申候、うへ申候、御ゆわい申候、けらへ申候、し申候、しるし申候、たて申候、たまわり申候、つみ申候、ねかひ申候、ほり申候、わたし申候、わたり申候、をかミ申候	上申候、かけ申候、たまわり申候、ふみそい申候	
㊴	候	あひ申候、うへ申候、御ゆわい申候、けらへ申候、し申候、しるし申候、たてまつり候て、たて申候、たまわり申候、つみ申候、ねかひ申候、ほり申候、わたし申候、わたり申候、をかミ申候	上申候、御きんせいにて候、御よるしめされ候、かけ申候、候へとも、たまわり申候、ふみそい申候、ミていねけ候ハ	

＊辞令書は『辞令書等古文書調査報告書』（沖縄県教育委員会、一九七八年）、碑文は『金石文　歴史調査報告書Ⅴ』（緑林堂出版、一九八五年）、おもろは『定本おもろさうし』（角川書店、二〇〇二年）による。

＊上記のほか、中国年号、月日、数詞、国王の名、「又」なども漢字で記されるが、ここでは割愛した。

備考	出典
元重の死後、欠員	琉球国由来記
評定所主取を兼任。正親の死後、欠員	郭姓家譜（那史8） 琉球国由来記
安嵩以降は欠員なし。	琉球国由来記
	琉球国由来記
	阿姓家譜（那歴136）
御状書から異動。	薫姓家譜（那歴964）
病気のため辞職。	薫姓家譜（那歴964）
御右筆相附から昇進。	薫姓家譜（那歴964）
	薫姓家譜（那歴964）
評定所筆者から異動。	麻姓家譜（那史7）
評定所筆者から異動。御右筆として27年勤務。	東姓家譜（那史7）
御右筆相附から昇進。	伊姓家譜（那史7）
	薫姓家譜（那歴964）
	文姓家譜（那歴683）
御右筆へ昇進。	伊姓家譜（那史7）
父の与儀親雲上幸盛は評定所筆者をつとめた。後に評定所筆者相附を経て評定所筆者となる。	呉姓家譜（那歴835）
政房（御右筆）の子。康熙50年（1711）に御右筆に昇進、雍正2年（1724）まで勤める	東姓家譜（那史7）
初代の評定所筆者主取。御右筆主取を兼任。正親の死後、欠員	郭姓家譜（那史8） 琉球国由来記
元慶以降は欠員なし。	琉球国由来記
病気で辞職。	曹姓家譜（那史7）
	柳姓家譜（那史8）
父の幸縄は御状書などをつとめた。	習姓家譜（那歴2372）
かつて評定所筆者相附をつとめた経験あり。	呉姓家譜（那歴835）
後に再任。父の政周は御手判書を勤めた。	東姓家譜（那史7）

表２　17世紀琉球の文書作成者たち

	任職期間		名乗／唐名	
御右筆主取	順熙治18～？	1661～？	津波古親雲上元重	蔣某
	康熙7～康熙8	1668～1669	根覇親雲上正親	郭世忠
	康熙18～？	1679～？	上江洲親雲上安嵩	金某
御右筆	天啓3～？	1623～？	安里里之子清盈	毛某
	天啓4～天啓6	1624～1626	冨盛親雲上守通	阿民任
	順治14～順治17	1657～1660	屋富祖親雲上仲安	薫自慶
	順治18～康熙4	1661～1665	（再任）屋富祖親雲上仲安	薫自慶
	康熙4～康熙6	1665～1667	屋富祖親雲上仲真	薫世徳
	康熙7～康熙16	1668～1677	（再任）屋富祖親雲上仲真	薫世徳
	康熙17～康熙22	1678～1683	山城親雲上真昌	麻明序
	康熙22～康熙48	1683～1709	与那覇親雲上政房	東景輝
	康熙39～？	1700～？	惣慶親雲上忠恒	伊善達
御右筆相附	康熙元～康熙4	1662～1665	屋富祖親雲上仲真	薫世徳
	康熙8～康熙10	1669～1671	嵩原里之子親雲上孝時	文克敬
	康熙25～康熙39	1686～1700	惣慶親雲上忠恒	伊善達
	康熙32～康熙35	1693～1696	上里親雲上幸孟	呉廷瑚
	康熙36～康熙50	1697～1711	与那覇親雲上政久	東観陽
評定所筆者主取	康熙7～康熙8	1668～1669	根覇親雲上正親	郭世忠
	康熙9～？	1670～？	大山親雲上元慶	戴某
	康熙29～康熙33	1690～1694	平敷親雲上慶隆	曹範行
評定所筆者	康熙7～康熙9	1668～1670	浦崎親雲上康弘	柳盛生
	康熙7～康熙10	1668～1671	平良親雲上幸充	習徳振
	康熙9～康熙12	1670～1673	与儀親雲上幸盛	呉影典
	康熙9～康熙13	1670～1674	与那覇親雲上政房	東景輝

備考	出典
政房の弟。父の政周は御手判書をつとめた。	東姓家譜（那史7）
後に再任。	麻姓家譜（那史7）
後に再任。	蘇姓家譜（那史7）
嵩原里之子親雲上孝時の兄。	文姓家譜（那歴693）
	武姓家譜（那歴655）
御右筆へ異動。	麻姓家譜（那史7）
御右筆へ異動。	東姓家譜（那史7）
後に三度目の評定所筆者就任。	蘇姓家譜（那史7）
	蘇姓家譜（那史7）
評定所筆者主取へ昇進。	曹姓家譜（那史7）
評定所筆者相附から昇進。	馮姓家譜（那歴211）
後に評定所筆者となる。	呉姓家譜（那歴835）
後に評定所筆者へ昇進。	曹姓家譜（那史7）
評定所筆者へ昇進。	蘇姓家譜（那史7）
	馮姓家譜（那歴2380）
	薛姓家譜（那史7）
康煕48年（1709）に御右筆となる。	益姓家譜（那史7）
評定所筆者へ昇進。	馮姓家譜（那歴211）
割書「今御右筆」。仮御状書から昇進。	習姓家譜（那歴2372）
仲真の父。御手判書から異動。	薫姓家譜（那歴964）
後に御手判書となる。	隆姓家譜（那歴1258）
御右筆となる。	薫姓家譜（那歴964）
御手判書から異動。	隆姓家譜（那歴1258）
これ以前、状書をつとめた経験あり。	習姓家譜（那歴2372）
御手判書へ異動。弟の山城親雲上真昌も御手判書をつとめる。	麻姓家譜（那史7）
割書「今評定所筆者」。この後、仮御状書を経て御状書へ。	習姓家譜（那歴2372）
割書「今評定所筆者也」。後に評定所筆者主取と御右筆主取兼任。	郭姓家譜（那史8）

	任職期間		名乗／唐名	
評定所筆者	康熙9～康熙15	1670～1676	与那覇子政方	東景耀
	康熙10～康熙12	1671～1673	山城親雲上真昌	麻明序
	康熙11～康熙15	1672～1676	小橋川親雲上憲治	蘇世盛
	康熙11～康熙15	1672～1676	真謝親雲上孝昌	文克祥
	康熙13～康熙15	1674～1676	真境名親雲上宗政	武国翰
	康熙15～康熙17	1676～1678	（再任）山城親雲上真昌	麻明序
	康熙15～康熙22	1676～1683	（再任）与那覇親雲上政房	東景輝
	康熙17～康熙18	1678～1679	（再任）小橋川親雲上憲治	蘇世盛
	康熙21～康熙22	1682～1683	（3度目）小橋川親雲上憲治	蘇世盛
	康熙22～康熙29	1682～1690	平敷親雲上慶隆	曹範行
	康熙34～康熙43	1695～1704	諸見里筑登之親雲上安倚	馮奇勲
評定所筆者相附	康熙元～康熙3	1662～1664	与儀親雲上幸盛	呉影典
	康熙9～康熙10	1670～1671	平敷親雲上慶隆	曹範行
	康熙10～康熙11	1671～1672	小橋川親雲上憲治	蘇世盛
	康熙15～康熙17	1676～1678	具志筑登之親雲上清名	馮章茂
	康熙17～康熙23	1678～1684	利良	薛芳哲
	康熙28～康熙29	1689～1690	里任	益子仁
	康熙31～康熙34	1692～1695	諸見里筑登之親雲上安倚	馮奇勲
御状書	順治2～順治9	1645～1652	平良親雲上幸縄	習秉忠
	順治7～順治8	1650～1651	屋富祖親雲上仲安	薫自慶
	順治7～順治10	1650～1653	平安名親雲上基満	隆存仁
	順治10～順治14	1653～1657	（再任）屋富祖親雲上仲安	薫自慶
	順治14～康熙5	1657～1666	（再任）平安名親雲上基満	隆存仁
仮御状書	崇禎15～順治2	1642～1645	平良親雲上幸縄	習秉忠
御状書相附	順治16～順治19	1659～1662	儀間筑登之親雲上真宣	麻楽声
状書	崇禎4～崇禎15	1631～1642	平良親雲上幸縄	習秉忠
	順治16～康熙3	1659～1664	根覇親雲上正親	郭世忠

備考	出典
状書へ昇進。	習姓家譜（那歴2372）
	文姓家譜（那歴683）
	阿姓家譜（那歴136）
兄の与那覇親雲上政周も御手判書をつとめた。	東姓家譜（那史7）
	伊姓家譜（那史7）
評定所筆者をつとめた政房・政方の父。	東姓家譜（那史7）
仲真の父。御状書となる。	薫姓家譜（那歴964）
	梁姓家譜（那歴335）
評定所筆者をつとめた政房・政方の父。	東姓家譜（那史7）
これ以前、御状書をつとめた経験あり。御手判書を経て、再び御状書となる。	隆姓家譜（那歴1258）
	任姓家譜（那史7）
弟の山城親雲上真昌も御手判書をつとめる。	麻姓家譜（那史7）
儀間筑登之親雲上真宣の弟。後に評定所筆者へ。	麻姓家譜（那史7）
	明姓家譜（那史7）
	呉姓家譜（那史7）
幸良の子。手判書となった年に死去。	呉姓家譜（那史7）
幸良の子。	呉姓家譜（那史7）

	任職期間		名乗／唐名	
状書相附	天啓7～崇禎4	1627～1631	平良親雲上幸縄	習秉忠
御手判書	崇禎4～同年	1631～同年	宜寿次親雲上孝興	文用賢
	崇禎4～崇禎12	1631～1639	上間親雲上守休	阿居肆
	崇禎6～崇禎15	1633～1642	屋宜筑登之政信	東表屏
	崇禎16～順治2	1643～1645	石原親雲上忠祐	伊良顕
	順治2～順治9	1645～1652	与那覇親雲上政周	東表藩
	順治5～順治7	1648～1650	屋富祖親雲上仲安	薫自慶
	順治10～順治11	1653～1654	謝名具志川親雲上信財	梁国棟
	順治11～順治15	1654～1658	（再任）与那覇親雲上政周	東表藩
	順治12～順治14	1655～1657	平安名親雲上基満	隆存仁
	順治15～順治17	1658～1660	田頭親雲上忠義	任士美
	順治19～康熙2	1662～1663	儀間筑登之親雲上真宣	麻楽声
	康熙4～康熙5	1665～1666	山城親雲上真昌	麻明序
	康熙4～同年	1665～同年	亀谷親雲上長頼	明成徳
手判書	崇禎5～崇禎7	1632～1634	津花覇親雲上幸良	呉成義
	順治元～同年	1644～同年	津花覇親雲上幸常	呉正典
	順治18～康熙元	1661～1662	満喜世親雲上幸清	呉経典

＊「任職期間」は家譜上に任職の記載のあった年から、次に別の職に就くまでの年を記した。

＊出典は、たとえば『那覇市史資料篇』第1巻7の場合、「那史7」と記した。『那覇市史資料篇』に収録されておらず、那覇市歴史博物館で閲覧可能なものは「那歴」と記し、『氏集』の番号を付した。

第二部　近世琉球の史料学

琉球国中山王の花押と近世琉球

山田浩世

一　尚寧の花押と近世琉球

慶長一四年（一六〇九）三月四日、島津軍三〇〇〇名余りを乗せた船団が山川港を立ち、琉球へと向かった。船団は、奄美諸島（道之嶋）を経由して三月二五日、沖縄島北部の運天港に到達した。その後、島津軍は読谷沿岸から上陸して南下し首里城へ到達し、交渉の末に琉球は薩摩側へ降伏することとなった。この島津氏による琉球侵攻事件を契機として、日中双方との通交・従属関係を前提とした近世琉球が幕を開けることとなった。

一六〇九年四月、国王尚寧《しょうねい》を含む王府高官一行は、捕虜となって鹿児島へ連行され、徳川家康・秀忠との謁見のため駿府を経由して江戸へ赴き、二年六ヶ月という長期の滞在を余儀なくされることとなった。この間、沖縄島では島津氏による慶長検地の実施など、琉球支配が着々と進められていった。一六一一年九月、鹿児島に滞在していた尚寧および王府高官は琉球への帰国を前にして島津氏への忠誠を誓う起請文の作成を行っている。鹿児島において作成された起請文には、おおよそ次のような誓約が書かれていた。(1)

敬白　天罰靈社起請文之事

一、琉球之儀自往古爲　薩州島津氏之附庸、依之　太守被譲其位之時者、嚴艤船以奉祝焉、或時々以使者・使僧献陋邦之方物、其禮義終無怠矣、就中　太閤秀吉公之御時所被定置者、相附　薩州徭役諸式可相勤旨雖無其疑、遠国之故不能相達、右之御法度多罪々々、因茲球國被破却、且復寄身於貴國上者、永止歸鄕之思宛如鳥之在籠中、然處　家久公有御哀隣、匪啻遂歸鄕之志、割諸島以錫我其履、如此之御厚恩何以可奉謝之哉、永々代々對薩州々君毛頭不可在疎意事、

一、到子々孫々譲与此靈社起請文之草案、不可亡脚厚恩之旨可令相傳事、

一、所被相定之御法度曾以不可致違乱事、〔後略〕

〔大意〕

一、琉球は往古より薩州島津氏の「附庸」であり、太守の替わり目には使節を派遣し方物を献上して怠らなかった。太閤秀吉公の時には薩州に対し徭役や諸品を提供することが定められたが、遠国のため行われず法度に背いて罪深いもので、このため琉球は破却された。また、望郷の念を抱いていることを家久公は哀れに思われて領地を与えられた。この深い

ご恩にどのように感謝することができようか。長く代々にわたって薩州の君主に対し決して粗略な行為をしないこと。

一、子々孫々までこの起請文の文章を受け継ぎ、ご恩を忘れないよう伝えること。

一、定められた掟に決して背かないこと。

また、「起請文」の最後には、「慶長十六年辛亥菊月／（肩書き）中山王／尚寧」との記載とともに尚寧の「花押」が添えられた。尚寧は捕虜として連行された後、帰国を前にして日本の神々へ島津氏への忠誠を誓うための起請文に、自著したことを証明する行為として花押を書くこととなったのである（口絵8、図1）[2]。

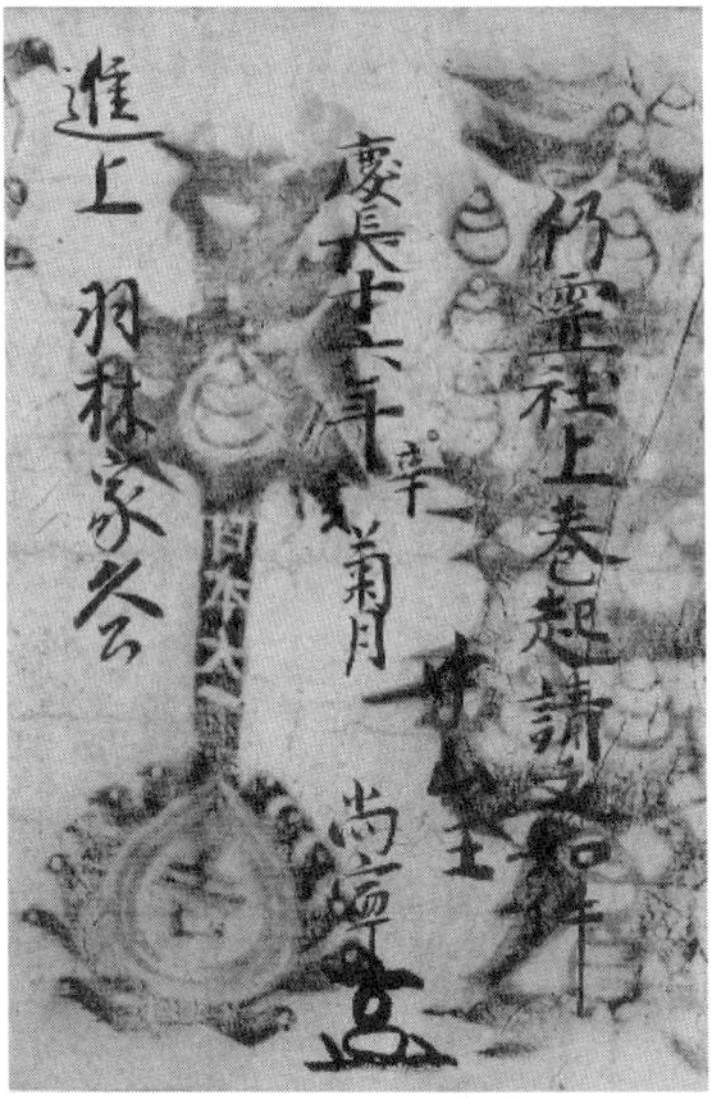

図1　中山王尚寧起請文（部分）

尚寧が署名した起請文には「菊月（九月）」の記載しかなく、詳細な日付は定かではない。ただし、同様に連行された王府高官が署名した起請文には、「慶長十六年辛亥九月廿日／勝連（花押）／江曾（花押）／江洲（花押）／豊美城（花押）／池城／雲心（花押）」とあって、慶長一六年（一六一一）九月二〇日に作成されたことが分かる。

前後するが、琉球支配の要綱を記したことで名高いいわゆる「掟十五ヶ条」（「樺山久高三名連署掟書」）は、王府高官の署名した前日の九月一九日に発布されている。尚寧「起請文」には「定められた掟」を遵守せよとの文言が付されていることから、「掟十五ヶ条」の発布および尚寧と王府高官による「起請文」という一連の動きは、帰国を前にした琉球支配の方針確定とそれに対する誓約という連動したものであったと言えよう(3)。

実は近世琉球の幕開けに署名されたこれら「起請文」以前において、国王の署名を示す形式として「名前・花押」が用いられたことはなかった。古琉球における琉球国王（琉球国中山王）の署名は、中国明朝に対しては下賜された「琉球国王之印」、日本諸勢力に対しては「首里之印」（および「海印」）、琉球内では同じく「首里之印」が用いられていたためである(4)。対日文書における朱印から花押への使用転換は、古琉球から近世琉球への転換を物語る重要な一コマであり、敗戦の尚寧にとって起請文への花押署名は従来とは異なる様式（文化）を否が応でも受け入れざるを得ないことを実感させる体験の一つとなったと考えられる。

これら歴史的な転換点において登場した琉球における「花押」は、その後、どのように受容され、琉球内で位置づけられていったのであろうか。本稿では、従来、等閑視されてきた琉球における花押使用に関る問題を取り上げ論じていくこととしたい。

また、日本古文書学の観点から言えば、花押（とその文化）は中国から伝来し、武家様・公家様などに分化するとともに、名前の下にさらに花押を加えて署名する形式が一般化し広く使用され定着していった。また、例えば花押は下部に水平な線を引く特徴を持った尊氏型を歴代足利将軍が継承した足利様式や明朝体で天地に特徴を持ち歴代徳川将軍が継承した家康型などがあり、よく知られている。花押は単なる署名としての役割を持つのみならず、様式そのものにさまざまな意味が付与され、さらに人生の節目に花押を変える者も多いことから古文書の真贋及び年代比定を行う上での重要な要素と見なされてきた。

本稿においては、琉球における「花押」の受容がどのような特徴を持って推移したのかを検討しながら、①尚寧・尚豊王の花押と花押編年の可能性について、次に②尚豊以降の歴代琉球国中山王の花押と様式の継承性や使用範囲、その選択性の問題について検証し考察を加えていくこととしたい。また、これらの検討を通じて「琉球史料学」の構築と試みに寄与できればと考える。

二　琉球における花押編年の可能性——尚寧・尚豊王花押——

（1）尚寧王の花押編年

幕府・島津氏の支配下の一端に組み込まれた一六〇九年以降の琉球において、尚寧が発給した花押を含む対日文書は全て東京大学史料編纂所が所蔵する島津家文書に含まれている。当然のことながら一六〇九年以降、正確には一六一一年の起請文作成以降、年々の時候の挨拶や贈答品のやりとり、折衝案件の交信などの必要によって、尚寧名義の文書が多数島津家に発給され、残されることとなったためである。以下では、花押の記載がある尚寧発給文書一〇点を分析対照とし、尚寧が記した花押にどのような変遷が見られるのか、また花押の変化に依拠して花押編年が可能であるのかについて見ていくこととしたい。

今回検討する尚寧発給の文書は全て島津家文書に係るため、その年次比定については次のようにいくつか複雑な背景を考慮する必要がある。

まず、対照となる一〇点の文書は、慶長一六年（一六一一）菊月の日付を持つ冒頭で紹介した起請文を除き、記された日付には月日しかなく、文書内容などから年次を推測することが求められる。もっとも幸いと言うべきか歴代島津家に伝存した文書は、後に薩摩藩の記録奉行であった伊地知季安・季通父子による年代比定を経て『薩藩旧記雑録』に所収・編纂されており、尚寧発給の文書もその例外ではない(5)。そのため一〇点中五点については『薩藩旧記雑録』に収録され、朱書きで比定された年次が付記され、編纂時期に存在していた多数の他文書との照合や保管状況などを踏まえた年次比定を利用することができる。ただし、伊地知父子による年次比定も完全ではなく、膨大な文書を取り扱う中で誤った比定が行われていることも間々見られ、それらの点を考慮して利用する必要がある。

以上の状況を踏まえ尚寧が発給した文書の一覧を整理すれば次のようになる（表1）。一六一一年から尚寧が亡くなった一六二〇年までに係る各文書に記された花押を見ると、その形式は三つのタイプが確認でき、それらを便宜的に図2花押A（No.2文書）、花押B（No.1文書）、花押C（No.3

文書）として以下記すこととしたい。

使用された花押の形状は、A・B・Cともに似通っているが、天地の傍線とその間に二つの丸

表1　尚寧発給文書一覧（一六一一～二〇年）

No.	花押	書状名	日付	旧記雑録年次	旧記雑録	沖文研	編纂所
1	B	中山王尚寧書状	端月（正月）十一蓂	一六一一年ヵ	後4-789	なし	5-6-23
2	A	中山王尚寧起請文	慶長十六年辛亥菊月（九月）		後4-862	2-5	5-7-17
3	C	中山王尚寧書状朱	林鐘（六月）十五日	一六一三年六月ヵ	後4-1529	2-14	4-18-51
4	C	琉球国王尚寧書状	季秋（九月）初三日	一六一五年ヵ	後4-1298	2-20	5-10-5
5	C	琉球国王尚寧請文	六月十五日	一六一六年ヵ	後4-1356	2-23	5-10-17
6	C	中山王尚寧書状	季春（三月）十三日		附2-294	なし	6-11-12
7	C	中山王尚寧書状	孟夏（四月）廿八日		附2-695	なし	6-11-13
8	B	中山王尚寧書状	仲夏（五月）初八		附2-692	なし	6-11-14
9	C	中山王尚寧書状	仲春（二月）八日		附2-693	なし	6-11-15
10	C	中山王尚寧書状	季春（三月）廿六日	一六一七年ヵ	後4-1400	なし	5-10-21

【凡例】「旧記雑録年次」「旧記雑録」は『旧記雑録後編四』『旧記雑録附録二』に依拠し、「沖文研」は『沖縄研究資料17琉球往復文書及関連史料（2）』（法政大学沖縄文化研究所、二〇〇〇）の文書番号、「編纂所」は東京大学史料編纂所島津家文書の請求番号である。

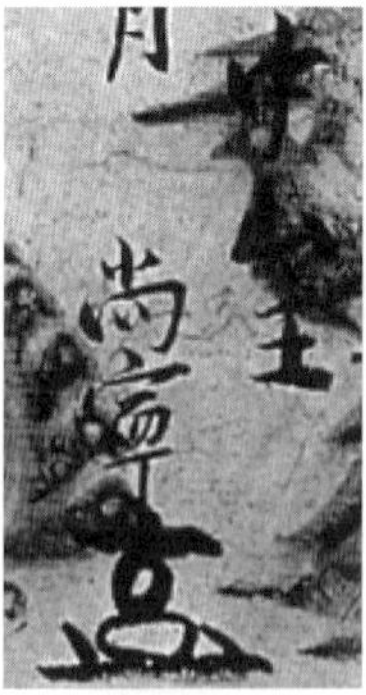

図2　尚寧王花押A：No.2文書

同B：No.1文書

同C：No.3文書

が置かれ、天地それぞれに点が一つ付されていることは共通している。さまざまな解釈が成り立つため今後の解読を待ちたいが、形状を見る限り現時点で尚寧の花押が何を図案化したものであるのかははっきりとしない。後述するが、尚豊以降の歴代琉球国王は由来する漢字を基に花押を作成していたことから、尚寧の花押形状がどのように決定されたかは琉球における花押受容を理解する上でも非常に重要な問題である。署名行為の転換としての花押の使用がどのようなプロセスを経て行われたのか、解明すべき今後の課題としたい。

　形状を見てみると、例えば花押Bは花押Aが持っていた地の線と傍点一つが除かれた形となり、花押Cは花押Bの形状をほぼ踏襲しつつ中央の丸と丸の間に傍線を加えた形となっている。使用された数を見てみると、花押Aは一例、花押Bは二例、花押Cは七例と圧倒的に多くが花押Cを使用している。逆に花押Aは、一六一一年の起請文作成時にしか使用されていない。ここで問題としたいのが、尚寧の花押の変化を通じて文書の年次を比定するような花押編年が可能であるのか否かという点である。

伊地知の比定した年次の状況を踏まえながら、年次が明らかな文書の順に花押を見てみると、まず目につくのが花押Cを持つNo.3（一六一三年）、No.4（一六一五年）、No.5（一六一六年）、No.10（一六一七年）である。使用した年は一六一三年から尚寧が亡くなる数年前の一六一七年まで確認され、一六一七年以降で年次が判明する花押文書は見られないことも含めると尚寧が死去する一六二〇年まで継続的に使用されていたと考えられる。このことから尚寧晩年の花押は、花押Cが継続的に使用されていたと考えておきたい。

残る花押Aと花押Bの使用順を見てみると、まず一六一一年一月一一日に比定されているNo.1の花押B、次にNo.2起請文に記載された一六一一年九月の花押A、続いて年次が不明（一月八日付け）のNo.8の花押Bとなり、花押の形状の登場は初見がB、その後Aとなって、またBを使用したこととなっており、花押使用の一貫性という観点から考えれば、不自然な推移を辿ることとなっている。No.2に付された花押Aは起請文であるため年次が明確であり、伊地知が一六一一年と比定したNo.1と年次不明のNo.3が実際に何年頃の文書となるのかをあらためて検討することが重要であろう。尚寧の当該期の動向と照らし合わせながらみてみることとしたい。

（2）一六一一年一月一一日比定の中山王尚寧書状の再検討

まず、No.1史料の全文を『薩藩旧記雑録』に従って示せば、次の通りとなる(6)。

去秒冬初廿三日御書、同十一月下旬到来、謹而拝閲、抑貴國永々致掩滞處、情意之厚、于今遺失無之、殊更此地安堵之条、千喜万悦、弥々重々、次為御音問、楮國三佰帖幷御茶壺壱箇拝受、厚恩重於泰山者也、随而雖輕少之至候、美酒貳壺進上之、補夙志計候、恐惶不宣、

「朱カキ」

「慶長十六年」端月十一蓂　　　　中山王（花押）

羽林家久公

日期は「端月十一蓂」（正月一一日）とあり、「朱カキ」「慶長十六年」は『薩藩旧記雑録』編纂の際に伊地知によって記された注記であるので、当然のことながら島津家文書所収の原本史料にその記載はない（図3）。また、島津家文書は後代に巻子仕立てに直されており、書状を収めた箱や関連する状況は伝えられていない。伊地知がどのような理由で慶長一六年（一六一一）としたのか、その理由は記されてないが、まずは一六一一年一月一一日に尚寧から島津家久へ宛てられたとの解釈が妥当であるのか、書状本文の文言や島津侵攻事件後の尚寧の動向と照らし合わせながら考えてみることとしたい。

書状本文冒頭には、本書状発給にいたる尚寧と島津家久の交信の様子が記されている。「去秒冬初廿三日御書、同十一月下旬到来」についての文言解釈は、大きく次の二つの可能性を考えることができる。

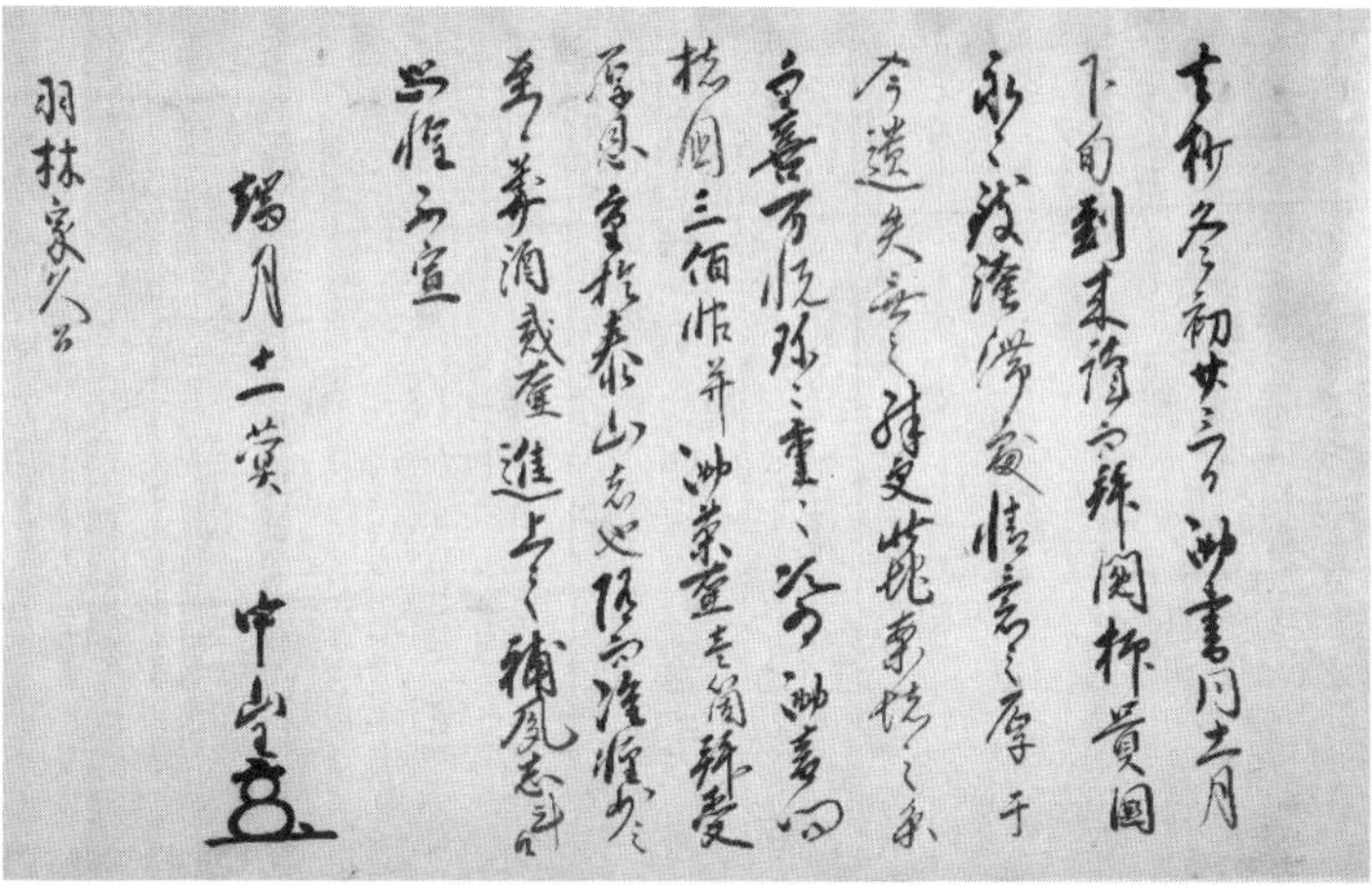

図3　中山王尚寧書状（端月十一蓂）

まず、一つ目は、「去杪冬」＝昨年の杪冬（一二月の異称）「初廿三日」の御書（家久からの書状）は、「同十一月下旬」＝昨年一一月下旬に到来したとみなし、文言の直接的な解釈では昨年一二月の書状が昨年一一月に到来したとするのは時系列に矛盾が生じるので、家久の書状は二年前（一六〇九）の一二月に作成されたと再解釈して一六一〇年一一月に到来したとみる向きである。同解釈では一般に陰暦において最初の一日から一〇日にのみ付される「初」が「廿三日」に付されていることや家久から尚寧への連絡に一一ヶ月もの時間がかかっていることなど気にかかる問題も多い。

一方、二つ目の解釈の可能性は、「去杪」を昨年の意と捉え、「冬初」（＝一〇月の異称）「二十三日」の書状が、昨年一一月下旬に到来したとする向きである。[7] こちらでも「去杪」を十分に解釈できないため若干の疑問を残すが、先に挙げた

「初」の矛盾と書状到達までの期間にかかる疑問は解消され、約一ヶ月程度で書状が到来したこととなる。ひとまず、両解釈の可能性を見た上で残る文言との整合性などを見ていくこととしたい。

書状の交信状況に関る文言としては、書状前半に記された「抑貴國永々致掩滞處、情意之厚、于今遺失無之、殊更此地安堵之条、千喜万悦」の部分がある。その大意は「そもそも貴国（＝鹿児島）に長く滞在した際の（家久からの）厚い思いやりは今も忘れておらず、さらにこの地、安堵を非常に嬉しく思っている」となる。書状の年次を考える上で解釈に検討を要するのは「此地」の部分で、尚寧が述べる「此地」とはどこを指すのかが重要なポイントとなる。

島津侵攻事件後の尚寧は、前節でも若干触れたが一六〇九年五月に鹿児島に連行され、六月末の家久への謁見、一六一〇年五月からの家久に伴われての江戸行きが行われ、八月から九月にかけて駿府の家康、江戸の将軍秀忠への謁見を行っている。江戸から鹿児島への帰国は一六一〇年九月中旬から始まり、一〇月は伏見・大坂・瀬戸内を逗留しつつ移動し、一一月一日に鞆の浦に入った後は悪天候などに見舞われながら一一月下旬から一二月初旬にかけて下関を通過し、平戸を経由して一二月二四日にようやく鹿児島に到着した。その後、鹿児島で一六一一年の年明けを迎え、八月の琉球への帰国許可、九月一九日の「掟十五箇条」の布達、起請文の作成を経て九月二〇日に琉球への帰国の途につくこととなった。尚寧は一六一一年一〇月二〇日に琉球に到着すると（首里城の）補修を待って一一月下旬に首里城に戻ることとなった(8)。

以上の経過を念頭に見ると「此地」は、一六一一年一月一一日に書状が作成されたという一つ目の解釈案に沿えば、一六一〇年末に江戸から帰国した直後の鹿児島滞在時に作成したこととなり、前段の「貴国」（鹿児島）で長く滞在した際の（家久からの）思いやりを「今も」忘れていないとの尚寧の発言との折り合いが悪い。また、書状到来が約一一ヶ月かかったという点も、一六〇九年六月以降の尚寧が一六一一年九月に琉球へ帰国するまでほぼ家久周辺に伴われて行動していたことを考えれば、書状到来に一年近くかかることは考えにくい。

さらに、二つ目の解釈案に沿って一六一〇年一〇月の家久の書状が一一月に尚寧に届けられたとする解釈を当てはめても、家久と尚寧は江戸から鹿児島への帰途（大坂・下関間）にあったはずで、尚寧が述べる「貴国」や「此地」の解釈とも折り合わず、総合的に見て№1の書状が作成された日時を一六一一年一月一一日とするのは難しそうである。

そこでここまで見てきた書状の文言解釈の状況を勘案し、比定年次を変更して検討すると、№1の書状は一六一二年一月一一日に作成されたとするのがもっとも整合的であると考えられる。なぜならば一六一二年年明け段階の尚寧は、琉球に帰国してようやく首里城に落ち着いた頃となり、長期の鹿児島滞在における家久からの思いやりを今も忘れていないと振り返る文言や「此地安堵」（この場合、琉球を安堵されたとなる）を喜ぶ文言を穏当に解釈することが可能となるからである。さらに書状の交信についても家久書状の日付は一六一一年一〇月二三日となり、九月二〇日に鹿児島を発って帰国した尚寧を見舞う挨拶状として出されたと解釈すると前後の文脈とも折り合いがよい。

沖縄における検地は一六一一年八月までに完了し、『喜安日記』には尚寧が鹿児島から帰国する十日前の日付（一六一一年九月十日）で「琉球国知行高目録」が発給され下されていたことが記されている。(9)「此地安堵」の解釈については、そもそも家久からの書状の詳細が明らかでないため不確定な要素も多く、帰国後の消息を尋ねる書状に対し無事の帰国を喜ぶ文言とも解釈されうるが、鹿児島での厚意を振り返りながら「殊更」に尚寧へ安堵を与えたものを述べる文脈から言えば、帰国直前に発給され認められた知行安堵への喜びであったとするのがよさそうである。

このように本書状を一六一二年一月一一日に作成された書状とみなすことで、尚寧が「殊更此地安堵之条、千喜万悦」とするように、家久への建て前とはいえ一六一一年一一月下旬に帰国し、鹿児島での生活を振り返りながら（沖縄島以南の）所領を認められたことを喜び、また家久からの消息安否を尋ねる挨拶に対し礼を述べる書状であったと考えることができる。また、結果的に本書状が、確認される限り島津家当主へ出された琉球国王からの花押による最初の書状となり、起請文作成を契機に対大和向け文書が花押署名による形式へと転換した後の最初期の書状であったと位置づけることができよう。

（3）仲夏八日付け中山王尚寧書状と花押編年

残る花押Bの付されたNo.8の書状についても検討してみたい。本文書は伊地知による年次比定

も記されていないため、まずは書状の文言などから探っていく必要があろう。全文は以下の通りである。(10)

去卯月初二日之雲緘、同廿三日到来、拝閲、然者、此地之華、就中佛桑花御用之由、被仰下候之間、廼廿本幷茶庭華茶莉花植付、令進上候、尚於御用者可蒙仰候、恐懼不宣、

仲夏初八　　中山王（花押）

進上

羽林家久公

「家久公卿譜年間不知ニ在リ」

冒頭の文言から、「去卯月初二日」（先の四月二日）付けの家久からの書状が「同廿三日」すなわち四月二三日に到来したことが記されており、本書状はそれを受けて仲夏（＝五月の異称）八日に作成されたことが分かる。

書状では続けて「この地（＝琉球）の花、とりわけ仏桑花（ハイビスカス）を所望するとの連絡を頂いたので、（仏桑花ヵ）二〇本と茶庭の華、茶莉の花を植えて送る。さらに必要ならば指示を下されたい」と述べており、琉球の草花を家久へ送った際の文書であったようである。

本書状に記された草花送付に関する連絡でかつ「去卯月初二日」付けの書状が到来していたことを加味し島津側の文書を探すと、家久から尚寧に宛てられた次の書状が浮かび上がる。その全文は次の通りである。(11)

態呈一翰候、従　将軍様其國へ在之花之可付草木、可致進上之由被　仰出候、於様子者細々
自此方奉行中三司官へ可申達之間、無油断様被仰渡尤候、恐惶頓首、
「朱カキ」
「慶長十七年」
卯月二日　　　　嶋津陸奥守
　　　　　　　　家久（花押）
中山王
　玉床下

これによれば家久は、卯月二日付けの書状で将軍すなわち徳川秀忠から琉球にある花の咲く草木を献上するよう指示を受けたので対応せよとの連絡をしていたことが分かる。また、この草花送付を求める家久書状は伊地知によって年次比定が記され、一六一二年四月二日に作成された書状であることが判明する。仏桑花の進上については書状中で直接言及していないが、子細を薩摩側の奉行（在番奉行）に連絡しておくとの申し添えもあり、内容は符合すると考える。

また、関連して一六一二年八月には島津家久から駿府に居住していた徳川家康に琉球の草木（ふつさう花・さんたん花・せんねんさう・あたん・からすの花・しろゆり根・よなふ木）が献上されており、将軍からの連絡が家康の求めに応じたものか否かは置いておくとして、全体として伊地知の年次比定も前後の文脈と整合的で、同書状に関しては信頼することができそうである。(12)

これら以上の仏桑花送付を軸とする交信状況から、花押Bが付された年次不明の文書No.8が一

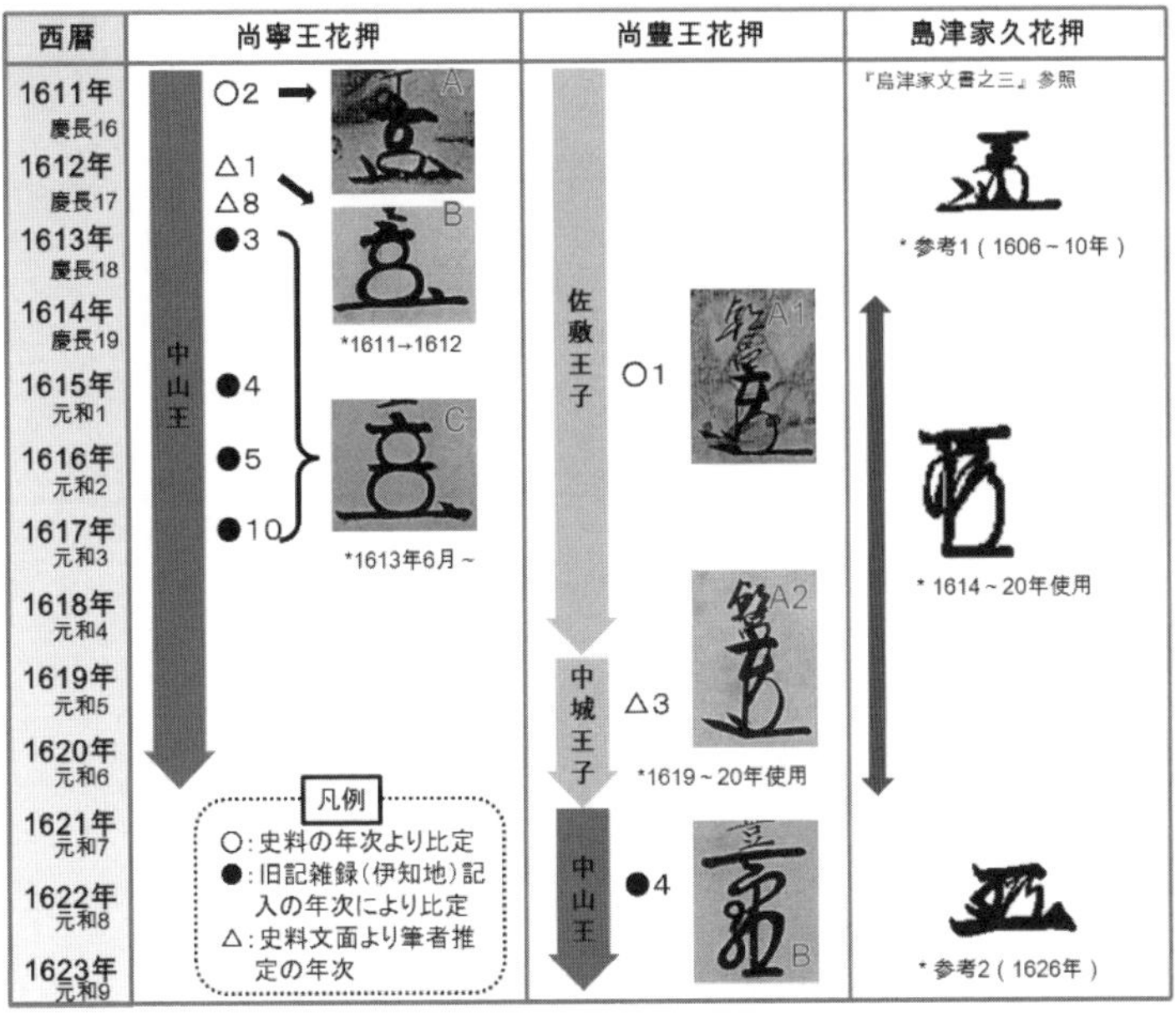

図4　尚寧・尚豊花押変遷一覧

六一二年五月八日付けの書状であったことが分かる。煩雑となったが、尚寧が発給した文書を新たに明らかとなった年次順に再整理すれば、花押の使用状況は図4にある尚寧王花押の項目のようにまとめることができよう。

尚寧の花押は管見の限り一六一一年九月付けの起請文（No.2、花押A）作成時を初見とし、琉球帰国直後に家久の書状に対する一六一二年一月一一日付け返信の書状（No.1、花押B）、一六一二年五月八日付け草木送付を連絡する書状（No.8、花押B）と続き、一六一三年「林鐘（＝六月の異称）十五日」付けを持つNo.3書状（花押C）へと移り変わり、No.4

（一六一五年九月三日）、No.5（一六一六年六月一五日）、No.10（一六一七年三月二六日）に使用されていったとなる。

以上の検討から尚寧の花押の変化と書状発給年次の符合が確認でき、花押編年の整合的な理解が書状の年次比定にも利用可能であることを裏付けることができよう。

（4）尚豊王の花押編年と島津家久花押

次に尚寧の後に琉球国王となった尚豊の花押について見ていくこととしたい。尚豊の使用した花押は、国王に就任（一六二一年）して以降は変更されず一貫して同じ形式の花押を使用しており、関連する文書も多いため、ここでは佐敷王子・中城《なかぐすく》王子期の文書を中心として以下四点の文書を検討してみることとしたい（表2）。

最初に確認される尚豊の花押形式は、文書No.1の「慶長二十年六月吉日」付け「佐敷王子朝昌起請文」に書かれた尚豊王花押Aである。尚豊は当時、佐敷王子と呼ばれ摂政を勤めていたが次期国王とはみなされておらず、琉球内でも尚寧在位中は尚豊の息子尚恭が次期国王候補とされ、島津側も容認していた。尚豊は後代において次期国王を意味する中城王子へ一六一九年から呼称が変化しているが、幼い尚恭の後見人として晩年の尚寧の治世を補佐するという意図があったようである。しかし、一六二〇年に尚寧が逝去すると、幼年であった尚恭を新たな国王とすることが不安視され、詳細ははっきりとしないが琉球王府家臣層の同意も得て国王に就任することと

なった。(13)

尚豊はこのように紆余曲折を経て一六二一年に国王に就任することとなったが、その動向を踏まえてみてみると、一六一九年から二〇年にかけてのものとみられる中城王子の肩書きが付された尚豊の書状である№3においても佐敷王子期と同様の花押A（ただし花押印を使用しているため便宜的に花押A2とした）を使用している。花押印の使用については佐敷王子期の文書である年次不明の№2があるが、花押の大きさ（№2より№3は小さい）の違いから手書きによるものと考えられ、花押印は№2が初見となる。

尚豊花押の最大の転換点は国王就任時における変化で、一六二二年六月一七日付け中山王尚豊

表2　尚豊発給文書一覧（一六一五～二三年）

№.	花押	書状名	日付	旧記雑録年次	旧記雑録	沖文研	編纂所
1	A1	佐敷王子朝昌起請文	慶長二十年六月吉日		後4-1271	2-19	12-6-19
2	A1	佐鋪王子朝昌書状	十月朔日		附2-443	なし	13-7-2
3	A2	中城王子朝昌書状	孟秋（七月）九日		附2-449	なし	13-7-14
4	B	中山王尚豊書状	季夏（六月）十七日	一六二二年	後4-1777	なし	6-1-16

【凡例】「旧記雑録年次」「旧記雑録」は『旧記雑録後編四』『旧記雑録附録二』に依拠し、「沖文研」は『沖縄研究資料17琉球往復文書及関連史料（2）』（法政大学沖縄文化研究所、二〇〇〇）の文書番号、「編纂所」は東京大学史料編纂所島津家文書の請求番号である。

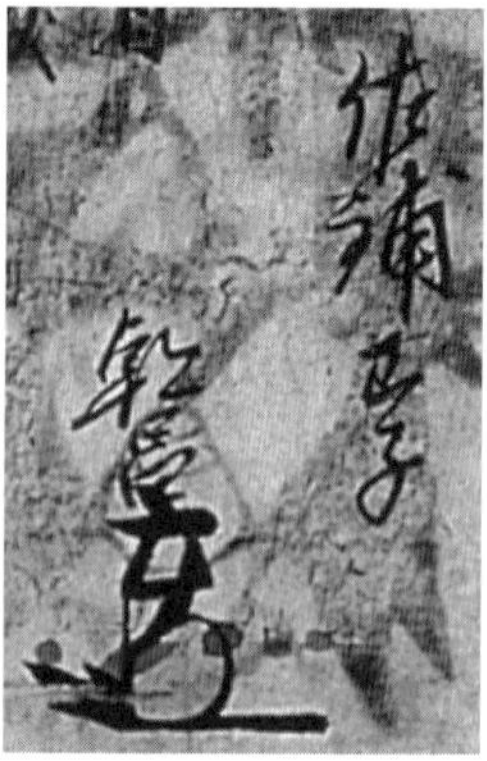

図5　尚豊王花押A1：No.1文書

同A2：No.3文書（花押印）

同A1：No.2文書

同B：No.4文書

書状（No.４）にある花押はそれまで使用していた形状とは全く異なる特徴的な花押が使用されていた（尚豊花押B）。新たに採用された花押は、まず天地二本の線の長さに特徴があり、天の線が長く引かれている。また、天地二本の線の間には、尚豊の名乗りである「朝昌」の朝を崩した文字がデザインされ特徴的な外観を有している。尚豊は国王への就任とともに、大きく花押のデザインを変更し使用していくこととなったのである。

後に尚家および分家筋の向家の名乗り頭として定着する朝の文字の採用については、佐敷・中城王子期の花押が朝を模った可能性もあって初出を明確にすることは難しいが、一瞥して文字とは考えにくい尚寧の花押に比べれば特徴的な花押となっている。後述することとなるが、尚豊以後の国王または中城王子などの花押は全て尚豊の花押Bを起点に推移することを考えると、尚豊が国王即位後に使用した花押Bの登場は、歴代琉球国王の花押の成立と継承性を考える上で非常に重要な地位を占めていると言える。

同時代史料などにおいて国王や重臣が使用した花押がどのように作成されたかを物語る史料は管見の限り見られず、詳細は今後の検討に委ねなければならないが、尚豊の花押形式が持つ独特かつ特徴的な性格を踏まえると、当該期に使用された花押の中で密接な関係を窺わせる花押が存在する。それは一六一四〜一六二〇年にかけて島津家久が使用していた花押である。

『大日本古文書　家わけ第十六　島津家文書之三』に収録された島津家久花押の一覧を見ると、天地二本の線（天が地よりも長い）の中に家久の「家」を模ったようなデザインが描かれ、尚豊花押が持つ特徴と符合する点が多い(14)。また、さまざまな花押を使用した家久であるが、前後に類似の花押は使用しておらず、一覧から見てほぼ当該期のみに見られる特徴的な花押であった。またこの花押を使用していた時期は、尚豊が一時国質として鹿児島に滞在した時期とも重なっており、尚寧から政権を継いだ尚豊が意図的に島津家久との主従関係または親密性を示すための政治的演出として採用した可能性も考えられよう。

花押の類似性のみに立脚するが、両者の花押が天地二本の内に名前の一部を図案化して記す形式を持ち、天の線が地の線よりも長くとられた特殊な形態を採用していること、尚寧から尚豊への政権移行期にあたって花押を通じた薩琉の主従関係などを意図的に演出した可能性を想起させる点を考慮すれば、両者が全くの無関係であったとは考えにくい。ひとまず島津家久が一六一四〜二〇年に使用した花押が尚豊花押Bとどのような関係であったのかについては、あらためて今後の課題としたいが、時代背景や花押の特徴などを踏まえ一定の影響があった可能性に留意する必要があろう。

以上、尚寧から尚豊にかけての花押の変遷を追いながら琉球においてどのように花押が受容されていったのか、また花押の変化に基づく編年（年次比定）の可能性について述べてきた。次に尚豊以降、歴代琉球国中山王が花押をどのように使用していたのかについて見ていくこととしたい。

三　琉球国中山王の花押の変遷と継承性・選択性

（1）歴代琉球国中山王の花押

尚豊以降の歴代琉球国中山王の花押はどのように使用されていったのであろうか。東京大学史料編纂所所蔵の島津家文書内には、代々の国王が即位の際に記した起請文や各種の書状が残されており、それらを一覧することで系統的に花押を把握することができる。

島津家文書内の文書を見る限り、代々の琉球国王は尚豊以降その生涯で花押を変化させた者は見られず、同じ花押を使用し続けている。国王の花押（一部中城王子を含む）を王位継承の順（一部、即位にいたらず死去した中城王子を含む）に示したのが図6である。[15]

花押の特徴を見てみると、まず目に付くものとして花押が、尚豊と同様に明朝体形式で天の線が地の線よりも長く名前を図案化したものを採用していることである。また、花押内に用いる文字については、尚豊（在位一六二一～四〇年）が名乗り頭の「朝」を用い、尚賢（在位一六四一～四七年）は唐名の「尚賢」そのままを図案化したのに対し、尚質（在位一六四八～六八年）以降は、唐名の一文字を図案化した形状で統一されていったようである。始期は不明であるが、中城王子も同様の法則に準じて花押を使用していたようで、王位に就くことなく死去した尚純や尚哲も国王と同様の形式の花押を使用していた。

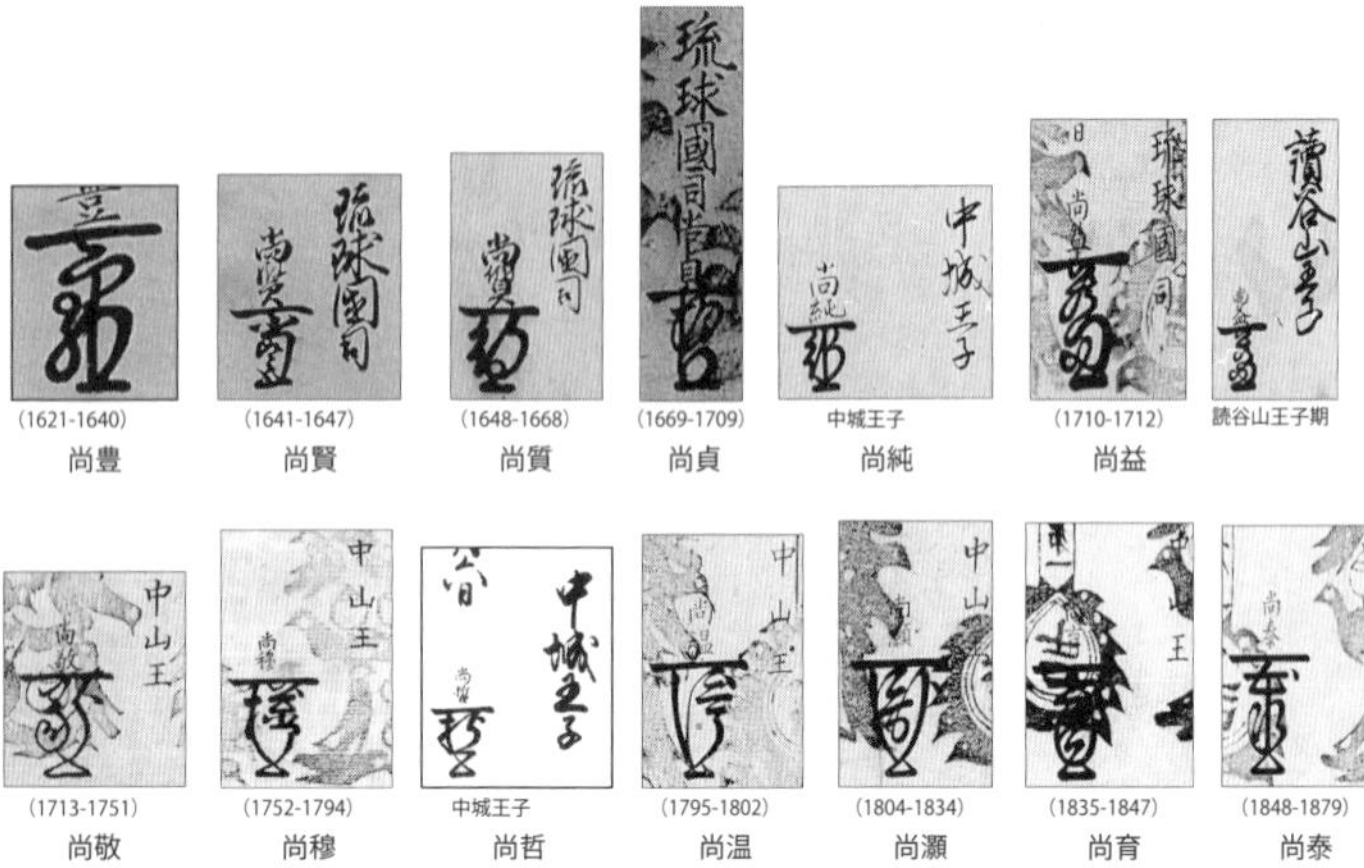

図６　琉球国中山王（及び一部中城王子）花押一覧

一方で島津家文書内には国王のみならず摂政・三司官就任者が記した起請文も残されており、国王の花押と同様に琉球を代表する官人たちの花押を見ることができる。例えば、一七八二～一八〇一年まで三司官であった伊江親方朝慶（一四―一七―一二）や一七五二～五四年に三司官であった与那原親方良暢（一三―三一―五）の起請文を見ると、国王や中城王子とは全く異なる花押を使用しており、国王の花押に類似した形状を持つ花押は用いられていないようである。そのことから類推すると、歴代国王の特徴的な花押の形状は国王の権威に連動し選択的に用いられていた可能性が考えられる。すなわち一般の琉球官人が使用する花押の形状と異なる視覚的に判別可能な特徴的な花押を継承、使用することで、琉球国王の権威を花押によって明示する機能をもっていた可能性が考えられる。

これら国王が使用した花押の持つ特徴的な形式と権威またはその継承性の関係については、以下であらためて分析角度を変えながら論じてみることとしたい。

（2）花押の決定過程――一八二七年の尚育と花押――

琉球国王が使用した花押がどのように作成され、使用が決定されていたのかについて物語る史料は少ないが、その状況を窺わせる史料が近年公開された尚家文書内に残されている。それが道光一五年（一八三五）に琉球国王に即位した尚育の元服儀礼に関る史料「尚育様御元服日記」（尚家文書一一号）である。(16)

尚育の即位については、道光七年（一八二七）に尚灝《しょうこう》が病気を理由に薩摩側の許可を得て隠居したことをきっかけに複雑な経緯を辿った。すなわち国内的には尚灝の隠居と前後して尚育が中城王子に就任し、その時点で尚育は実質的な即位を果たして親政を開始したためである。同年には尚育の即位を実質化する儀礼の一つとして元服が行われ、花押の作成もその一環として進められることとなっていた。

「尚育様御元服日記」によると道光七年（一八二七）一一月二日、元服儀礼の具体的な日程が提示され、一一月一九日の元服儀礼に向けてさまざまな儀式が行われていたようである。一一月七日に尚育が着用する簪と冠（八巻）の着用が許可され、その作成が鍛治奉行や小細工奉行に指示されるとともに、地頭所と知行高の拝領を許可する文書（「言上寫」）も発給されている。

続いて尚育花押の決定過程が一一月一六日の条に記されている。史料には以下のようにある。

御先例、唐御名一所ニ及言上候得者、此節唐御名之儀者、当五月及言上候付、本文之通候、
唐御名一件例外言上記ニ相見得候也、
一、
中城王子様、御印之字幷やつし様、且又、御判之やつし様、兼而久米村方江相考させ、御印
之儀者、各吟味之字数差出、右之内中和之字、可宜由申出候付、右之御内々、奉備
上覧、久米村方吟味之趣を茂達
上聞候処、彼中和之字ニ被
仰出候由、
御意被成下候事、

これによれば元服に際し、先例としてこれまで、唐名（すなわち「育」の字）と「御印」（印鑑）、「御判」（花押）が決定されてきたとある。もっとも尚育についてはすでに述べたように尚灝の隠居もあって中城王子への就任が急遽求められたことから、「此節唐御名之儀者、当五月及言上候」とあるように、すでに唐名だけが五月に決定されていた。そのため元服に際しては御印と御判が作成されることとなったようである。

花押および御印の決定については「兼而久米村方江相考させ」とあるように、以前から久米村へその立案が指示されていたようである。興味深いのは、花押などの作成が、清朝中国との外交

や業務を取り仕切る久米村に指示されていたことである。国王および中城王子の属官には、対大和向け文書の礼式に精通した右筆役などがいたものの、一九世紀前半の尚育については久米村がその役目を担っていたのである。

同じく御印は、まず候補の中から「中和」の二字が尚育によって選ばれると、その字句の意味などを記したとみられる久米村からの文書が取り添えられ、正式な伺い（言上）が出されて決定されていた。

この最終的な決定を伺う「言上」の上申の際には、次に掲げるような「中和」の字による御印とともに「育」の字に基づく花押の雛形が朱紙に書かれ、それを朱色の紙袋に入れて（紙袋の上には「上」の字を記す）、「真ぬり竪状箱」（黒塗りの書状箱）に収めて提出された。

この「尚育様御元服日記」に収録された花押の図案（図7）を見てみると、まさしく尚豊以来引き継がれてきた特徴的な図案が提示されており、即位することなく死去した尚純・尚哲の例からも判明するように国王および中城王子は、国王の権威を視覚的に明示したとみられる特徴的な花押を元服において決定していたことが確認できる。また、尚育においては使用する文字があらかじめ打診され決定された印章と異なり、花押は

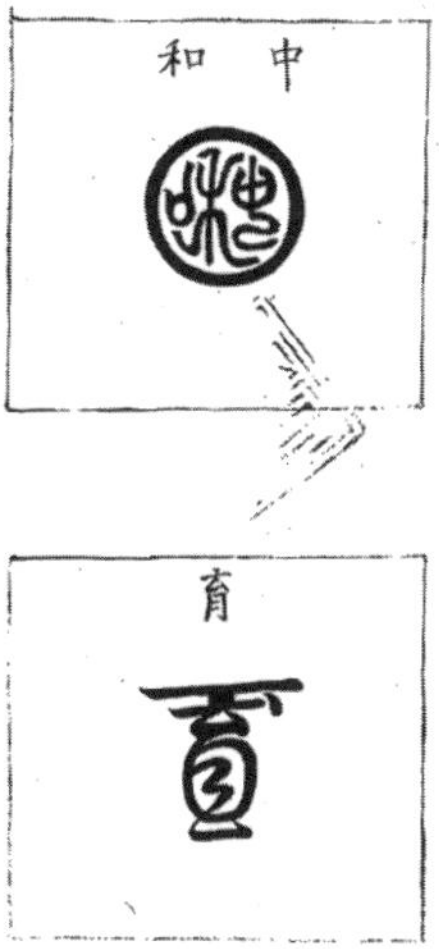

図7　尚育「御印」「御判」図案（尚家文書11号所収）

「育」の字の使用などが前提化していたために花押案が最初に提示され、決定へといたっていたことも確認できる。花押の形式継承が例規となって執行されていたことを窺うことができよう。

（3）王位継承と花押の関係――尚益・尚灝の場合――

花押形式の共通性と選択的な使用状況から、琉球において歴代国王と中城王子は、尚豊以降、特徴的な花押を意識的に用いていた状況を確認してきた。ただし、これら花押と権威が連動するという問題は、単純には処理しがたいものであったことに注意しておく必要がある。

それは例えば、先に掲げた一七一〇から一七一二年まで在位した尚益の場合について言える。すでに尚益は、図6で示したように国王に即位する以前、読谷山王子と称していた頃から特徴的な形式を持つ花押を使用しており、実際に国王となって以降も同じ花押を使用していた。尚育の例で見たように唐名・印・花押などの決定は元服において決定されたと考えられるため、王子の元服における花押の決定にあたっては、その人物を王位継承者と見なしているか否かが問われることになった。

実際、花押の使用状況を見ると生涯において明確に花押を変更したことが確認できる事例は、管見の限り近世初頭の尚寧と尚豊のみであり、琉球で花押を変更するという行為は非常に稀であった。もし琉球官人が原則的には同じ花押を使用しつづけるものであったと仮定したならば、元服の際に王位の継承との関係を問う必要が発生するのである。

尚益は一六七八年に尚純の長男として生まれ、『王代記』によれば康熙三三年（一六九四）四月二四日、一七歳の時に元服している。王子名の変遷について不明な点も多いが、最初に佐敷王子（一六九二年〜）を称し、次に読谷山王子（この時の花押が島津家に出された書状に記載）、康熙四五年（一七〇六）に父尚純が死去すると中城王子を称するようになっている。(17) 残念ながらこの間の花押に関わる史料は残されていないが、尚益がすでに王統継承者として認知されていた尚純の嫡子であったことを考慮しても、読谷山王子期に国王特有の花押形式を使用していたことは何を意味するのであろうか。

一方で花押の選択について王統継承の観点から考えた場合、国王直系の王子たちが全て特有の形式を用いていたとの推論も想起されようが、例えば尚穆《しょうぼく》王の次男で一七九四〜九七年に摂政を勤めた浦添王子朝央（唐名尚図）の花押（図8）は、国王などが使用する花押とは全く異なるものを使用している。尚益が読谷山王子期に特有の形式をなぜ用いていたのか、王位継承候補者と花押の関係は単純には割り切れない問題が残されていると言えよう。

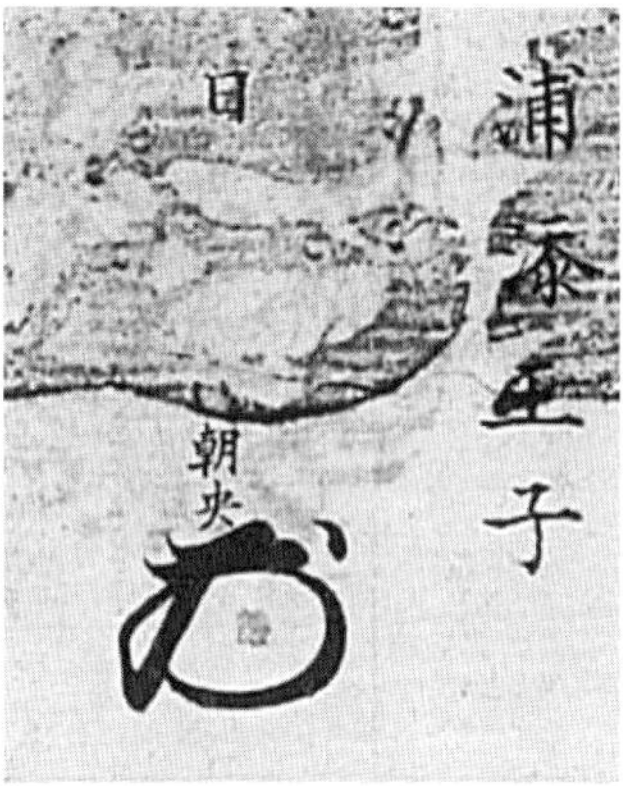

図8　浦添王子朝央花押

また、尚益と同様の問題は、従来、国王候補者として認識されていなかったと見られる尚灝の場合にも当てはまる。尚灝は、尚穆王の長男で即位前に死去した尚哲の第四子として生まれ、一八〇一年に元服して具志頭王子を名乗っていた。すでにこの頃には、兄弟で尚哲の次男である尚温（在位一七九五～一八〇二年）が王位を継ぎ、一八〇三年にはその息子の尚成（在位一八〇三年）が中城王子を経て王位を継いでおり、当時の王府内では尚哲から尚温、尚成という継承関係が認識されていと考えられる。当然、尚灝は継承ルートの枠外にいたと考えられ、具志頭王子時代を含めいつから尚灝は国王特有の様式を持つ花押を使用していたかは問題となる。

結果的に尚成は在位一年弱の四歳で夭逝し、尚灝へと王位が巡ってくるわけであるが、国王特有の花押様式とその他の花押様式の選択判断が尚灝の場合はどのように働いたのかははっきりとしない。あるいは国王即位が現実的になってくるなかで花押を改めたという可能性も考えられよう。

残念ながら現時点でこれらの問題を追究することが可能な事例を把握できずにいるが、花押が判明する歴代国王とそれに準ずる中城王子が特定の形式を使用していたことは一貫しており、様式の継承が王権の表象と密接に関わっていたことは指摘できよう。一方で王位継承（の認識）と花押の選択・判断という問題は、単純には処理しがたい問題が平行して存在しており実態の解明については、今後の課題とし、研究の深化に委ねることとしたい。

まとめにかえて――近世琉球における花押の受容――

本稿では、近世琉球期に使用された歴代琉球国王の使用した花押を中心に議論してきた。明らかになった点を整理しつつ、近世琉球と花押の関係について述べ、本稿のまとめにかえたい。

まず、琉球国王による花押署名は、島津侵攻事件を受けて鹿児島へと連行された尚寧の起請文がその初見であることが明らかになった。琉球国王による花押の使用は島津侵攻事件を境に区分される近世琉球への転換を象徴的に表すもので、大和向け文書は以後「首里之印」などに代表される朱印から花押による署名へと移り変わっていくこととなった。一方で明清中国に対しては引き続き下賜された「琉球国王之印」、国内においては「首里之印」（や役所印・丸印）が使用されており、国王の署名行為は近世以降、朱印を基軸にしつつも唐・大和・国内それぞれにおいて異なった方法が採られていくこととなったと言えよう。

また、尚寧・尚豊以外の国王については花押の変更を行った事例は確認されず、さらに尚豊以降の国王は尚豊が国王へ即位した際に用いた特徴的な花押の様式を踏襲していたことが明らかとなった。花押形式の継承という問題に目を向けてみると、国王のみならず次期国王候補者である中城王子も同様の形式を用いており、花押の様式継承は王位と権威の継承を表現するものであったことが示唆された。このように花押の受容と使用の問題は、近世琉球への展開や王権の明示という問題と密接不可分に連動したものであったことが指摘できよう。

最後に、本稿が琉球国王に関る花押を主な検討対象としたため十分に取り扱えなかった問題、すなわち琉球における花押使用の広がりに関する課題について述べておくこととしたい。

すでに見たように琉球において花押という署名方法は、もっぱら大和向けの外交文書に使用され、国内の公的文書への署名方法としては定着しなかったことを指摘したが、興味深いことに花押は公的な文書に見られないものの私的な文書の世界において意味を持っていた可能性がある。

例えば尚敬が伊是名の銘苅親雲上へ宛てた家譜授与を寿ぐ書状（「尚敬王より銘苅親雲上あての下状」）や福地家文書所収の七世唯延から息子たちへ宛てた「遺言書」、伊江御殿家文書所収の伊江朝康から親戚である伊江按司宛ての近況を知らせる書状（「朝康より伊江按司宛書簡」）などに花押が使用されているためである。(18)

これらの文書は全て私的な文書として書かれたもので、近世琉球における花押は公的には対大和向け文書にのみ使用されていたが、私的なやりとりにおいては一程度意義を持って用いられていたことが分かる。国王の用いた花押に限って議論した本稿の性格上、より広範な琉球内における花押の使用や受容の問題、すなわち花押文化の琉球化はどのように展開していたのかを十分に議論することができなかった。琉球史料学における花押の研究は未だ多くの点で検討されるべき課題を残しており、研究は今まさにその緒に就いたばかりである。

注

（1）尚寧が署名した起請文（「中山王尚寧起請文」）は、東京大学史料編纂所所蔵島津家文書（請求番号五―七―一―七）に伝存し、鹿児島県維新史料編さん所編『鹿児島県史料　薩藩旧記雑録後編四』（鹿児島県、一九八四年、以下『旧記雑録後編四』と略す）八六二号文書として収録されている。また、近世琉球で署名されていた起請文については、本書麻生伸一「近世琉球の国王起請文」論文を参照のこと。

（2）「中山王尚寧起請文」がどのように作成されたのか、あらためて検討する必要があるが、東京大学史料編纂所一般共同研究「琉球王府発給文書の基礎的研究」プロジェクトの調査において原本を熟覧し筆致、使用された筆の大小、墨の光沢の差異などから判断する限り、①日付および「尚寧」、②「中山王」の肩書き、③「花押」は同時に書き込まれたとは考えにくく、尚寧がはたしてどの部分を自筆したのかは検討の余地を残している。

（3）島津侵攻事件の経過などを詳細に分析した上原兼善『島津氏の琉球侵略』（榕樹書林、二〇〇九年）では、尚寧と王府高官連署の起請文、掟十五箇条の発布、謝名親方鄭迵の刑死との関連を述べる。また、尚寧の起請文作成について『南聘紀考』の「尚寧誓票表日無し、しかして函は十八日と題す」との記載によって起請文の送達が九月一八日、作成は「掟十五箇条」発行と同日の一九日ではないかとする。

（4）古琉球期に使用された印章については、本書上里隆史「古琉球期の印章」論文参照のこと。

（5）尚寧に関係する書状は、前掲『旧記雑録後編四』および鹿児島県維新史料編さん所編『鹿児島県史料　旧記雑録附録二』（鹿児島県、一九八六年、以下『旧記雑録附録二』と略す）。

（6）『旧記雑録後編四』七八九号文書参照。

（7）同史料の「冬初」に注目する解釈の可能性については、二〇一五年一二月一五日に行われたシンポジウム「琉球史料学の船出」後に報告者の一人であった村井章介氏よりご教示を賜った。記して感謝申し上げる。

(8)　駿府・江戸行きから琉球帰国までの行程については、主に『喜安日記』『南聘紀考』の記載の整合性などを検討した前掲上原兼善『島津氏の琉球侵略』を参照した。
(9)　琉球における検地の経過と知行高目録の発給については、前掲上原兼善『島津氏の琉球侵略』及び金城善「三つの「琉球国知行目録」」(『首里城研究』一五号、首里城研究会、二〇一三)を参照。
(10)　『旧記雑録附録二』六九二号文書参照。
(11)　卯月二日付け書状については、『旧記雑録後編四』八九四号文書参照。
(12)　仏桑花進上についての書状は、『旧記雑録後編四』九四三号文書参照。
(13)　尚寧から尚豊への移行期の問題については、豊見山和行『琉球王国の外交と王権』(吉川弘文館、二〇〇四年)があり、尚豊政権の確立過程が論じられる。一方、浦添尚家の出身である尚寧と首里尚家の出身である尚豊の関係について論じたものに池宮正治「尚寧王の世子たち」(『首里城研究』三号、首里城研究会、一九九七年)がある。
(14)　島津家久の花押については、東京大学史料編纂所編『大日本古文書　家わけ第十六(島津家文書之三)』(二〇一一年)を参照。また、一六一四~二〇年の島津家久使用花押との類似性については畑山周平氏からご教示を賜った。記して感謝申し上げる。ただし本論で述べる関係性の有無や政治的演出との関係については筆者の文責に係るものである。
(15)　花押を引用した文書の出典(東京大学史料編纂所島津家文書架番号)は次の通りである。尚賢花押:七―六―一、尚質花押:七―九―一三、尚貞花押:九―五―一八、尚純(中城王子)花押:三三―二―一六、尚益(琉球国司)花押:四七―一三―一・尚益花押(読谷山王子):三三―二―一五、尚敬花押:四七―一八―一、尚穆花押:四七―五一、尚哲(中城王子):七九―五―六、尚温花押:二六―一―七、尚灝花押:二六―二―三、尚育王花押:二八―四―一、尚泰花押:二九―一八―五。また、一八〇三年に即位し同年逝去した尚成については現時点で花押を確認することができていない。

（16）尚家文書一一号「尚育様御元服日記」（那覇市歴史博物館所蔵）。また、当該文書を使用して尚育の即位の特質を明らかにしたものに麻生伸一「近世琉球における王位継承について――尚育王と尚泰王の即位を中心に――」（『東洋学報』九五巻四号、東洋文庫、二〇一四年）がある。

（17）琉球史料研究会編『王代記』（一九五六年）の尚益の項参照。

（18）「尚敬王より銘苅親雲上あての下状」は伊是名村教育委員会所蔵（株式会社国建編『伊是名村銘苅家の旧蔵品および史料の解説書』伊是名村教育委員会、二〇〇七年）、「遺言書」（『福地家文書』、那覇市経済文化部歴史資料室『那覇市史』資料篇第一巻九近世那覇関係資料・琉球資料漢文編、那覇市役所、一九九八年）および「朝康より伊江按司宛書簡」（『伊江御殿家資料』）は那覇市歴史博物館所蔵。

付記

東京大学史料編纂所が所蔵する膨大な島津家文書の中には代々の琉球国王や摂政・三司官らが署名した、または発給した「起請文」や書状が残されている。東京大学史料編纂所一般共同研究「琉球王府発給文書の基礎的研究」プロジェクトによって貴重な史料を熟覧する機会を与えられ、とりわけ従来等閑視されていた琉球における花押の問題を検討する機会を得た。末尾ではあるが、研究代表および東京大学史料編纂所、所員である黒嶋敏・須田牧子・畑山周平の各氏に感謝の意を述べたい。

近世琉球の国王起請文

麻生伸一

はじめに

慶長一四年（万暦三七、一六〇九）、首里王府は薩摩藩の侵略を被った。以降、琉球国王は一定の機会に薩摩藩主に対して忠誠を誓約する文書を提出した。これが国王起請文である。

首里王府では国王のほかにも、摂政や三司官といった高官、渡唐使節や宗門手札改め担当官といった特定の役職に就いた者も起請文を作成した。しかし、研究は国王起請文に集中しており（［山田一九九九、千々和二〇〇一、梅木二〇一二］）、その論点は文書形式の定型化と起請文の意義に集約される。先行研究によると、尚寧王（一六一一年起請）のときには「戦後処理にともなう、いわば臨時の儀礼であったものが」、尚豊王（一六三九年起請）からは「中山王相続のための儀礼として恒常化していくこと」、さらに「尚敬王（一七一五年起請）以降、その文言の定型化が進行する」[1]

ことに特徴があるとされる（［千々和二〇〇一］二八頁）。つまり、一七世紀中ごろに提出が定例化し、一八世紀はじめに文書形式が定型化するという理解である。

また、一七世紀中期以降の前書の変更および固定化により「起請文前書における琉球国王が薩摩藩主に対して忠誠を誓う論理展開そのものには意味が無くなった」（［山田一九九九］八八頁）とされ、とりわけ薩摩藩の琉球支配が開始された一七世紀初頭の方が従属性を表明する文書としての機能が高く、起請文の提出自体の意義はしだいに低下していったとされている。たしかに薩摩藩の侵略直後である一七世紀初期のような緊張状態が（［上原二〇〇九、豊見山二〇〇四、上里二〇〇九］）、近世期を通じて維持されたとは思わない。むしろ、両者の関係が安定していくなかで国王起請文が提出されつづけられた意義を考慮しなければならないだろう。これが本稿の第一の課題である。

提出の意義が減じていったと指摘される一方、山田哲史氏が「琉球国王が行う行為そのものに意味が出」るようになったと述べているように（［山田一九九九］八八頁）、提出より作成にかかる儀礼行為の重要性が増大していったことが示唆されている。近世日本の起請文研究において、起請文が政治的な実効性を伴っていたことはすでに指摘されていたが（［深谷二〇〇二］）、近年では政治的・儀礼的な機能に着目する研究や（［佐藤二〇一五］）、作成行為から起請文の機能を再評価する研究がみられ（［大河内二〇一四］）、書式の定着は起請文の形骸化を示さないことが明らかにされている。起請文前書に書かれた内容のみでなく儀礼行為へ着目する山田氏の見解は注目されよう。しかし、梅木哲人氏の分析を除くと、これまでほとんど儀礼行為は省りみられてこなかった（［梅木二〇一一］）。儀礼から国王起請文の形骸化を再検討する。これが本稿二つ目の課題である。以下、国王起請文の全体像を見通しながら、史料的制約の少ない王国中後期の起請文をとりあげ、提出と儀礼をキーワードに国王起請文を考えてみたい。

一　起請文の提出をめぐって

（1）尚寧《しょうねい》起請文と佐敷王子起請文

国王起請文の端緒である尚寧起請文（一六一一年、№1）は図1の通りである。冒頭のやや広めの紙の部分、「敬白　天罰霊社起請文之叓」というタイトルが付された箇所は前書で、ここには一般に誓約内容が記される。前書に貼付された箇所は神文、あるいは罰文と称される。起請文は主に神文の形式や記載内容によって分類されるが、尚寧起請文は「霊社上巻起請文神文」と分類される起請文で「戦国時代の後半に出現し、豊臣政権の末期に秀吉・秀頼への忠誠を誓わせるために諸大名に書かせる起請文に用いられ、近世にはいるとあまり見られなくなる起請文の形式で、何枚もの牛玉宝印《ごぎょくほういん》を貼りつないだ料紙を翻し、『謹請散供再拝』からはじまる長々した神仏勧進の神文を書いていることが特徴」（［千々和二〇〇一］一三頁）とされる。神文の開始文言（端作り文言）に変遷がみられるものの(2)、琉球国王から薩摩藩主へ提出された起請文はすべて「霊社上巻起

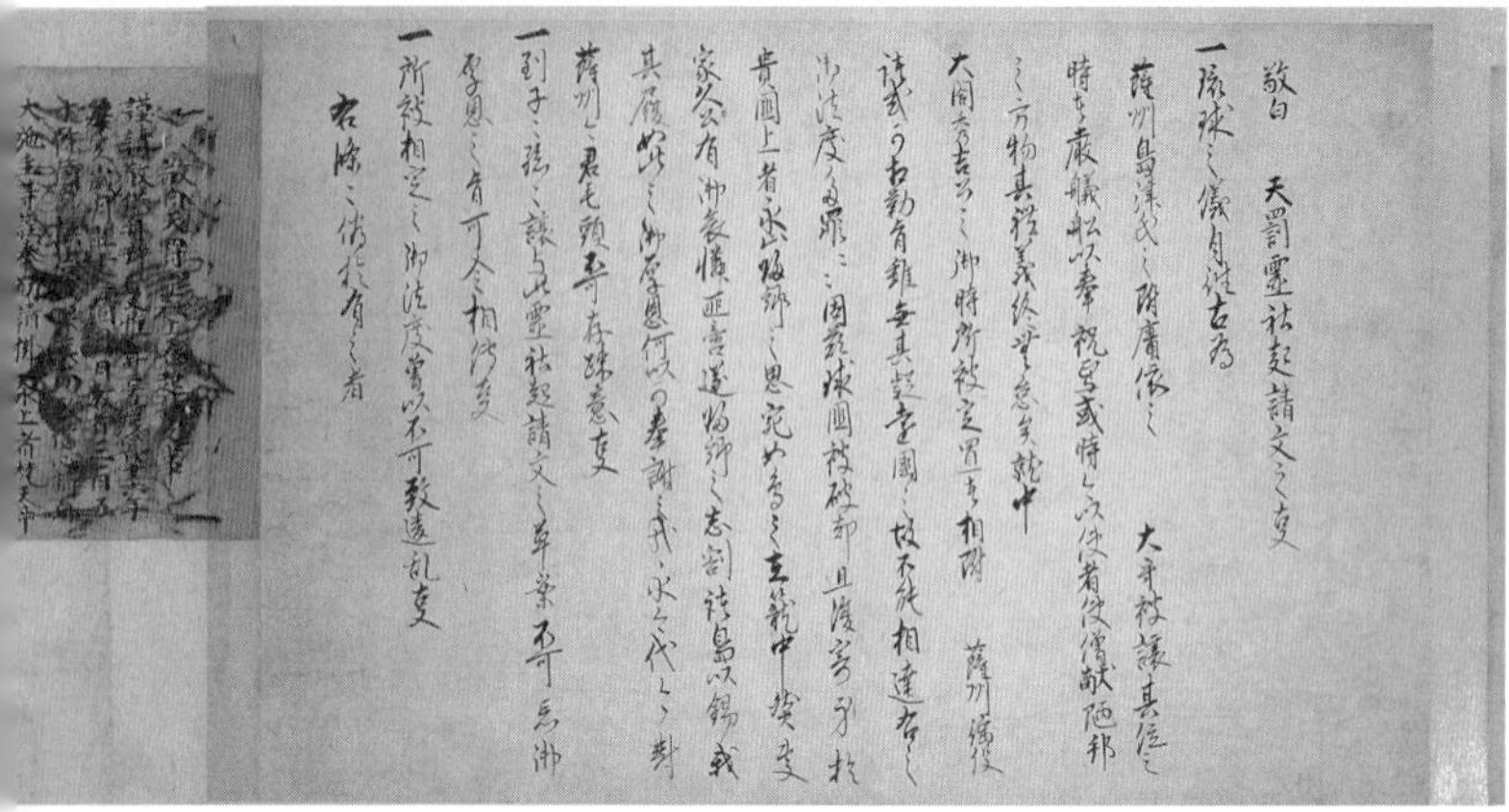

図1　中山王尚寧起請文（東京大学史料編纂所蔵）

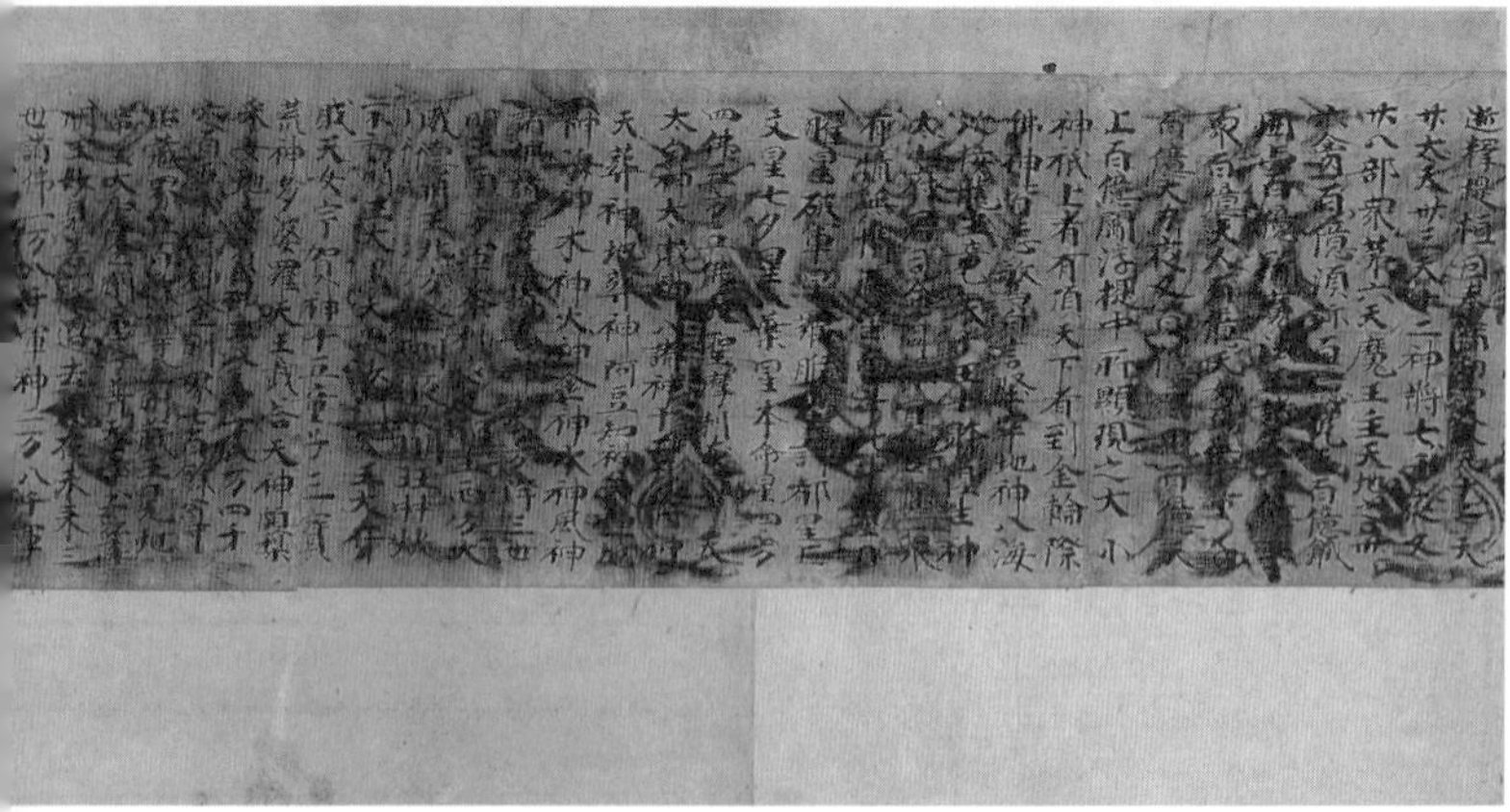

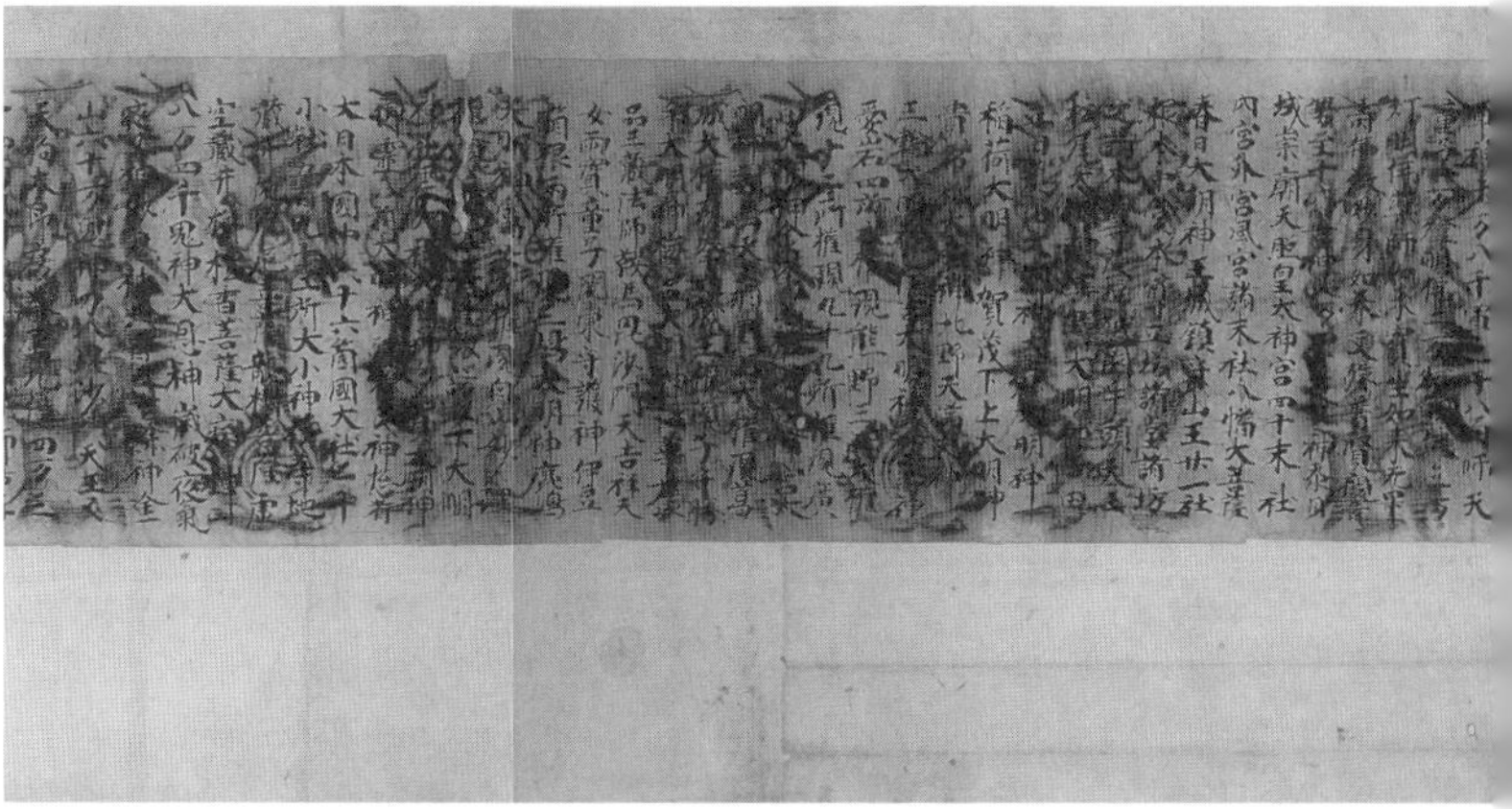

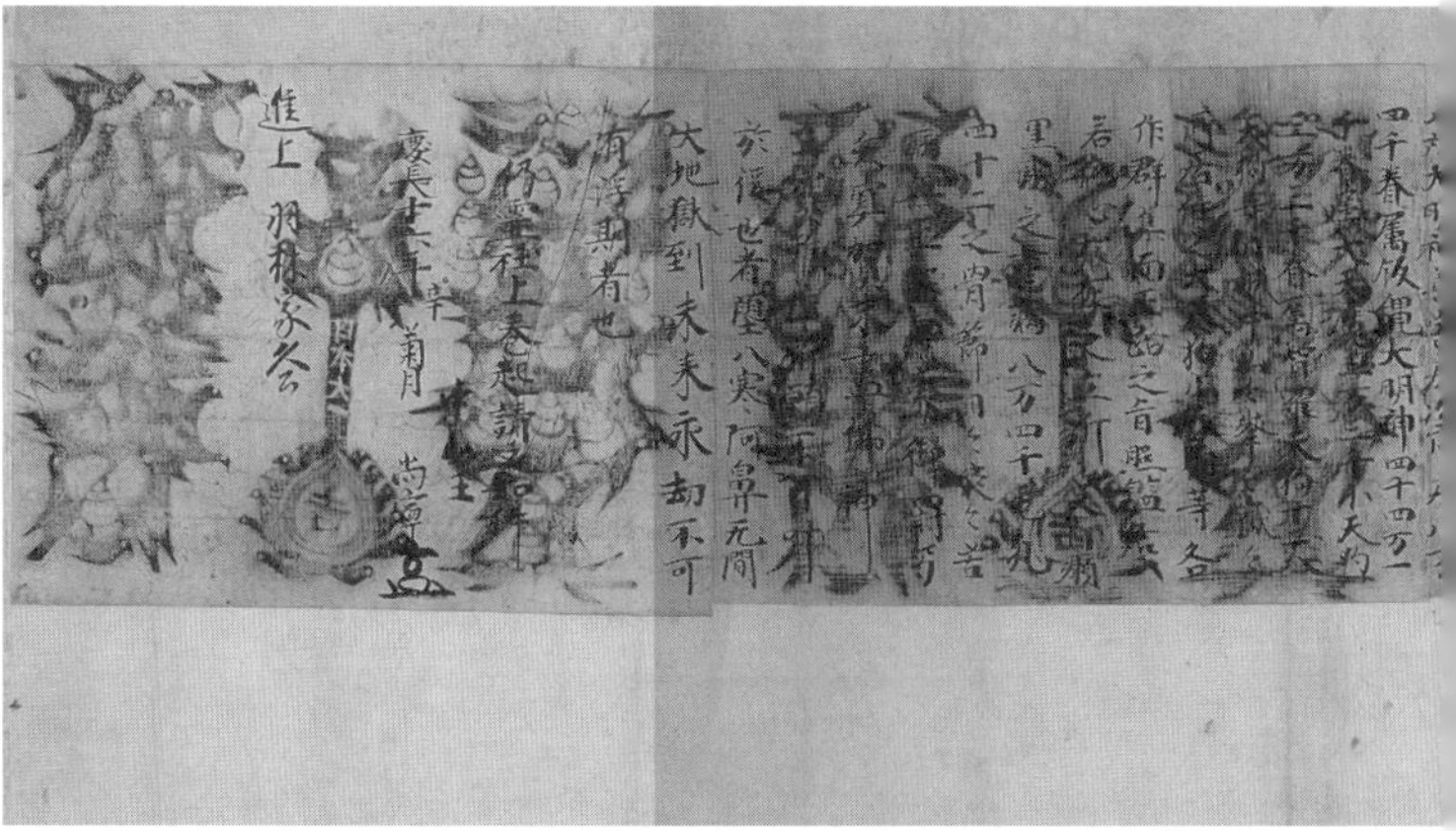

請文神文」が付されていた。近世日本での使用が少ない形式が国王起請文に使われ続けた背景について、千々和氏は、薩摩藩が秀吉を琉球支配の正当性を保証する存在として認識したことから、秀吉の使用していた神文（「霊社上巻起請文神文」）を国王起請文に採用したと指摘している（［千々和二〇〇二］二八頁）。

尚寧起請文前書についての分析は多くみられるので（［山田一九九九］八〇―八一頁、［上原二〇〇九］二一七―二一八頁）、ここでは先行研究に基づき内容を紹介したい。前書の一条目は琉球は古くから薩摩藩の「附庸」であったが、太閤秀吉の命令に違背したため薩摩の侵略を受けたという主旨が示されている。薩摩藩による琉球侵略の正当性を明文化したものであろう。つづいて、尚寧が虜囚の身から解放され帰国し、さらに知行が給されたのは家久の「厚恩」によるものとしている。二条目に薩摩側の法度の遵守を表明し、三条目では琉球で薩摩藩に反逆する動きがあっても荷担せず、誓約内容を子孫に相伝すると誓約している。「喜安日記《きあんにっき》」に、尚寧が「御別心」を持たないように課せられたと述べられているように（「喜安日記」『那覇市史』資料篇第一巻二）、尚寧起請文は、王府（尚寧をはじめとする王府中枢部）を牽制し、以降の薩摩・首里王府関係の方向性を確立しようとする思惑があったものと思われる[3]。

慶長二〇年（万暦四三、一六一五）に作成された佐敷王子《さしきおうじ》起請文（口絵9、図2）も、尚寧起請文と同様の意義があったと考えられる。本史料は上原兼善氏や梅木哲人氏によって紹介されたが（［上原二〇〇二］一四〇―一四一頁、［梅木二〇一一］二八四―二八七頁）、神文部分は略記されていたので、以下全文を掲載したい。

一去年為質人被召寄貴邦上者、永可爲在麑嶋之処、案外ニ御暇被下致帰国、加之琉球国之諸置目等三司官与可致熟談由被仰付、幷過分之御知行被宛行、以何如斯之可奉謝、御厚恩哉、永々代々奉対御当家不可奉存疎意之事、
一奉対惟新様　奥州様若逆心之輩有之者、縦縁者親類知音たりといふ共不致同心、則可致言上候事、
一若球国之輩忘御厚恩企悪逆者有之而、自然国主雖為其旨同心、於拙身者属薩州御幕下、毛頭不可相随逆心之無道事、
一此方之儀、何篇以讒訴致言上輩有之時者、可遂御糺明事奉頼候事、
一此起請文之草案写置、譲与子々孫々、奉対、薩州不可致不忠之旨可令相伝候事、
　右之旨若於僞申上者、
上者梵天帝釈天四大天王下者堅窂地神別者当国鎮守波上権現幷奥八幡大菩薩等七宮大小之神祇大弁才天部類眷属惣者日本国中諸大神祇諏訪大明神天満大自在天神御部眷属等可蒙御罰者也
　　仍起請文如件
　　　　　　佐鋪王子
慶長二十年六月吉日　朝昌　花押

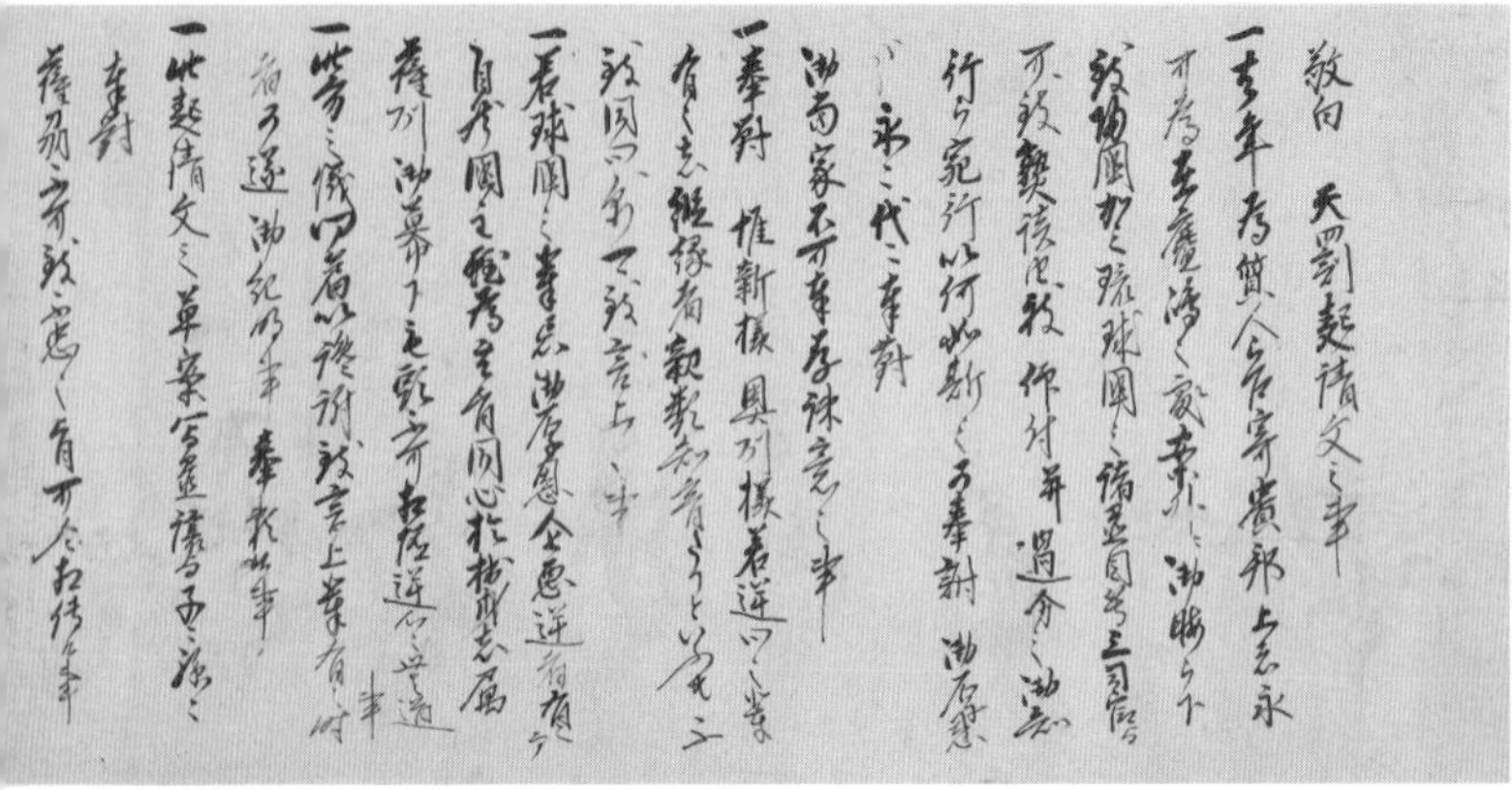

佐敷王子朝昌起請文（東京大学史料編纂所蔵）

高崎大炊郎殿
町田駿河守殿

図1の尚寧起請文と比べると、神文部分が極端に短い。大河内千恵氏の分類によると佐敷王子起請文は「準式目神文」にあたる。これは御成敗式目末尾の神文に近い形式で、神名および自国の鎮守・氏神を勧進し、現世や来世にうける罰が記されないものである（［大河内二〇一四］一四二頁）。「準式目神文」は、薩摩藩では慶長一〇年（万暦三三、一六〇五）から元和元年（万暦四三、一六一五）のあいだのみ使用が確認された形式である（［大河内二〇一四］一四五頁）。薩摩藩で使われていた神文が佐敷王子起請文にも採用されたものと思われる。

前書で示された誓約内容は次の通りである。一条目では鹿児島からの帰国、諸法令布達権の王府への移譲、自身への知行宛行に対する謝意などが示される。二条目・三条目では薩摩藩への忠誠を誓約し、四条目には

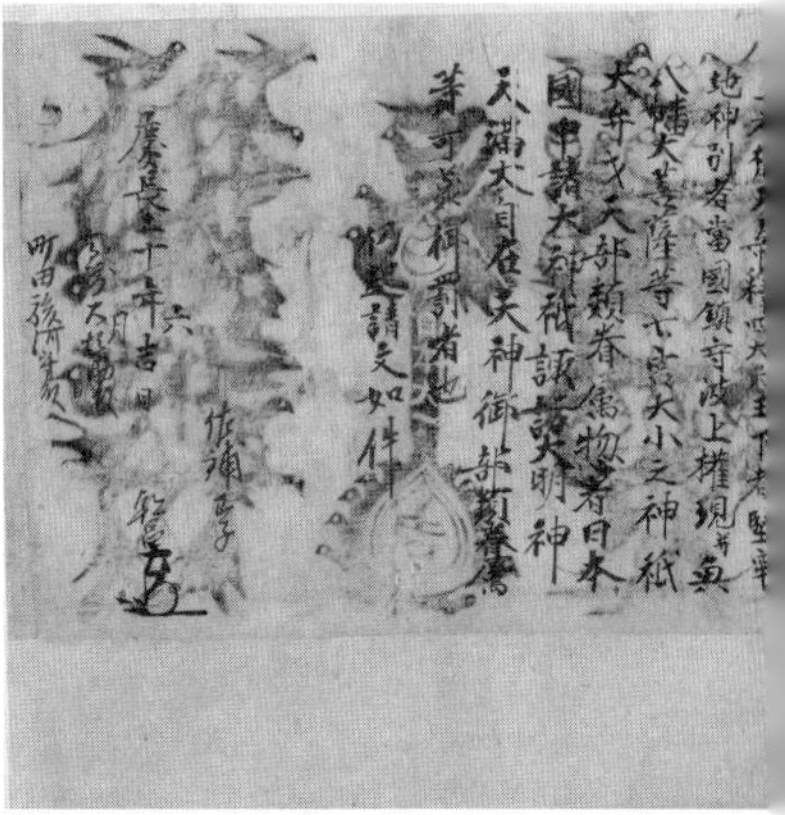

琉球で不審な動きがあった際に薩摩側へ通報すること、五条目に起請文を子々孫々まで相伝することを述べている。戦争責任についての言及はないものの、尚寧起請文と同様に帰国許可などへの謝意と薩摩藩を裏切らないという事項を誓約するものであった。

以上のように、首里王府と薩摩藩の緊張状態のなかで作成された起請文（尚寧起請文・佐敷王子起請文）は、薩摩藩にとっては王府側の服従を担保するものとして、王府にとっては薩摩藩への従属を表明するものとしての意義があったと考えられる。

（2）国王起請文の全体像

A．王位起請文の規定化

ただし、その後の国王起請文も、同様の意義を有していたかについては留保が必要である。佐敷王子起請文までは、王府の支配層が鹿児島で誓約したのであって、その後の国王はすべて琉球（首里城）で起請文を作成しているからである。服属を表明するという起請文の機能自体は変わらないと思われるが、起請文作成にかかる儀礼の場が鹿児島から首里へと移されたことからみても、起請文の意義も変容したと考えるべきであろう。以上を踏まえ、国王起請文の全体像を示しつつ、その特徴を考えていきたい。

琉球で作成された国王起請文を表にまとめてみた。表からは、早世した尚成を除くすべての琉球国王が薩摩藩主に連綿と起請文を提出しているようにみえるが、必ずしも提出の機会が定まっていたとはいえない。

表で示したように、国王起請文にはふたつの種類があった。国王即位に伴う起請文（以降、王位起請文とする）と藩主の家督相続に伴う起請文（以降、家督起請文とする）である。一八世紀以降の表現に従うと、前者は「（王位）御誓詞」、後者は「（御家督）改御誓詞」などと呼ばれていた。

さきに述べた佐敷王子は、尚寧の死後に王位を継承し尚豊《しょうほう》と名乗るが王位起請文は提出しなかった。尚豊が即位後に提出した起請文は家督起請文である。島津光久が忠恒から家督を相続した翌年に起請したもので（寛永一六年（崇禎一二、一六三九）、表№2）、即位から二〇年近く経っていた（[千々和二〇〇一]二三頁）。忠恒に対しては王子時代に起請文を提出していたことから、王位起請文を提出しなかったのだろうか。尚豊起請文からは即位が必ずしも起請文提出の機会とはならなかったことを確認したい。

尚豊から王位を継いだ尚賢《しょうけん》は正保四年（順治四、一六四七）に起請したが（№3）、尚賢も尚豊と同じく即位後すぐには提出せず、即位の六年後に起請する。尚敬《しょうけい》が一六歳（№7）、尚穆《しょうぼく》が一七歳（№10・11）、尚温《しょうおん》が一七歳（№13）に起請した後例を踏まえると、若年に即位した場合、元服後に起請するため（［山田一九九九］七八頁）、即位から起請までに年数を経ることがあった。しかし、尚賢は即位時にすでに一七歳となっていたため、元服が提出をさまたげる理由とは考えにくい。また、尚豊のように王子時代に起請文を提出したわけでも、提出直前に薩摩藩主の家督相続があったわけでもない。

尚豊と尚賢の起請文提出が即位直後に行われなかったのは、この時、即位と起請文提出が直接的には結びついておらず、さらに薩摩から起請文の提出指示がなかったことに起因すると考えられる。というのも、尚賢の後継となった尚質《しょうしつ》は、薩摩から「王位御神文」提出の指示を受けていたからである。尚賢の後を中城《なかぐすく》王子《おうじ》（のちの尚質）とする許可を幕府から得た薩摩藩は王府に「王位御神文」の提出を指示している（［三司官宛て島津久通外二名連署条書］『鹿児島県史料旧記雑録追録一』）。指示を受けて提出したのが表№４の起請文で、つづく尚貞（寛文一〇年（康熙九、一六七〇）、№５）からは、元服による制限を受けない限り即位後二、三年以内に提出している。

このように王位起請文は、尚質以降に即位直後の起請を求められるようになったといえる。山田哲史氏が「尚賢王の提出時は、まだ即位時の起請文の提出が制度として確実に確立していなかった可能性」（［山田一九九九］七七頁）があることを指摘するように、尚賢代までは即位直後の提出が規定されておらず、尚質の即位を契機に定例化したのである。

前書記載の支配論理	神文の開始文言（端作り文言）	備考
薩州附庸	敬白天罰霊社上巻起請文之事	―
薩州附庸	なし（謹請散供再拝々々）	―
薩州附庸	なし（謹請散供再拝々々）	―
薩州附庸	なし（謹請散供再拝々々）	―
琉球安泰	再拝/敬白天罰霊社起請文之事	―
琉球安泰	敬白天罰霊社起請文之事	―
琉球安泰	敬白天罰霊社上巻起請文之事	―
―	―	作成の動きあるも免除
―	―	作成の動きあるも免除
琉球安泰	敬白天罰霊社上巻起請文之事	提出するも藩主死亡のため宛先変更
―	―	作成の動きあるも免除
琉球安泰	敬白天罰霊社上巻起請文之事	―
琉球安泰	敬白天罰霊社上巻起請文之事	―
―	―	夭逝のため提出せず
琉球安泰	敬白天罰霊社上巻起請文之事	―
琉球安泰	敬白天罰霊社上巻起請文之事	―
琉球安泰	敬白天罰霊社上巻起請文之事	―
琉球安泰	敬白天罰霊社上巻起請文之事	提出するも藩主死亡のため受領されず
琉球安泰	敬白天罰霊社上巻起請文之事	―

表　琉球国王起請文一覧

No.	王名	生年	即位			起請				宛所（提出時の藩主）
			年		年齢	年		理由	年齢	
1	尚寧	1564	天正17	1589	26	慶長16	1611	帰国	48	羽林（忠恒）
2	尚豊	1590	元和7	1621	32	寛永16	1639	家督	50	なし（光久）
3	尚賢	1625	寛永18	1641	17	正保4	1647	王位	23	なし（光久）
4	尚質	1629	慶安元	1648	20	慶安2	1649	王位	21	なし（光久）
5	尚貞	1645	寛文9	1669	25	寛文10	1670	王位	26	なし（光久）
6	尚益	1678	宝永7	1710	33	宝永7	1710	王位	33	なし（吉貴）
7	尚敬	1700	正徳3	1713	14	正徳5	1715	王位	16	中将（吉貴）
8						延享3	1746	家督	47	—（宗信）
9						寛延2	1749	家督	50	—（重年）
10	尚穆	1739	宝暦2	1752	14	宝暦5	1755	王位	17	大守（重年→重豪）
11								家督	17	—（重豪）
12						天明7	1787	家督	48	少将（斉宣）
13	尚温	1784	寛政7	1795	12	寛政12	1800	王位	17	大守（斉宣）
-	尚成	1800	享和3	1803	4	—	—	—	—	—
14	尚灝	1787	文化元	1804	18	文化2	1805	王位	19	中将（斉宣）
15						文化7	1810	家督	24	少将（斉興）
16	尚育	1813	文政11	1828	16	文政11	1828	王位	16	中将（斉興）
17	尚泰	1843	嘉永元	1848	6	安政5	1858	王位	16	中将（斉彬）
18						安政6	1859	家督	17	少将（忠義）

＊［山田 1999］［千々和 2001］［梅木 2011］を参考とし、それぞれの表を一部訂正して作成した。

＊起請理由の「即位」は琉球国王即位、「家督」は島津家当主家督相続、「帰国」は薩摩からの帰国に際して起請文を作成したことを指す。

B．家督起請文の規定化

さて、王位起請文が薩摩藩の指示により定例化する一方、家督起請文は尚豊以降中断していた（［山田一九九九］八二頁）。その後、定例化の動きがみられるのは延享三年（乾隆一一、一七四六、表No.8）である。島津宗信の家督相続を受けて起請文の提出が企図された。つづく寛延二年（乾隆一四、一七四九、No.9）の島津重年の相続時も、宝暦五年（乾隆二〇、一七五五、No.11）の島津重豪の相続時にも家督起請文の提出が計画されている。ただし、三例ともすべて薩摩側から「誓詞改而不及被差上旨被仰渡置」と、提出免除の指示があった（［従大和下状（一五五七号）］『琉球王国評定所文書』第一三巻、三五二頁）[4]。家督起請文は、尚豊の提出からおよそ一〇〇年後になって再開の動きがみられたが、薩摩藩によって免除されていたのである。

ただし、免除がつづいたのではなかった。実際に家督起請文は尚穆《しょうぼく》（一七八七年起請、No.12）以降、定例化する。このように、家督起請文は尚豊代に提出していたものがいったん停止され、一八世紀中ごろの免除期間を経て再開されたのである。

国王起請文は、琉球国王が薩摩藩主への忠誠・従属を誓約する文書である。その意味で琉球侵略の緊張状態が残る時期に鹿児島で起請した尚寧起請文・佐敷王子起請文は、従属性を表明する性格を備えたものであったと思われる。しかし、その後の国王起請文はどうであろうか。起請文は、あくまで個人間の誓約であるため、君主間関係が刷新される時機、つまり国王・藩主どちらかの交替を契機として提出することが理想であろう。琉球国王、あるいは首里王府を牽制するために起請文が有用であると薩摩藩が考えていたならば、国王の即位後や薩摩藩主の家督相続後にすぐさま提出するよう促すはずである。だが、王位起請文（一七世紀中ごろ）、家督起請文（一八世紀中ごろ）ともに支配当初から提出機会が厳然と規定されていたのではなく、徐々に制度化・定例化されていった。このことから、尚寧起請文を除く国王起請文は、近世を通して段階的にその意義が強まっているように思われる。少なくとも薩摩側にとって起請文の重要性は近世を通じて減じていくのではなく、むしろしだいに増加していた可能性についても考慮しなければならないであろう。

（3）前書について

ところで、山田哲史氏は国王起請文の前書の変遷から、琉球国王の薩摩藩主への忠誠の論理が変化していると指摘した。具体的には、尚寧起請文（表№1）から尚質起請文（№4）までは、琉球侵略以前から琉球は薩摩に「附庸」していたから今後も薩摩に従属すべきであるという解釈（「附庸国」論）であったものが、尚貞起請文（№5）から琉球の「安泰」は薩摩の「恵」が浅くないためという説明（「琉球安泰」論）に入れ替わり、以降、文章が固定化することに注目している。その上で、王府と薩摩藩の関係が安定したことを背景に「琉球安泰」論が王府と薩摩藩双方に受け入れられたとし、前書の固定化は起請文の形骸化を意味すると解釈している〔山田一九九九〕八八―八九頁）。

たしかに前書の変遷から論理展開の画期がみられるが、この変化が示すのは山田氏が述べるような「琉球国王の薩摩藩主への忠誠の論理」ではなく、あくまで「薩摩藩の琉球支配の論理」の転換とみるべきであろう。山田氏自身述べているように、注意すべきは前書の文言設定について、「薩摩藩が主導したのか、首里王府が主導したのか」という問題である。山田氏は「起請文の前書を誰が考案したか」を考慮する必要を説くが（［山田一九九九］八九頁）、前書は、薩摩側の意向に沿った文案であればよかったため、考案者の追究にはあまり意味はないだろう。つまり前書には、薩摩側に理想的な「薩摩藩の琉球支配の論理」が記載されているだけであって、国王が表明したからといって、王府が「琉球国王の薩摩藩主への忠誠の論理」として受け入れたわけではないのである。

蛇足だが、「附庸国」論から「琉球安泰」論への変更が王府の政治思想へ与えた影響についても付言しておきたい。薩摩藩が「琉球安泰」論へ転回したあと、王府は、羽地朝秀《はねじちょうしゅう》ら編『中山世鑑《ちゅうざんせいかん》』や蔡温《さいおん》著『御教条《ごきょうじょう》』などにみられるように、薩摩のおかげで琉球によい「御政道」が行われるようになったと明言しており、このことは、「琉球安泰」論の論理構造を王府役人層へ浸透させようとする動きであると評されている（［矢野二〇一四］二〇二―二一五頁）。先学が説くように、これらの動きを薩摩の琉球支配論理の内在化とみなすことも可能であろう。しかし、『中山世鑑』にしても『御教条』にしても王府の薩摩に対する政治的配慮が働いていたことを前提とするならば（［新里ら一九七二］一一五頁、［高良一九八二］一九―二〇頁、［田名一九九二］七頁）、薩摩の支配論理の転換を受け入れたと理解するのではなく、王府は論理転換に合わせざるを得なかったと解釈すべきではないだろうか。前書における「附庸国」論から「琉球安泰」論への変化はたしかに、その後の首里王府と薩摩との関係を方向付け、王府は自らの政治方針に組み込まざるを得なかったが（［紙屋二〇一三］二八四頁、［渡辺二〇一二］二五六―二六〇頁、［渡辺二〇一四］九六―九七頁）、「琉球安泰」論への迎合がそのまま王府の政治方針となったと理解するのではなく、あくまで薩摩の琉球支配方針変更へ王府が対応・反応したものであったと考えたい。

（4）尚泰起請文の提出

以上、国王起請文の特徴について、全体像と前書の意味を考えてきたが、次に国王起請文提出をめぐる王府と薩摩藩の交渉を、尚泰《しょうたい》起請文（表№17・18）からみていきたい。

先王たちの動向から鑑みるに、最後の琉球国王である尚泰もとうぜん即位後すぐに起請文を提出するはずであった。しかし、先に示した尚質とは、薩摩側から起請文の作成と提出の指示を受けていない点が異なる。王府と鹿児島琉球館の往復文書控えである「案書」目録によると、嘉永元年（道光二八、一八四八）に王府は、尚泰が即位したため起請文を提出してよいか薩摩藩へ伺いを立てたところ、一五歳となってから再度申請するようにと回答があった（「案書（一三九六号）」『琉球王国評定所文書』第四巻、一二頁）。いつからか起請文は薩摩藩が提出を指示するのではなく、王府が提出の「伺いを立てる」ものとなっており、国王が「自主的」に忠誠を誓約するという構図がより演出されていたといえる。ともかく、元服前には起請文は提出しないという前例通りに処理されたのである。

嘉永四年（咸豊元、一八五一）年に島津斉興から斉彬へ家督が相続された。当年、尚泰は九歳であったため、依然起請できる年齢には達していなかったが、王府から薩摩側へ提出すべきか伺いが立てられている。対して家老の島津豊後は一五歳となる時に提出するようにと返答している（「従大和下状（一五五七号）」『琉球王国評定所文書』第一三巻、三五二頁）。年齢の制限から家督起請文も提出が延期されたことがわかる。

次に起請文提出が検討されたのは尚泰が一四歳になったときである。一五歳となる年を翌年にひかえ、提出に関する交渉が開始された。その際、問題となったのは、王位起請文と家督起請文双方を提出するかであった。王府としては二通とも提出することは避けたかったようで、家督起請文の免除を薩摩側へ申し入れている。安政三年（咸豊六、一八五六）、首里王府の意向を受けた鹿児島琉球館聞役の新納太郎左衛門と在番親方の松島親方は、薩摩藩家老である新納駿河宅に赴き家督起請文の免除について私見を請うた。相談を受けた駿河は、しっかりと吟味して首里王府の要望に沿うように取りなすと回答した。ただ、家督起請文の免除には困難が予想されるため、王位と家督双方の性格を備えた起請文提出も提案すべきとの見解も示している（「従大和下状（一五五七号）」三五一頁）。

駿河の意見を踏まえ薩摩藩へ出された安政三年九月付けの照会は二通作成された。一通目は

「乍恐御内意を以申上候手扣」である。王位・家督起請文双方とも、「太守様」（＝斉彬）宛てで両方の前書「趣意」が「同様」であり、さらに免除された前例を挙げて王位起請文のみの提出を要請している。前例とは、先述した延享三年（No.8）、寛延二年（No.9）、宝暦五年（No.10・11）の起請文を指す。二通目は「乍恐御内分より申上候手扣」である。新納駿河の助言に従ったもので、もし一通目の提案が許可されない場合、「改誓詞・継目誓詞」を「一紙」にまとめることはできないかと提案している（「従大和下状（一五五七号）」三五三頁）。

王府からの要請を受けた薩摩藩は、一通目の申請を許可し家督起請文の提出を免除すると返答した。藩主の意向を受けた新納駿河は先例でも免除されていたことをその理由に挙げている（「従大和下状（一五五七号）」三八九頁）。

その後、咸豊七年（安政四、一八五七）二月に尚泰の元服儀礼が済み、安政五年（咸豊八、一八五八）五月九日付けにて尚泰の王位起請文が作成された（No.17）。作成された起請文は鹿児島へ帰任する在番奉行によって搬送されたが（「従大和下状（一五七八号）」『琉球王国評定所文書』第一四巻、三三三頁）、起請文が鹿児島に到着する前に斉彬が死亡してしまう。斉彬の死去により、王位起請文は意味をなさなくなったのである。そのため王府と薩摩藩は提出された起請文について対応を迫られることになる。

まず、首里王府は薩摩側に次のような要請を提出した（「太守様就御相続上様改誓詞日記」尚家文書三五六号）。

上様御継目付、去年被遊御誓詞古御奉行付而被差上候処、御乗船中途相滞順聖院様御逝去以後上着、右御誓詞不被遊御覧候付、御家督被仰出候ハヽ、
御家督様可被遊御覧積ニ而、御家督付而者改御誓詞者宝暦五年之例通御免被仰付候方ニ可取計旨去秋館内江申越置候、（略）
（尚泰王が（王位を）継いだので、去年（安政五年）、王位起請文（No.17）を作成し、前任の在番奉行を通じて（薩摩藩へ）提出したが、鹿児島への搬送に手間取ったため、順聖院（島津斉彬）が逝去されたあとに鹿児島に到着してしまった。そのため、（順聖院は尚泰の）起請文を披見されなかったので、（今後）家督相続が決定したならば、（すでに鹿児島まで到来している王位起請文を）島津家の家督を継ぐ者へ提出することとして、今後提出すべき家督起請文は、「宝暦五年之例」に従い免除することはできないか（薩摩側と）交渉するよう、去年の秋に鹿児島琉球館へ通知した。）

「宝暦五年之例」とは、尚穆の王位起請文が提出されるも、披露する前に島津重年が死去した事例を指す（No.10・11）。その際、重年宛ての王位起請文を、家督を相続する前の又三郎（重豪）へ披見したことを理由に家督起請文の提出が免除されている。つまり、重年宛ての王位起請文を重豪宛てに変更し、さらに重豪宛ての家督起請文が免除された事例であり、王府はこの例の適用を要請したのである。

対して薩摩側は「そのように許可されず、このたび「改誓詞」（家督起請文）の提出の指示が

あった」と王府の要請を一蹴し、その理由を次のように述べている（「太守様就御相続上様改誓詞日記」）。

宝暦
御相談之節者於御当地茂御家老衆御始、其外御役場向改誓詞不及差上旨以
思召初発被
仰出候付、琉球之儀茂同様改誓詞不被差上筋被仰付置候、先般
国王様御継目
順聖院様御家督両条付御誓詞可被差上候処、御家督付而者改御誓詞御免ニ而御継目付而之御
誓詞迄被仰付、去夏被差上候得共、
順聖院様御逝去不被遊
御覧、右御誓詞御不吉之事候付、今般御相続付而之改御誓詞者是非不被差上候而不叶候、

（宝暦（五年）に（王府から）相談があったときには、薩摩藩でも家老衆をはじめとしてそのほかの役人たちも家督相続に伴う起請文の提出を免除するとの（重豪の）思し召しを受けており、（先例のない）はじめてのことでもあったため、琉球へも同様に家督起請文を免除するとの許可があったものである。先般、尚泰王の即位と順聖院（島津斉彬）の家督相続のために王位・家督双方の起請文を提出すべきであったが、家督起請文は免除され、王位起請文のみの提出が指示された。そのため、去年（安政五年）の夏に（王位）起請文の提出があったが、順聖院が逝去されたため（起請文を）ご覧になっていない。（すでに提出された王位）起請

文は不吉なので、このたび、（新しい薩摩藩主が家督を）相続したならば、（あらたに）家督起請文を提出しなければならない。）

つまり、宝暦期の免除は家老職などの提出免除に準じたもので、さらに特例であること、すでに提出された斉彬宛ての王位起請文は「不吉」であることが理由であった。

ここまでみてきたように、起請文を提出すべきかの判断は薩摩側が保持しており、王府はほとんど関与できなかった。また、薩摩藩は起請文の提出に執着していたように受けとれる。最後の国王となった尚泰からも、適齢となるのを待ち提出させ、王府の要請をしりぞけてまで忠義宛ての家督起請文の提出にこだわっていたように、王国末期であっても薩摩側は、国王の忠誠を担保・保証するうえで起請文を有効な方法と捉えていたのである。

二　起請文関係儀礼をめぐって

（1）尚穆、尚灝起請文の作成と儀礼行為

薩摩側が首里王府に起請文の提出を強制する一方、王府が可能な限り免除の機会を得ようとしていたことは前述の通りである。実際に免除された事例も見受けられるものの、提出の決定権は薩摩側が握っていたため、必ずしも王府の要望通りに処理されたわけではなかった。そのためであろうか。王府は提出ではなく、起請文作成にかかる儀礼行為の省略・変更を企図している。

起請文の作成にあたっては、いくつかの儀礼行為があったが、国王の薩摩藩主への従属性が演出される儀礼行為は、①前書・神文の読み上げ、②書き判・記名、③血判であったと推察される。①から③の行為を監督者である在番奉行の眼前で行うことにより国王の従属性が象徴づけられたのである。以下、一八世紀半ば以降の事例から、起請文作成にかかる儀礼行為の減免をめぐる王府と那覇駐在の薩摩役人の交渉をみていきたい。

梅木哲人氏が明らかにしたように、天明七年（一七八七）の尚穆起請文（表No.12）では、花押捺印が省略された。当時、三司官を勤めていた伊江《いえ》親方《おやかた》の日記には、摂政《せっせい》・三司官《さんしかん》から在番奉行へ「御判」（花押）の事前捺印を相談する記事が登場する。相談を受けた在番奉行の弟子丸与次左衛門は、薩摩における事例を理由に、国王の捺印行為を免除し血判のみを実施するようにと返答した（「乾隆四拾九年甲辰弁五拾弐年丁未三代伊江親方御用日々記」『沖縄県史』資料編七　近世二）。王府側は、起請文作成時に国王が花押を捺すのは「御難儀」であるためとしているが、国王の従属性を演出する儀礼行為の削減を目論んだと思われる。

また、琉球駐在の在番奉行をはじめとする薩摩役人の世話や王府との連絡役を担った屋嘉部《やかぶ》里《さと》之子《ぬし》親雲上《ぺーちん》の業務日記からは、文化七年（嘉慶一五、一八一〇）の尚灝《しょうこう》起請文（No.15）の作成をめぐる王府と在番奉行の駆け引きを確認できる（「御仮屋守日記」）[5]。

尚灝は、島津斉興の家督相続に際して起請文を提出しなければならなかったが、嘉慶一五年（文化七、一八一〇）四月には「御誓詞之儀、御癪気之御事ニ而召延被置候」（家督起請文は（尚灝の）

瘡気のため延期された）という状況であったという。王府は「瘡気」を理由に提出を引き延ばしていたのである。この件について在番奉行は、治療を名目に尚灝が「田舎方々御光越」していたことに言及した。起請文の提出を延期しながら外出がつづいていることを「御国元」（薩摩側）が聞き及んだ場合、起請文という「大切成御勤」を無為に延期しているのではないかと判断され、在番奉行自身が「御呵」を受け、さらには琉球の役人たちも「御沙汰」（処罰）を受ける恐れがあると屋嘉部へ伝えている。

これについて屋嘉部は、この件は琉球でも憂慮しているものの、瘡気の治療には歩行が第一であるため外出しているとし、起請文提出の遅れが琉球側の「麁略」（粗略）な態度と断じられたならばどうなってしまうだろうかとの危惧を述べている。

さらに、屋嘉部の「一存」として、「往古」は王府側で作成し在番奉行は完成した起請文の確認（見届）のみを行っていたため、今回の起請文も同じような手はずを取ることはできないかと提案している。「往古」がいつを指すかは不明だが、屋嘉部の発言は起請文の作成時に在番奉行が立ち会わなかった時期があった可能性を示す。

屋嘉部の提案を受けた在番奉行は、以前は立ち会わなかったとしても国元から検見役を任じられたうえは、そのような対応はできないと述べるも、現状にあっては国王が出御ののち一礼し、血判さえ実施すれば事足りるのではないかとの見解を示した。

この在番奉行の発言は、屋嘉部より那覇里主《なはさとぬし》（那覇行政官）へ伝えられ、那覇里主から王府へ報告された。報告を受けた摂政・三司官は、在番奉行に「御礼儀向御料理抔」の儀礼省略を正式に申し入れている。対して在番奉行は、起請文前書と神文部分の読み上げ時の出御と、血判の実施は求めるが、その他の儀礼行為は不要と判断している。

ここまでみてきたように、文化七年（嘉慶一五、一八一〇）の家督起請文（No.15）は、尚灝が病気を理由に作成を延期するなかで、首里王府と在番奉行とのあいだで実施に伴う儀礼行為の調整が行われ、事前の記名と花押捺印に加え、饗応の免除も認められた。在番奉行としては立ち会い役（検者）の任務をつとめあげる必要があったが、提出の遅延は避けなければならず、一部の儀礼行為を省略してでも早急な起請文の提出をめざしたものと思われる。また、起請文（前書、神文）の読み上げへの国王の立ち会いと血判の実施が重要な儀礼行為と認識されていたことも確認できよう。

（2）尚泰起請文の儀礼

A．血判をめぐって

次に尚泰起請文の儀礼を取り上げたい。先に述べたように、尚泰の王位起請文（No.17）は、藩主（島津斉彬）が死亡したため受領されず、今度は島津忠義への家督起請文（No.18）の提出が指示された。これを受け琉球では首里王府の采配のもと再提出に向け関連諸機関と調整がはじまった。以下、「太守様就御相続上様改誓詞日記」を中心に尚泰起請文の作成について分析をこころみたい。

咸豊九年（安政六、一八五九）四月一九日に王府内で候補日（五月六日）が確定すると、在番奉行へ伺いが立てられ実施日が決定した。四月二〇日に王府は、花押の捺印場所を在番奉行へ照会している。王府からの照会を受けた在番奉行は朱書きで捺印箇所を指示し、事前捺印の許可を出している。

さらに王府は「勝手表」（奥御書院）での血判実施も要請した。同じく四月二〇日付け、那覇里主から王府への報告書によると、在番奉行は去年通りの実施を許可すると回答し、王位起請文（№17）と同様、「勝手表」での血判を認許している。つまり、血判の実施場所が起請文作成会場である首里城南殿から奥御書院へと変更されていたのである。

詳しくは後述するが、当日の式次第は、前書・神文の読み上げのあと王府役人と国王は奥御書院へ移動し、奥御書院で血判を済ませ、再度、薩摩役人の待つ南殿に登場するというものとなっている。奥御書院での血判の実施は、単に国王が薩摩役人の眼前で血判を捺さない状況だけでなく、国王が血判をしなくてもよい場面が作られたことを示している。奥御書院における血判実施を、儀礼省略と判断することはできないが、少なくとも王府は、国王の従属性を演出する行為の削減に成功しているとみなすことができよう。

このように、国王が関与する儀礼は一八世紀中期以降、段階的に省略・変更されていた。省略・変更に対する首里王府の意図は明確に示されてはいないが、単純に儀礼の簡素化をめざしたとはいえないだろう。王府は、起請文作成儀礼にかかる国王の関与（行為）を減じることによって、服属儀礼としての性格を薄めようとしていたのではないだろうか。

対して那覇駐在の在番奉行は、王府の要求を一部容認しながらも起請文の提出を促した。検者をつとめる在番奉行としては、鹿児島への起請文送付が最重要任務であり、作成にかかる諸儀礼行為の減免を認めてでも早急な作成を図ったのであろう。起請文作成にかかる儀礼は、服属儀礼としての性格を弱めようとする王府側が出す儀礼行為の省略・変更要請を、円滑な起請文の作成と提出をねらう在番奉行が許可することで実施されていたのである。

B．三つの式次第

尚泰の起請文儀礼について興味深いのは、「太守様就御相続上様改誓詞日記」中に三種類の式次第が掲載されていることである。それぞれの式次第のタイトルを拾っていくと、

①「来六日御誓詞被遊候付於南風御殿御仕組之次第」

②「御奉行高橋縫殿様誓詞為御検見招請之次第」

③「御書院御次第　御誓詞為御検見御奉行高橋縫殿殿御申入之次第」

となる。すべてが一つ書きで式順が列記されており、次第書きによって情報の多寡がみられるが、注目したいのは血判に関する記事が異なっている点である。比較のために以下、血判に関係する箇所の前後部分のみを引用してみたい。引用はすべて「太守様就御相続上様改誓詞日記」からで

ある。

①「来六日御誓詞被遊候付於南風御殿御仕組之次第」

一御奉行江摂政差寄於奥御書院御血判被遊度旨御挨拶申上、右之段
　上様江御案内申上候ハヽ、御礼被遊
　入御、
（在番奉行のところへ摂政が近づき（国王を）奥御書院へ案内し血判を実施したいと挨拶を申しあげ、同様のことを国王へもご案内申しあげたならば、（国王が在番奉行へ）お辞儀をして（南殿を）退出する。）

一御誓詞君使官共三司官池城親方ニ而相下御右筆主取請取、摂政・三司官池城親方御一同奥御書院江参上之仕様仕、
（起請文は君使官《くんしかん》に載せて三司官の池城親方《いけぐすくおやかた》が（南殿から）持ち出し、御右筆が受け取って、摂政と三司官の池城親方が一緒になって奥御書院へ参上する。）

一奥御書院ニ而御血判被為済
　出御之御仕様被遊、
（奥御書院で血判を捺され、それが済むと（南殿へ）出御される。）

一御誓詞君使官共御右筆主取ニ而御奉行御前江備上候砌、摂政差寄御判元被成御覧候様申上
　御覧相済如本台ニ直、退座、
（起請文・君使官ともに右筆主取が在番奉行の眼前に持って行った際に、摂政が起請文の側に赴き（在番奉

行に）花押・署名・血判を確認するように申しあげ、それが済むと元の台に置き退座する。）

②
「御奉行高橋縫殿様誓詞為御検見招請之次第」

一右筆主取罷出誓詞読之次ニ座主罷出神文読之、

（右筆主取が起請文（前書）を読み、つづいて座主が神文を読みあげる。）

一国王台之本江差寄血判、

（国王が（起請文の置いてある）台に近づき血判を捺す。）

一誓詞請台共右筆主取ニ而御奉行様御前江備上候砌、摂政差寄判元御覧被成候様申上御覧被成済而主取ニ而如本相直退座、

（起請文は台とともに右筆主取が在番奉行の眼前に持って行った際に、摂政が起請文の側に赴き（在番奉行に）花押・署名・血判を確認するように申しあげ、それが済むと元の台に置いて退座する。）

③
「御誓詞為御検見御奉行高橋縫殿殿御申入之次第」

一御奉行江摂政差寄於奥御書院御血判被遊度旨御挨拶申上、右之段上様江御案内申上候ハヽ、御礼被遊入御、

（在番奉行のところへ摂政が近づき（国王を）奥御書院へ案内し血判を実施したいと挨拶を申しあげ、同様のことを国王へもご案内申しあげたならば、（国王が在番奉行へ）お辞儀をして（南殿を）出る。）

一御誓詞君使官共三司官池城親方ニ而相下御右筆主取請取、摂政一同奥御書院江参上仕、

附、御血判之御入具君使官ニ載、兼而奥御書院江備置、

（起請文は君使官に載せて三司官の池城親方が（南殿から）持ち出し右筆が受け取り、摂政と三司官の池城親方が一緒に奥御書院へ参上する。付けたり、血判の道具は君使官に載せて、事前に奥御書院へ準備する。）

一御血［判脱ヵ］被遊候節主取

御前江参上御手伝ニ而相済

出御被遊　御本座

（血判を捺される際、（右筆）主取が（国王の）御前へ参上し手伝いをして（血判を）済ませ、本座（南殿へ）出御される。）

一御誓詞君使官共主取ニ而御奉行御前江備上候砌、摂政差寄御判元被成御覧候様申上御覧相済如本唐台ニ直退座、

（起請文・君使官ともに（右筆）主取が在番奉行の眼前に持って行った際に、摂政が（在番奉行に）花押・署名・血判を確認するように申しあげ、それが済むと元あったように唐台に置いて退座する。）

長文の引用となるため、②のみ本尊への焼香、起請文の読み上げ箇所を引いたが、①〜③すべての次第書きに儀礼前後の饗応、在番奉行への起請文の事前披露、本尊への焼香、起請文の読み上げ等が含まれている。

①〜③の式次第を比較すると、血判儀礼のみ内容が異なることがわかる。つまり、①、③は在

番奉行への挨拶と尚泰の入御のあと、尚泰が摂政と三司官をともない奥御書院へ赴き、そこで血判するという式次第になっているが、②では起請文前書と神文（罰文）の読み上げの後に、尚泰が起請文の置かれている台へ歩み寄り、その場で血判すると記されているのである。②の次第書きに従うならば、尚泰は、別室（奥御書院）に移動せずに主会場となった首里城南殿の在番奉行の眼前で捺印したことになろう。

なぜ三種類の次第書きが必要だったかが論点となるが、①は「来六日御誓詞被遊候付於南風御殿御仕組之次第」というタイトルからも分かるように予行演習用の次第書きであると想定される。また、③にはタイトルに「御書院御次第」との添え書きが付けられている。御書院は起請文儀礼の進行を担当した部署なので当日の進行に用いられた次第書きであろう。

一方、②「御奉行高橋縫殿様誓詞為御検見招請之次第」には「本文御次第書中奉書御右筆書調、御奉行中城御殿被成御着候付御鎖之側浦添親雲上持参差上候也」と添え書きが付されている。起請文作成の儀式は首里城南殿にて行われたが、首里城に登城する前、在番奉行は首里城に近在する中城御殿《なかぐすくうどぅん》にて休息をとる。添え書きには、中城御殿で在番奉行へ渡された次第書きであると説明されているのである。

この次第書き②の役割について、筆者は在番奉行から薩摩藩への報告用として利用されたと考えている。国王起請文は、首里城で作成されると検者役を担った在番奉行の押印（「御奉行様御印」）で白木箱に厳封され、王府の年頭使者により鹿児島まで届けられていた。本事例の場合、宮平親方が年頭使者の任を受けたが、その際、国王起請文とともに、関連文書として「家老宛て国王書翰一通」、「新納駿河宛て摂政・三司官書状一通」、「薩摩藩月番御用人衆宛て在番奉行の首尾書き一通」が薩摩側へ提出されている。

「家老宛て国王書翰一通」には在番奉行の立ち合いのもと起請文を作成し使者を派遣して提出するので藩主へ披露されんことを要請する内容が記され、「新納駿河宛て摂政・三司官書状一通」は起請文を作成し使者を派遣して提出するという内容となっている。「薩摩藩月番御用人衆宛て在番奉行の首尾書き一通」は確認できなかったが、この首尾書きとはおそらく在番奉行による薩摩藩への実施報告書だと思われる。起請文作成にかかる儀礼行為を含めて国王起請文がつつがなく作成されたと記されていたのであろう。そこには血判を別室にて実施したとは報告することはできず、あたかも在番奉行の眼前で血判を行ったとする次第書き②が必要だったのかもしれない。想定の域を出ないが、実際の式次第とは異なる次第書きが作成されたのは、在番奉行が薩摩藩へ提出する報告書に、国王が在番奉行の眼前で血判を実施したと記載するための根拠が必要だったためと考えておきたい。

おわりに

本稿では、国王起請文の意義が低下（喪失・形骸化）したのかを検討するため、全体像を踏まえながら、起請文の作成・提出をめぐる王府と薩摩（藩・在番奉行所）との交渉過程を検討してきた。

近世を通した国王起請文を概観すると、王位起請文は一七世紀中ごろから、家督起請文は一八世紀中ごろから定例化がみられた。尚寧や佐敷王子らが提出した起請文は、薩摩・琉球関係が刷新された時期であり、鹿児島で作成されたため、首里王府の従属性が強烈に発揮された起請文であったと思われる。しかし、起請の場が首里に移った当初は、かならず提出が求められるものではなかった。国王起請文ははじめから規定されたものではなく、段階的に常例化された誓約文書だったという理解が必要であろう。

段階的に常例化された起請文ではあるが、常例化は形骸化を示さない。王府からの要請を拒否してまで尚泰の家督起請文の提出を求めた事例からもわかるように、薩摩側は王国末期まで起請文を国王の忠誠心の担保に有効な方法と捉えていたものと思われる。

他方、首里王府の働きかけにより作成にかかる儀礼の簡素化や変更がみられた。一八世紀中ごろ以降、花押・記名の事前記入が許可され、起請文作成後の饗応が省略された。また尚泰起請文では、血判儀礼の場が在番奉行の眼前から別室へと変更された。儀礼行為の省略・修正により王府は、起請文儀礼中の従属的要素の減少をめざしたものと思われる。

このように、薩摩藩は起請文を提出させることで国王に従属性を表明させようという思惑があった一方、提出免除の獲得が難しい王府は儀礼の省略・修正を通して起請文儀礼における従属性の希薄化をめざしていたと思われる。

ただ、ここで留意したいのは、「薩摩藩にとって」儀礼の省略は、起請文の形骸化を示さないという点である。王府が儀礼行為の省略・修正によって服属儀礼の希薄化をめざしたとしても、それは「琉球国内」で完結するものであった。王府は従属性を表明する場面を減じることに成功しているが、それはあくまで「琉球国内」のことであり、提出さえされればよい薩摩藩にとって、起請文の本来的意義は変わらなかったものと思われる。起請文儀礼を通して王府がめざした従属性の希薄化は、あくまで王府のみが認識でき、また琉球国内でのみ通用した論理だったのである。

もちろん王府にとっても儀礼の簡素化は単に「形骸化」を示すものではなかったと想像される。儀礼の終了後、在番奉行に贈与される礼品を踏まえると、接待儀礼としての性格をも考えなくてはならないだろう（「太守様就御相続上様改誓詞日記」）。起請文儀礼の多義性について検討する必要がある。今後の課題としたい。

さいごに、琉球国内における起請文儀礼の意義変容を可能にした在番奉行の役割にあらためて注目しておきたい。作成儀礼からは、王府は儀礼行為の減免、在番奉行はつつがなく起請文が作成されることをめざし、両者が妥協していく姿がみえてきた。当然ながら起請文儀礼は、薩摩藩・首里王府の上下関係を前提とするものであったが、薩摩藩の関知が及びにくい琉球国内の儀礼であったため、王府・在番奉行双方の利害追求ができたものと思われる。在番奉行には、起請文儀礼の監督者という性格とともに、王府と薩摩藩との調整役としての役割を担ったことを指摘しておきたい。

注

（1）（ ）は麻生による。
（2）後掲表の神文の開始文言（端作り文言）項目を参照されたい。
（3）さらに、尚寧起請文と同時に王府重臣も同様の起請文の提出が課せられている（「上原二〇〇九」二一六―二一七頁）。
（4）なお、延享三年、寛延二年については、それぞれ翌年の年頭使者が薩摩藩に免除を確認する報告をしていることが確認される（「大和江御使者記」尚家文書三一〇号）。
（5）本史料は、上江洲敏夫「〈資料紹介〉御仮屋守日記」（『沖縄県立博物館紀要』第一三号、一九八七年）を参考に、原文にもとづき一部修整して使用した。

参考文献

梅木哲人『近世琉球国の構造』（第一書房、二〇一一年）
上里隆史『琉日戦争一六〇九――島津氏の琉球侵攻――』（ボーダーインク、二〇〇九年）
上原兼善『島津氏の琉球侵略――もう一つの慶長の役――』（榕樹書林、二〇〇九年）
上原兼善『幕藩制形成期の琉球支配』（吉川弘文館、二〇〇一年）
大河内千恵『近世起請文の研究』（吉川弘文館、二〇一四年）
紙屋敦之『東アジアのなかの琉球と薩摩藩』（校倉書房、二〇一三年）
佐藤雄基「起請文と誓約」（『歴史評論』七七九号、二〇一五年）

高良倉吉『御教条の世界――古典で考える沖縄歴史――』(ひるぎ社、一九八二年)
田名真之『沖縄近世史の諸相』(ひるぎ社、一九九二年)
千々和到「霊社上巻起請文――秀吉晩年の諸大名起請文から琉球中山王起請文へ――」(『國學院大學日本文化研究所紀要』第八八輯、國學院大學日本文化研究所、二〇〇一年)
豊見山和行『琉球王国の外交と王権』(吉川弘文館、二〇〇四年)
深谷克己「近世政治と誓詞」(『早稲田大学大学院文学研究科紀要』四―四八、二〇〇二年)
矢野美沙子『古琉球期首里王府の研究』(校倉書房、二〇一四年)
山田哲史「琉球国王の薩摩藩主に対する忠誠の論理に関する研究ノート――王位継承過程と起請文前書の考察――」(『(沖縄県)史料編集室紀要』二四、沖縄県教育委員会、一九九九年)
渡辺美季『近世琉球と中日関係』(吉川弘文館、二〇一二年)
渡辺美季「東アジア世界のなかの琉球」(『岩波講座　日本歴史』第一二巻近世三、岩波書店、二〇一四年)

付記
本稿は、沖縄文化協会二〇一二年度公開発表会で報告した内容の一部を基礎として、二〇一五年一二月に開催されたシンポジウム「琉球史料学の船出」で発表したものである。

「言上写」再論
――近世琉球における上申・下達文書の形式と機能――

豊見山和行

はじめに

琉球国後期（一六〇九年〜一八七九年）において、首里王府から発給された文書のひとつに「言上写」がある。この文書は、単文で簡略なものから長文で複雑な内容を含むものまで多様な形態をとっている。

「言上写」について旧来の研究状況を振り返ると、専論といえる本格的な論考はない。その中で、得能壽美氏による首里王府・八重山間の往復文書論において断片的に論及した論考[1]や、ややまとまったものとして高良倉吉氏による次の見解がある[2]。

「制度上の原則からいえば、…圧倒的多数の島役人たちは彼らの勤務ぶりを記すことはできなかったはずである。だが、その制度を超える少なくとも二つの方法において、島役人たちは自己を主張することができた。一つは「勤書」…。もう一つの方法は、…一般に「言上」あるいは「言上写」と呼ばれる形式で自らの特筆すべき功績を列挙して位階を申請し、それを王府に認めてもらうという方法があった。…『球陽』には間切・村や離島の役人および人民の功績を称えこれを表彰した記事が数多く記述されているが、その元になったのはこれらの「言上写」である。ただし、各地方の役人や人民から提出されたぼう大な「言上写」の中から一定の線引きによる取捨選択が行われており、『球陽』の記事として採用されたものとそうでないものの差が生まれた」

高良氏は、「言上写」を「自らの特筆すべき功績を列挙して位階を申請」したもの、あるいは「各地方の役人や人民から提出された」申請文書として捉えているが、果たしてこの理解は妥当であろうか。結論を先に示すと、この見解は誤りである。その理由については、本稿において詳しく述べることにするが、このような誤認は「言上写」について本格的に検討した専論がないことに起因していると思われる。

なお、筆者は「言上写」について、かつて簡略に紹介・分析した小論[3]を発表したが、全体的な検討を加えないままとなっていた。そのため本稿において、改めて再検討することにしたい。

そもそも、言上とは和語では「貴人に話すこと」[4]、あるいは「目上の人に述べること。申し上げること」[5]というように、ごくありふれた用語である。しかし、管見の限りではあるが、琉球史においては「国王へ申し上げる」の意味で使用される、きわめて限定的な用法である。このことが旧来の研究では十分に認識されてこなったため、言上写の意味合いと位置づけが曖昧であったように思われる。

旧来の研究史において、中央および地方役人の任職等にかかわる発給文書に関しては、「御印判・御朱印」（いわゆる古琉球辞令書、近世琉球辞令書）を中心に研究が進展してきた。(6)その一方、「御印判」と深く関係する「言上写」の持つ文書上の機能と役割は、旧来ほとんど視野の外に置かれていたと言っても過言ではない。本稿では「言上写」と「御朱印・御印判」との関係性についても検討する。

一　「言上写」の初出、言上写と御印判の関係

「言上写」という文書名の存在は、一七世紀前半にさかのぼる。『琉球国由来記』巻二（一七一三年）の山奉行の項(7)において、一六三三年（崇禎六）に安舞富勢頭親雲上を山奉行へ任命した記事があり、その典拠は「言上写に見ゆ」と明記されている。管見の限り、「言上写」という用語の初出と思われる。

「言上写」は行政に関わる公務日記（「琉球王国評定所文書」「親見世日記」等）、および私日記（「頭役被仰付候以来日記」等）、そして「琉球家譜」等に書写されているものが圧倒的に多く、原文書そのものの残存点数は少ない。そのような中で、「伊江御殿家資料」（那覇市歴史博物館蔵）には、「言上

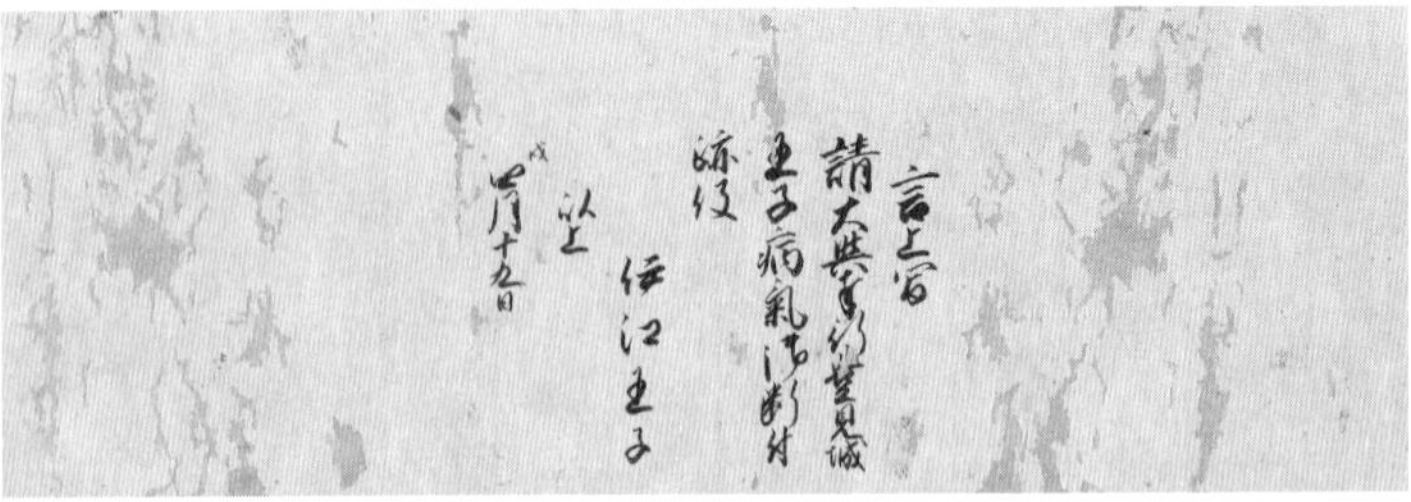
言上写
請大與奉行豊見城
王子病氣御断付
跡役
伊江王子
以上
戌四月十九日

図１　「言上写（大與奉行の件）」伊江御殿家資料（那覇市歴史博物館蔵）

写」一二点が残されており、まとまった点数と言えよう。一例をあげると次のようになる（図1）。

　　言上写
請大與奉行豊見城
王子病気御断付
跡役
　　　　伊江王子
　　以上
戌
四月十九日

右の文書は、大与奉行の豊見城王子が病気で辞任したため、その後任に伊江王子とすることを要請したものである。無年号であること、文書の要請主体も不明であることなど、略式の文書であることが分かる。原本の形状は、折り紙（横折り）で、文言は中央揃いとなっている。

この文書には言上した対象者は記載されていないが、前述したように他の関連文書から国王への言上（上申）である。その上申した要請が国王によって裁可されると、「言上写」として当該者である伊江王子へ下達された。そのため「言上写」文書が、当該関係者の手元に残ることになる。「伊江御殿家資料」には、その他「言上写」と同系統の「覚写」八点、「写」二点、「覚」一点の原文書がある。「覚写」の一例を示すと次のようになる。

覚写

大城按司

右、南風之平等惣與頭

小禄按司代被

仰付被下度奉存

候事、

以上

巳

正月九日

内容は、南風の平等惣与頭役の後任に大城按司を要請したものである。前掲の「言上写」と文言上、若干の違いは見られるが、要請文書という点では共通している。

「写」には次のものがある。

写

伊江王子

右、今般平等方

御用筋之儀、重立
候間、惣奉行被仰付
早々捌取候様被仰付
被下度旨、達
上聞、相済候事、
未十一月四日

内容は、平等方の御用筋の繁忙を理由に、伊江王子を平等方惣奉行役へ任命することを要請し、その要請が「上聞に達し、相済み（許可された）」というものである。前掲の二例は、文言上では要請にとどまっているが、この「写」では国王の許可があったことを記載している。その点において、言上写の特徴をもっとも明確に示していると言えよう。

言上写に類似する用語として、「口上覚」、「謹言上」、「覚写」、「覚」、「写」等がある。しかし、それらはあくまでも国王への言上（要請）を内容としているかどうかという点から「言上写」関係文書として判断する必要がある。

次に、原文書から書写された事例を『頭役被仰付候以来日記』（琉球大学附属図書館宮良殿内文庫蔵）から見てみよう。同日記の冒頭は、次のようになっている。

同治十一年
八月廿五日丁丑　定

一今日、頭役被仰付候事、
　附、言上写左記、

A
言上写
請八重山嶋頭宮良親雲上相果候付跡役、
　　古見首里大屋子
以上、
申
八月廿五日
　　評定所
　　松本親雲上
　　真栄城筑登之親雲上

B
右通被仰付候間、此段通達いたし候、以上、
申
八月廿五日
　　帳当座
八重山嶋頭
大濱親雲上
　　同頭足
　　波照間首里大屋子

同治十一年（一八七二）八月二五日に、故宮良親雲上の後任として古見首里大屋子の八重山島頭役への任命要請が評定所筆者（松本、真栄城）から国王へ言上された（A）。その要請は同日付けで承認され、「言上写」として首里王府の帳当座から八重山島頭の大浜らへ通知されている。

ちなみに、この「言上写」文書そのものは、古見首里大屋子の宿泊する那覇の旅宿において、帳当座の公事拝役によって手交された。前述の「言上写」とは別にもう一通の「言上写」も下達

されていた。

A
　言上写
　請八重山嶋頭宮良親雲上相果候付跡役、
　　　　　　　　　　　古見首里大屋子
　　以上、
申
八月廿五日

C
右通言上相済候間、今明日中氏・名乗可被書出候、以上、
八月廿五日　　　　　　評定所
　　　　　　　　　　　松本親雲上
　　　　　　　　　　　真栄城筑登之親雲上
御物奉行方
右通有之候間、今明日中氏・名乗可被書出候、以上、
申
八月廿五日　　　　　　帳当座
八重山嶋頭
宮良親雲上

前段（A）は同文であるが、後段（C）は国王への言上が済んだ（＝許可された）ため、今日明日中に氏と名乗りを提出せよ、と（B）とは異なる追加の指示内容となっている。それを承けた古見首里大屋子は宮良親雲上と改名して、翌日に次の覚を提出している。

覚

松茂氏
宮良親雲上
當宗

右通、氏・名乗如斯御座候、以上、
申
八月廿六日
八重山嶋頭
宮良親雲上

ついで首里城正殿前の御庭において、国王への拝謁と御印判（御朱印）の交付式にあたる役御拝の期日も次のような上申・下達のやり取りによって決定していた。

覚
(〇朱)一来月六日
一同八日
右、両日之間役御拝御日撰御星可被下候、以上、
申
八月
八重山嶋
宮良親雲上
右通御星被下候付、左之通書面を以下庫理勢頭方江差上候事、

すなわち、来月（九月）六日か八日のいずれかでの役御拝を申請したところ、「一来月六日」の一つ書き部分に朱星（朱の丸印）が付されて下達された。それを承けて宮良親雲上は、

口上覚

私事、此節頭役被仰付候付、来六日御拝相勤候様被仰付被下度奉存候、此節宜様御披露奉頼候、以上、

申九月朔日

八重山嶋 宮良親雲上

と九月六日に役御拝の実施を申請している。もちろん、これは王府から下達された朱星の日程を承諾したことを表すものであり、いわば形式的な申請であった。同日記の九月六日条には、次のように記されている。

一今日、役御拝相勤候付、早朝首里宿罷登、四ツ時前登城、下庫理勢頭方伺公仕、御出仕相済、勢頭方より様子有之候付、御庭罷出御拝相勤候事、
　附、御拝之儀、御庭ニ而相勤申筈候処、雨天相成候付奉神御門ニ而相勤候也、
一同時、奉神門罷出つくはい仕居候中、下庫理当方より　御印判懐中ニ而座着之所江被御持参候付、頂戴拝見、済而懐ニ入、則四ツ御拝相勤、直ニ左表之(ケシ)五はい階より登、御出仕座ニ而つくはい仕、退城、……

すなわち、首里城へ登城し、正殿一階（下庫理）の勢頭方が執務する空間で待機し、国王が正殿に出御すると勢頭方役人に促されて、宮良は御庭へ出て、国王へ向かって拝礼した。ただし、その当日は雨天であったため、奉神門から拝礼していた。その際、奉神門で平伏していると下庫理当方の役人が懐中から御印判（御朱印）を取り出して宮良へ授与すると、それを拝見した後、すぐに宮良は懐中へ納め、国王へ向けて四つ御拝を行い、正殿正面の階段（五はい）から一階の

出仕座へ赴き、同座で平伏した後、退城したとある。
奉神門で手交された御朱印とは、次のものであった。(8)

D

（方印）
首里之御詔
八重山嶋頭宮良
大首里大屋子者松茂氏
古見首里大屋子當宗
給之
（方印）
同治十一年壬申八月廿五日

（注：方印は朱で「首里之印」）

内容は、前職の古見首里大屋子から八重山における最高職の頭役への昇進を国王の詔によって認可したというものである。その際、氏（松茂）と名乗り（當宗）は、当人の申告によるものであったことが分かる。また、右の御印判の発布日付は、前掲の言上写（A）と同一である。そのことは、言上写の通達日が実質的に八重山頭役への任命日であったことになる。そのことは、右の頭役への任職に限ると、言上写（A）は内示の伝達という性格ではなく、（D）の御印判と一対のものであったと言えよう。

二　『例式言上写首尾方帳』の分析

首里王府の行政において、「言上写」の位置づけはどのようなものであったのか。そしてその運用面における実態はどのようになっていたのか。それらの点について以下に検討する。この問題に関して、全体的な状況を捉える上で重要な史料として『例式言上写首尾方帳』があげられる(9)。

表1　『例式言上写首尾方帳』にみる年間の言上と言上写の通達一覧

各月	言上内容	言上写の通達経路及び通達先
正月	（元日）月番御人数の言上	言上写六通を作成し、二通は申口の次間・同詰座へ貼付する。摂政へ一通、三司官へ各一通を公事拝が届ける。
	（元日）弁之嶽・末吉・弁財天堂・識名・観音堂御参詣、円覚寺・護国寺での御祈念の言上	言上写は月番筆者の次書で首尾係り（下庫理当、同勢頭、御書院、御物奉行所、寺社座、普請奉行所、瓦奉行所、平等所、知念・真和志・南風原・西原四ヶ間切の各惣地頭、御近習所、末吉地頭、大美御殿大親、那覇筆者へ一通、久米村筆者へ一通）へ通達する。中城御殿・摂政・三司官へ各一通を公事拝が届ける。
	（元日）久高島麦の穂祭と百人御物参の言上	言上写は聞得大君御殿へ勢頭が参上し差し上げる（**百田紙を横折**として書抜き勢頭方へ渡す）。

	（元日）弁之嶽、百人御物等の参詣代参の言上	言上写は右に同じ。御名代の者へは**百田紙に横折**で作成し勢頭方へ届ける。
	二日、三ヶ寺への代参の御口上言上	御名代の者へ言上の趣を**百田紙・横折**で作成し、勢頭方へ届ける。摂政・三司官と供奉の御物奉行・申口には月番申口の名前で通達する。
	那覇里主跡役の言上	言上写一通を勢頭方へ届け、中城御殿・摂政・三司官へ各一通を公事拝が届ける。**百田紙・横折**で作成し本人へ渡す。
	御奉行・御横目・附々衆による御年頭の御中入れ御日柄（の言上）	首尾方は御在番所御取合記に記載がある。
二月	月番御人数の言上	首尾方は正月に同じ。
	久高島麦みしきよま、大島麦の穂祭の言上	言上写は聞得大君御殿へ**百田紙・横折り**で勢頭方より届ける。首尾方係りの方へ月番筆者の次書で通達する。中城御殿・摂政・三司官へ各一通を公事拝から届ける。
	年中色々祭祀および遊日定めの言上	言上写を二一通作成、一通は御座へ、一通は申口御詰座へ貼付。六通は聞得大君御殿・佐敷御殿・汀間御殿・野嵩御殿・大美御殿・中城御殿へ届けるため勢頭方へ渡す。その他一通ずつ公事拝から届ける。
	至聖廟・崇聖祠・崇元寺御祭祀の名代及び龍福寺御焼香の御使の言上	言上写は名代の三司官、龍福寺御使の親方へ**百田紙・横折り**で勢頭方より届ける。惣役へは同様に公事拝から久米村筆者

	へ届ける。その他、首尾係り之座々へ月番筆者の次書で通達する。摂政・三司へは写一通ずつを公事拝から届ける。
旅役の言上	言上写を年頭御使者・進貢勢頭へは**百田紙・横折り**で勢頭方へ届ける。その他は月番筆者の名前で公事拝を通じ首里中の銘々へ触れ、那覇・久米村・泊へは各筆者へ届ける。中城御殿・摂政・三司官へは各一通、公事拝から届ける。
御物城跡役の言上	言上写一通を勢頭方へ届け、本人へは月番筆者の名前で公事拝を介して那覇筆者へ届ける。中城御殿・摂政・三司官へは各一通、公事拝から届ける。
片髪結い及び御書院御小姓・下庫理小赤頭・親見世若文子・久米村若秀才の言上	言上写、各一通を勢頭方へ届ける。王子衆・按司衆へは**百田紙・横折り**で勢頭へ渡す。月番筆者の次書で首尾係り之方へ通達する。他は同筆者の名前で公事拝を介して首里中の銘々へ触れる。那覇・久米村へは各筆者から届ける。中城御殿・摂政・三司官へは各一通を公事拝から届ける。
禅家の僧侶、彼岸御位の言上	言上写一通を勢頭方へ届け、紫掛落以上の主々へは**百田紙・横折り**とし、黄衣以下へは月番筆者の名前で寺社座へ届ける。中城御殿・摂政・三司官へ各一通ずつ公事拝から届ける。
両先島在番・琉仮屋蔵役（上国に関連した）三平等の御願の言上	言上写を聞得大君御殿へは**百田紙・横折り**で勢頭方へ届ける。勢頭方と在番・蔵役へは月番筆者の次書で通達する。中城御殿・摂政・三司官へは各一通ずつ公事拝から届ける。

三月	月番御人数の言上	首尾方は正月に同じ。
	久高島と大島、麦の大祭の言上	言上写を聞得大君御殿へ勢頭が参上し差上げるため**百田紙・横折り**で作成、勢頭方へ届ける。首尾係の座々へは月番筆者の次書で通達する。中城御殿・摂政・三司官御方へは各一通ずつ公事拝から届ける。
四月	月番御人数の言上	首尾方は正月に同じ。
	知念・玉城稲のみしきよまの言上	言上写は、久高島と大島麦の大祭に同じ（宛先は下庫理当、同勢頭、御近習座、平等所、知念・玉城二ヶ間切の惣地頭）。
	唐船迎へ御祈念の言上	言上写は、月番筆者の次書きで寺社座へ通達し、摂政・三司官へは公事拝が届ける。
	麦の御初献上御日柄の言上	言上写は、月番筆者の次書きで以下の座々へ公事拝が届ける（宛先は、下庫理当、御書院、御物奉行所、寺社座、御近習）。
	王子衆以下より麦の御初献上の御日柄の御口上言上	聞得大君御殿・佐敷御殿・汀間御殿へ月番申口が参上し大親の御取次で連絡。御書院と御近習・佐敷御殿・王子衆・按司衆・親方の触頭、および摂政・三司官・御物奉行・申口へは月番の申口の書付で通達する。
	上国御使者（関連の）三平等の御願の言上	言上写を聞得大君御殿と王子・按司・三司官の御使者が百田紙横折で作成し勢頭方へ届ける。勢頭方と親方御使者以下の場合は月番筆者の次書で通達する。中城御殿・摂政・三司官へ一通ずつ公事拝が届ける。

	鳥島より御捧物差上げの言上	言上写を月番筆者の次書で座々（下庫理当、同勢頭、御近習座、泊頭取）へ通達する。
	御用御酒詰入れに付き横目・附衆登城の日柄の言上	物奉行が申し出て、首尾方も物奉行による処理のため、言上が済んでも何方へも通知しない。
	御奉行御式正の御日柄の言上	首尾方は御在番所御取合記に見える。
五月	月番御人数の言上	首尾方は正月に同じ。
	弁之嶽・末吉・弁財天堂・識名・観音堂への御参詣、旧例御祈念・唐船迎の御祈念、稲の穂祭、百人御物参の言上	首尾係りへは月番筆者の次書で腰書の通り通達する。中城御殿・摂政・三司官へは一通ずつ公事拝が届ける。
	（鹿児島への）諸御使者の御状渡についての言上	言上写は、中城御殿および王子・按司・三司官御使者の場合には百田紙横折で作成して勢頭方へ届ける。首尾係りの座々と親方御使者以下の場合は月番筆者の次書で通達する。摂政・三司官へは一通ずつ公事拝が届ける。
	御奉行・横目・附々衆、御首途御申入れ御日柄の言上	首尾方の次第は御在番所御取合記に見える。
六月	月番御人数の言上	首尾方は正月に同じ。
	稲の大祭の言上	言上写は、聞得大君御殿・中城御殿へ勢頭が参上し差上るため**百田紙・横折り**で作成し、勢頭方へ届ける。首尾係りの座々へは月番筆者の次書で通達し、摂政・三司官へは一通ずつ公事拝が届ける。

諸役代合の言上	御拝を行う役々へは勢頭方から届け、本人へは月番筆者の名前で公事拝から首里中は銘々へ触れ、泊・那覇・久米村は各筆者へ届ける。
米の御初御献上の御日柄の言上	首尾方は四月麦の御初御献上の時と同じ。
王子衆以下より右同、御献上御日柄御口上の言上	首尾方は右に同じ。
両先島御初上の言上	言上写は、月番筆者の次書で座々（下庫理当、同勢頭、御近習、御物奉行所、納殿）へ通達する。摂政・三司官へは公事拝が届ける。
渡唐人数旅御拝の日柄の言上	言上写は、月番筆者の次書で渡唐人数へ一通、座々(下庫理当、同勢頭、御近習座、御書院、御物奉行所、勢頭・大夫）へ一通作成して通達する。中城御殿・摂政・三司官へは公事拝が届ける。
渡唐船頭以下水主帰帆以後、御位授与の言上	言上写は、月番筆者の署名で公事拝を通じて通達する。
勅書上りの御日柄の言上	言上写は、月番筆者の次書で渡唐人数と関係部署へ通達し、中城御殿・摂政・三司官へは公事拝が届ける。
唐の首尾御使者・返上物宰領人の言上	言上写は、首尾御使者には百田紙横折りで作成し、勢頭方へ届ける。宰領人には月番筆車の次書で通知する。中城御殿・摂政・三司官へは公事拝が届ける。

	右（唐の首尾）御使者への御状渡の言上	言上写は、五月の諸御使者の御状渡に同じ。
	御奉行・横目・附々衆が暑気御見舞のため御登城の御日柄伺い	首尾は御在番所御問合記に記載がある。
七月	月番御人数の言上	首尾方は正月に同じ。
	十四日、三ヶ寺御代参についての御口上の言上	首尾方は正月二日御代参に同じ。
八月	月番御人数の言上	首尾方は正月に同じ。
	至聖廟・崇聖祠・崇元寺御祭祀御の名代及び龍福寺御焼香の御使者の言上	首尾方は二月に同じ。
	渡唐人数、三平等の御願言上	首尾方は四月諸御使者の三平等之御願に同じ。
	両先島・伊江島住持、代合の言上	言上写は月番筆者の署名で寺社座へ届け、中城御殿・摂政・三司官へは公事拝が届ける。
	両先島人御位と役代わりの言上	言上写は月番筆者の署名で御物奉行方へ届ける。役々の言上写は中城御殿・摂政・三司官へは公事拝が届ける。
	両先島頭以下船子まで、ミおほけ下される日柄の言上	言上写は月番筆者の次書し、公事拝から下庫理当、同勢頭、御用物座、御物奉行所、御書院、御近習座へ届ける。
	片髪結及び御書院御小姓・下庫理小赤頭・親見世若文子・久米村若秀才の言上	首尾方は二月に同じ。
九月	月番御人数の言上	首尾方は正月に同じ。

	弁之嶽・末吉・弁才天堂・識名・観音堂・普天間への御参詣、百人御物参、護国寺での旧例御祈念、御日柄の言上	言上写は月番筆者の次書で関係部署・役人へ通達する（下庫理当、同勢頭、御書院、御物奉行所、御近習座、寺社座、普請奉行所、瓦奉行所、平等所、浦添間切等五ヶ間切の惣地頭、普天間等三ヶ村の地頭、大美御殿等三ヶ御殿の大親、那覇筆者、久米村筆者）。中城御殿・摂政・三司官へは公事拝が届ける。
	右の事項で（国王）代わって参詣する場合の言上	右に同じ。ただし、国王の名代となる者への言上写は**百田紙・横折り**で作成し勢頭方へ届ける。
	渡唐人数へ御茶飯を下賜することの言上	言上写は月番筆者が次書で渡唐人数及び関係部署へ通達する（下庫理当、同勢頭、御書院、御物奉行所、大与座、寺社座、平等所、評定所里之子、那覇筆者、久米村筆者、御近習座）。中城御殿・摂政・三司官へは公事拝が届ける。
一〇月	月番御人数の言上	首尾方は正月に同じ。
	唐船送り御祈念の言上	言上写は月番筆者の次書で寺社座へ通達し、摂政・三司官へは公事拝が届ける。
	表文・咨文に御印を押す御日柄の言上	言上写は月番筆者の次書で寺社座へ通達し、関係部署等へも通達する（下庫理当、同勢頭、御近習座、御書院、御物奉行所、御鎖之側、長史）。摂政・三司官へは公事拝が届ける。
	上表渡の御日柄の言上	言上写は勅書上りに同じ。
	御返翰・御拝領物御頂戴への言上	言上写の内、王子・按司・三司官・御使者へ通知する分は**百田紙・横折り**で作成し勢頭方からへ届ける。関係部署と親方

		使者以下の者へは月番筆者の次書で公事拝から通達する（親方以下の御使者、返翰宰領役人ら、琉仮屋蔵役、同筆者、同重筆者、下庫理当、同勢頭、御書院、御物奉行所、申口方、平等所、普請奉行所、小細工奉行所、那覇筆者、御近習座）。摂政・三司官へも一通づつ届ける。
	唐船御名付の日柄の言上	言上写は月番筆者の次書で、関係部署へ通達する（下庫理当、同勢頭、渡唐人数、長史、御近習座、御書院、御鎖之側）。摂政・三司官へも一通づつ届ける。
一一月	月番御人数の言上	首尾方は正月に同じ。
	御在番・横目・附々衆による冬至御規式拝見の言上	首尾方は御在番御問合記に見える。
一二月	月番御人数の言上	首尾方は正月に同じ。
	唐船迎御祈念の言上	言上写は月番筆者の次書で寺社座へ通達する。摂政・三司官へは公事拝によって届ける。
	通書上及び護国寺での仏名御祈念の御日柄の言上	言上写は月番筆者の次書で関係部署へ通達する（下庫理当、同勢頭、御近習座、寺社座、評定所里之子、聞得大君御殿、久米村）。中城御殿・摂政・三司官へは公事拝によって届ける。
	仏名御祈念の時、聖家僧の御位言上	紫掛落以上への言上写は**百田紙・横折り**で作成する。黄衣以下には月番筆者の署名で寺社座へ届ける。中城御殿・摂政・三司官へは公事拝によって届ける。

御位及び諸役代合の言上	吟味役以上への言上写は**百田紙・横折り**で作成し勢頭方へ渡す。中口座以下には月番筆者の署名によって公事拝を通して通知する（首里住人へは個別に、泊・那覇・久米の住民へは各筆者から届ける）。
進貢御使者の内、御国元へ首尾使者を完遂し帰帆後に紫冠及び四拾石持へは加増知高とする言上	言上写を**百田紙・横折り**で作成し勢頭方へ届ける。中城御殿・摂政・三司官へは公事拝によって届ける。
元日御在番所へ（国王の）御使の言上	言上写は御使役の按司か御書院奉行へ**百田紙・横折り**で作成して勢頭方へ届ける。御書院へも月番筆者の次書で通達し、摂政・三司官へは公事拝によって届ける。
年貢目録御拝の日撰について、御双紙庫理が検討し三司官へ御案内（御伺い）の件	決定日を月番筆者の署名で、関係部署（下庫理当、同勢頭、御物奉行所、申口方）へ通達すること。

註一：本条から作成し、附り部分の内容は省略した。
註二：『例式言上写首尾方帳』（尚家文書、第五一二号）より作成。

右の表1（『例式言上写首尾方帳』にみる年間の言上と言上写の通達一覧）から特徴を記すと次のようになる。

第一に、全体的な点から見ると、首里城における年間の主要業務の遂行や、首里城内外での儀礼の実施にかかわって、国王の裁可を仰ぐことが「言上」という形式で行われていた。それらの上申に対する承諾や許可は「言上写」という下達文書となって発布・通達されていたのである。

第二に、やや具体的に例示すると、王府評定所において月番ごとに交代する勤務人員の件、寺社への国王の参詣（および代参）の件、麦・稲にかかわる農耕儀礼の件など、定例化した王府行政の運用面における「言上」と「言上写」が散見される。

第三に、任職（人事）と爵位授与に関する「言上写」の発布も少なくない。例えば、那覇里主（二月）・御物城（二月）の跡役とは後任人事のことである。両先島人の御位昇進と役代わりの言上が八月となっているのは、両先島役人の沖縄島への出張（上国）時期と重なっているためと思われる。前述した八重山島頭役の「言上写」は八月であり、その点において『例式言上写首尾方帳』の記事と合致する。

第四に、高位・高官への「言上写」は百田紙を横折り（折り紙）で作成し、身分による区別があったことが分かる。前述の「伊江御殿家資料」の「言上写」の料紙は横折りであることから、『例式言上写首尾方帳』の記載通りであったことが裏づけられる。

第五に、対清国関係の外交文書（表文・咨文）への押印の日柄、薩摩藩との往来文書（御状、御返翰）の授与儀式日等、外交関係にかかわる「言上写」も作成されていた。

第六に、各月ごとの言上件数を見ると、正月（七件）、二月（九件）、三月（二件）、四月（九件）、五月（四件）、六月（一二件）、七月（二件）、八月（七件）、九月（四件）、一〇月（六件）、一一月（二件）、一二月（八件）で、計七二件となっている。右の件数はあくまでも定例の件数であり、不規則・不時の言上事例も数多く見られることから、年間における言上件数は優に七二件を上回っていたと思われる。

以上から、要するに『例式言上写首尾方帳』における「言上」と「言上写」は、首里王府の内政・外政全般にわたる事項を包摂していたということになる。さらに、それらの事項はすべて国王の裁可を仰ぐ形式を取っていた点に大きな特質があると言えよう。

三　地方役人と「言上写」の関係

前項では、簡略で短文の「言上写」を検討してきたが、長文の「言上写」を次に検討してみよう。(10)

言上写

一請座敷、

一掛床字一枚、

但、善行家風之四字、

一上布三疋、

前地頭代本部間切瀬底村

健堅親雲上

右者父母孝養志厚、衣食之備者勿論、何篇父母之志ニ随ひ朝夕尽孝順、死後相成候而も如存生香儀方入念致執行、且家中人数平日職業無油断様引励、且親類縁者村中睦敷致取合、就中老体之者者分而其取持有之、幼少之内父母を失ひ無頼方者者深切ニ加憐愛、婚礼祭礼葬礼等難整困窮之者幷火難逢候者江者米銭其外品物相与、又者利無利下等ニ而借相渡、且瀬底二仲之儀諸船不断致汐懸候処、荒場殊ニ潮引強キ所ニ而、難船破船等多々有之、且曾祖父故健堅親雲上より人命亦者御物之為相考、綱具錠等自力を以相仕舞、瀬底あんち浜与申所江小屋作調用意仕置、右様災殃之節取救置候付、右健堅ニ茂其志を継綱具錠与（等カ）同断用意仕置、諸船之危難度々相救、且長々致滞船飯料及払底候節者何方之者不依、現銭穀物等無利にして借相渡、且拾四年成丑年春運送船帰帆之砌、具志堅村沖干瀬江走揚及破船候處、右健堅早速差越御物諸士用物等取揚、諸事取計向行届候付、書付を以褒美有之、且瀬底・石嘉波弐ヶ村之儀田方無之、米穀不自由有之、麻疹疱瘡相時行候節々、曾祖父以来銘々江米致見次、去酉年疱瘡之節茂世振悪敷困窮之者共療治方差支候付、各家内疱瘡人之多少見合米銭其外当用之品物相与、且去申戌亥年飢饉ニ付及飢候者共江現銭穀物蘇鉄等見次、又者利無利下等ニ而借相渡、且去戌年飢饉之時御救米及御不足御借上之儀申渡候処、銭六百貫文差上書付を以褒美有之、且瀬底村之儀多年疲入諸上納物及未進候上、内負荷太分成立、一統気力を落農業相怠居候處、右健堅熟〔談、脱カ〕を以作職引励、諸上木仕立方壅取扱方等段々致指南、作場之締方をも厳重申付候付、作毛以前ニ替取実相増、且貯方之儀も毎度丁嚀申勧、能相届候故、漸々有付、未進穀皆納内負荷過半致返済、百姓中大粧為筋相成、尤御奉公方茂掟役より地頭代役迄首尾能相勤、至当分茂間切中疲入定式之役々迄ニ而者諸事之下知方届兼候付、両惣地頭より惣下知申付候處、諸仕付方宜旁以感心仕居候段、村々掟幷夫地頭・さはくり書付ニ、下知役・両惣地頭次書を以申出、田地奉行より申出趣有之、誠ニ神妙之勤御政法之補助相成申候間、為御褒美、右通被成下度奉存候事、

卯
二月廿八日

御評定所筆者 伊志嶺里之子親雲上

同 稲湧国里之子親雲上

右の「言上写」は年代は不明であるが、本部間切の地頭代役を以前に勤めた健堅親雲上の功績を列挙し、それらの功績をあげることによって健堅当人へ「座敷」位階の授与、「善行家風」と揮毫した扁額および上布三疋の下賜を申請したものである。健堅の功績とは父母への孝行、親類縁者との融和的関係、老人や幼少者への憐愛、火事の被災者への援助、難破船に対する救助活動、瀬底・石嘉二村での流行病時における米銭の援助、飢饉時における援助、年貢未進や借金で疲弊した瀬底村を立て直したこと、村掟役から地頭代役までの奉公を首尾よく遂行したこと等、というものであった。

地方役人としての健堅の事績・功績に関する内容も興味深いものがあるが、その問題については割愛し、ここでは申請径路に着目してみたい。文末に「村々掟幷夫地頭・さはくり書付ニ、下知役・両惣地頭次書を以申出、田地奉行より申出趣有之、誠ニ神妙之勤御政法之補助相成申候間、

為御褒美、右通被成下度奉存候事」とあることから、健堅親雲上本人による「言上」（申請）ではない。その点は明白である。

右の文言について解釈すると、まず本部間切の複数の村掟と夫地頭・さばくり役の地方役人らが健堅親雲上の功績書を作成し（その際、当人からの関係書類を参照していた蓋然性は高い）、その文書（書き付け）に本部間切の下知役と同間切を管轄する両惣地頭が次書（承認を追記）して王府へ提出していた。その文書を取り次いだのは、王府の中央役人である田地奉行であり、同役から評定所筆者へ提出された。その書き付けを吟味した評定所筆者の伊志嶺里之子親雲上、稲湧国里之子親雲上の両名は、「誠に神妙な勤め（功績）であり、王府の御政法（御政道）の補助となることから、その褒美として右の申請（座敷の位階など）を裁可して頂きたいと要請した文書である。

この健堅親雲上に関する文書には要請（言上）先も、その要請を承認したことを示す文言もない。また、この要請文は一見すると長文であることから、本稿でこれまで検討してきた「言上写」とは異なるように見える。しかし「言上写」の文書様式という点から見ると、同一の様式であることが分かる。すなわち、特定の案件を評定所筆者が国王へ言上し、その裁可を仰ぐという形式となっているからである。文書の表題が「言上写」と明記されている点からも本文書が国王への裁可を仰いでいたことは確実である。国王によって裁可された上申文書（言上）は、文言を修正あるいは書き替えることなく、そのまま「言上写」として、対象の当人へ下達されていたのである。

本稿の冒頭で指摘したように、「言上写」を「自らの特筆すべき功績を列挙して位階を申請」したものという高良氏の捉え方が誤っていることは、この健堅親雲上の一例からも明白である。「言上写」と明記されていない文書であっても、内容を検討すると国王へ裁可を仰ぎ、許可された文書も少なくない。その一例を次に示してみよう。(11)

覚　御印《ケシ》

久米両間切之儀、多年疲入百姓共及難儀候付、諸事為下知方当春鉢嶺親雲上渡海被仰付候処、筆者不罷居差支候間、筆者両人被召付度旨申出趣有之候、然ハ右両間切所中為下知方去ル卯年被召付置候処、当分ハ諸篇鉢嶺手元ニ而差引仕事候間、右筆者之儀両人共鉢嶺江相付候様可被仰付事、

子
十一月廿七日　富島親雲上

右通言上相済候間、可被得其意候、以上、

子
十一月廿七日　豊平親方

鉢嶺親雲上　久米両間切 在番　同間切 筆者

この覚は年欠であるが、子年を手がかりに他の関係文書とつきあわせると道光二〇年（一八四〇）であることが分かる。要点を示すと、疲弊した久米島両間切を立て直すために、首里王府から久米島へ下知役として派遣された鉢嶺親雲上へ筆者二名の配属を要請したものである。その要請が許可されて、王府から当人の鉢嶺と久米島在番らへ通達されたものである。前段の国王への

言上（上申文書）をそのまま使用し、「右通言上相済候間、可被得其意候」と国王より承認されたものであること、ついては言上の内容を承知せよ、と下達したものとなっている。要するに上申文書を元にして、下達文書として通知していた点において、言上写と同様の機能が見られると言えよう。

なお、本稿において国王への言上（上申）主体は評定所筆者の事例を主に挙げたが、それ以外に摂政や三司官らによる言上（口上による言上を含む）も見られた(12)。

むすびにかえて

本稿は、旧来ほとんど本格的に検討されてこなかった「言上写」文書を分析した。「言上写」文書とは国王への上申が裁可され、基本的には文言を変更することなく発給された下達文書であったことを明らかにした。「言上写」と「御朱印」（御印判）との関係、および今後の課題を記して本稿の結びとしたい。

御朱印（御印判）研究は、高良倉吉氏によって大きく前進したものの(13)、現在はやや研究の停滞状況にある。その停滞状況を打開する上において、高良氏の成果に学びつつも、高良説の吟味も必要だと思われる。高良氏は、一六六七年（康熙六）に御朱印の発給範囲が高位・高官などの上級役人に限定されることについて、次のように述べている。

「向象賢政治は、琉球における近世的な編成原理を樹立する事業であったといえるのであるが、その結果として辞令書のもつ意義は著しく低下し、これにかわって系図がとくに重視されるようになったのである。(14)

この見解は、辞令書（御朱印）の役割の低下と他方、新たな社会編成原理として「系図」の役割が重視されるようになったことにより、時代の転換を指摘したものである。しかしながら、御朱印と系図・家譜は文書の形式と機能の面においても全く異なる役割を持つ文書であり、それらを同列に論ずるのは説得力に欠けると言えよう。

むしろ、国王の意思を発布した文書の連続性において「御朱印」の推移を検討すべきではなかろうか。国王の意志を広汎に示す発給文書として、本稿で取り上げた「言上写」が存在していた。また、「言上写」と同様の様式を持つ文書（覚等）も多数存在したことから、日常的に国王へ裁可を仰ぐ政治形態であったことは明らかである。内政・外交に関わる数多くのの案件が国王の裁可を仰ぐ形態をとっていたことは、琉球王権の特質を明らかにする上で不可欠の問題であると言えよう。

旧来の国王による発給文書の捉え方や認識方法を見直し、研究を前進させる上で「言上写」文書の研究は今後より一層、全体的かつ詳細に検討する必要がある。

注

（1）得能壽美「八重山――王府往復文書の伝達経路――」（『沖縄学　沖縄学研究所紀要』第三号、一九九九年）において次のように記している。「「言上」は文書伝達経路に直接関わる…。往復文書では、「及　言上」と欠字で表現されており、問題は重要である。…、「一、上国之役々、言上相済候節者、言上写持参之者江、吸物壱・酒一篇馳走いたし候事」とあり、上国した八重山役人が王府に「言上」し、その結果が「言上写」として下されているのである。」（四三頁）と言及している。しかし、八重山役人が直接、王府へ言上することはない。また、言上は国王へ行うものであり、王府に「言上」するという捉え方や、言上の結果が「言上写」となる訳でもないため、得能氏の見解は疑問である。

（2）高良倉吉「周辺離島の状況――慶良間・渡名喜・伊是名――」（『沖縄県史各論編4　近世』沖縄県教育委員会、二〇〇五年）三一八―三二〇頁。

（3）豊見山和行「近世琉球史料『諸役増減』について」（『琉球大学教育学部紀要　第一部・第二部』第四八号、一九九六年）、豊見山和行「近世琉球の政治構造について――言上写・僉議・規模帳等を中心に――」（『周縁の文化交渉学シリーズ6　周縁と中心の概念で読み解く東アジアの「越・韓・琉」――歴史学・考古学研究からの視座――』関西大学、二〇一二年）。

（4）『邦訳日葡辞書』（岩波書店、一九八〇年）。

（5）『日本国語大辞典』（小学館、一九七四年版）。

（6）その代表的な論著に高良倉吉『琉球王国の構造』（吉川弘文館、一九八七年）、高良倉吉「辞令書に見る王国の存在形態とその変化」（同『琉球王国史の課題』ひるぎ社、一九八九年、所収）、高良倉吉『琉球王国史の探求』榕樹書林、二〇一一年）がある。

（7）「山奉行三員（中略）、尚豊王御代、崇禎六年癸酉十一月十九日、安舞富勢頭親雲上、任山奉行見言上写」（『定本琉球国由来記』角川書店、一九九七年）五三頁。

（8）沖縄県教育委員会『辞令書等古文書調査報告書　沖縄県文化財調査報告書　第十八集』（一九七九年）九七頁。

（9）『例式言上写首尾方帳』の書誌情報は次の通りである。「尚家文書」、第五一二号として現在、那覇市歴史博物館の所蔵にかかる。旧来、本史料は紹介も検討もされたことがないため以下にその概要を記しておきたい。文書の形状は紙本墨書・袋綴の竪帳である。法量は縦二八・一センチ、横二一センチ。丁数は五〇丁である（那覇市歴史博物館編『国宝「琉球国王尚家関係資料のすべて　尚家資料／目録・解説」沖縄タイムス社、二〇〇六年、一三〇―一三一頁）。表紙は欠けており、内題の右下側に「又紙合済」として校訂者の久場里之子親雲上・瀬名波里之子親雲上が並記されている。内題中央に例式言上写首尾方帳と記され、その左下側に評定所月番方とある。そのことから文書の作成は首里王府評定所・月番方によるものであることが分かる。同文書には作成年の記載はない。内容などから一八世紀半ば頃の成立と推定されるが、頭注箇所に乾隆五〇年（一七八五）、あるいは道光一六年（一八三六）等の記事が追記されている。これらのことから文書成立後も新規の状況に対応した現業文書として機能していたことが判明する。

（10）『身持物語』所収、ハワイ大学ホーレー文庫蔵。琉球大学附属図書館複製本による。

（11）上江洲家文書、一四六号。

（12）前掲注3豊見山和行「近世琉球史料『諸役増減』について」、参照。

（13）前掲注6高良倉吉著、参照。

（14）高良倉吉『琉球王国史の課題』（ひるぎ社、一九八九年）一二三頁。

第三部　周辺からの逆照射

島津氏関係史料研究の課題

――近世初期成立の覚書について――

畑山周平

はじめに

南九州に領国を形成した薩摩島津氏は、古くから琉球と深い関わりを持っており、同氏の関係史料は琉球研究に欠かすことができない。したがって「琉球史料学の船出」にあたっては、島津氏関係史料の研究状況を確認しておくことも必要である。このような観点から、本稿では、島津氏関係史料研究の現状と課題について、具体的な史料の分析に即しつつ考えてみたい。なお、筆者が中近世移行期（一五世紀末～一七世紀初め）を主な研究対象としている都合上、本稿でもこの時期の史料に絞って論じることをお断りしておく。

まず「はじめに」では、史料の残存状況を手掛かりに、島津氏関係史料研究の一般的課題を考えてみよう。そしてそれを踏まえて、本稿で具体的に取り組んでいく課題を設定することとしたい。

そこで同時代史料の残存状況から確認してみる。すると一番に目にとまるのは、同時代史料の中核たる文書が、他大名に比べて少ないとする先学の指摘である。すなわち山室恭子氏は、多くの戦国大名・統一権力の文書を収集・分析する中で、島津氏については発給量の少なさを指摘している〔山室二〇一三〕。また黒嶋敏氏は、島津義久の発給文書を悉皆的に収集し八〇〇通をリストアップしたが、「約半世紀に渡り活躍した義久にしては乏しいのではないか」と述べている〔黒嶋二〇一五〕。

一方文書の種類としては、書状が多くなっている。試みに、〔黒嶋二〇一五〕所収の島津義久発給文書目録から、書状・書状案・書状写を拾ってみると、八〇〇通のうち約五八〇通にものぼるのである。これら書状は基本的に無年号で、記述が簡略なものも多い。そのため、同時代史料から得られる情報だけでは年代や内容の確定が困難で、編纂史料まで活用してようやく位置づけが見えてくる、というようなケースも少なくない。

また残り方の偏りも大きい。たとえば一五七〇〜八〇年代については、著名な『上井覚兼日記《うわいかくけんにっき》』があるため詳細な分析が可能である。しかしそれ以前の時期には、これに匹敵する史料は残されていないのである。そしてそのため、同日記から判明する事柄についても、前代との比較から歴史的に位置づけるのが難しい場合も多い。

これに対して、覚書や軍記、系図などの編纂史料は、島津家が長く存続したこともあって豊富に残されている。ただ一口に編纂史料といっても、作成年代や作成主体はさまざまで、その性格は一様ではない。

以上を整理すれば、中近世移行期島津氏関係史料の残存状況は、〈少なく偏りのある同時代史料〉、〈豊富で雑多な編纂史料〉と特徴づけることができよう。そしてその影響を受けて、島津氏研究においては、同時代史料だけで解明できることはどうしても限られたり偏ったりしてしまい、編纂史料によらざるを得ない部分も比較的大きくなっているのである。

さて、右のような状況を踏まえて島津氏関係史料研究のあり方を考えるならば、同時代史料だけでなく編纂史料も積極的にその射程に入れていくべきだといえる。すなわち、数少ない同時代史料からできる限り多くの情報を引き出していくことはもちろん重要だが、一方で、同時代史料だけでは解明できない部分に踏み込んでいく必要が生じた場合に、雑多な編纂史料のうちどれをどのように活用するのが最善なのかについても、はっきりさせておくべきであろう。つまり、個々の編纂史料の性格を解明していくことも、史料研究の重要な課題となってくるのである。

この視点に立った時に注目されるのは、島津氏の場合、近世初期成立の覚書が数多く残されているということである。これらは実際に中近世移行期を生きた人々が、一六世紀末から一七世紀初めの時点で、過去を振り返りつつ作成した史料である。そのため、事件後しばらく経ってからまとめられたという意味では編纂史料だが、当時を知る者の証言を期待することも可能であるという、二面性を持った史料といえる。それだけに、その信憑性については評価が分かれやすいのであり、編纂史料の性格解明を目指す場合には、最初に取り組むべき課題となるだろう。

ここまでの考察から、島津氏関係史料研究の一般的課題として、〈数少ない同時代史料からできる限り多くの情報を引き出していくこと〉、〈雑多な編纂史料（特に近世初期成立の覚書）の性格を明確にしていくこと〉の二つを挙げたい。

そしてこれらに取り組む際に問題になるのが、『薩藩旧記雑録《さっぱんきゅうきざつろく》』（以下、『旧記』）である。『旧記』は薩摩藩の学者伊地知《いじち》季安《きあん》・季通《きつう》父子により、近世末から明治にかけて編纂された島津氏関係史料集で、膨大な史料を編年形式で収めており、島津氏の動向を細部まで追うことができる。優れた史料集であることは間違いなく、現在島津氏研究のほとんどは同書に拠って行われているといってよい。

しかし一方で、『旧記』については種々問題点も指摘されている。本稿の問題関心から特に注目されるのは、『旧記』では各史料の個性が見えにくくなっているとする、黒嶋敏氏の指摘である（［黒嶋二〇一二］）。氏は原本に即した同時代史料の検討を進め、『旧記』からでは読み取れなかった多くの情報を引き出している。その研究からは、『旧記』に拠るだけでは史料研究として十分ではないということが、はっきりとわかるのである。

ところで、『旧記』で個性が見えにくくなっているのは編纂史料も同じである。すなわち『旧記』では、一つの編纂史料は複数の記事に分割され、年代順に並べ替えられて収められており、中には収録されていない記事すらある。つまり、全体像が見えなくなっているのである。また編纂史料の場合、複数の伝本が現存し、相互に異同があるケースもある。しかし『旧記』では、基本的には同書編纂者が持っていた伝本のみしか取り上げられないのである。そのため、むしろ編纂史料の方が、『旧記』に収録される過程で多くの情報を失っているともいえる。

さて、右の『旧記』の問題点を踏まえると、先に挙げた二つの課題は次のように再定義する必要があろう。すなわち、〈数少ない同時代史料を原本に即して検討し、できる限り多くの情報を引き出していくこと〉、そして〈雑多な編纂史料（特に近世初期成立の覚書）を、伝本を集めた上で全体的に検討し、史料的性格を明確にしていくこと〉となる。[1] このうち前者については先述した黒嶋氏の研究があり、重要性は認知されてきている。一方後者についても、覚書を戦闘経過の復元に活用した［村井二〇一二］や、覚書に見える演出を論じた［鈴木二〇一二・二〇一三］など、注目すべき研究が出されている。しかし編纂史料の価値が一般に低くみられていることもあってか、研究はあまり盛んではなく、重要性が十分に認識されていない印象がある。

このような現状を踏まえて、本稿では後者の課題に実際に取り組んでみたい。具体的には、『長谷場《はせば》越前《えちぜん》自記《じき》』（以下、『長谷場』）という史料の考察を試みる。同書は近世初期成立の覚書の一つだが、記主の子孫に伝来した文書群が現存し、内容的に関連する他作の覚書も存在するなど、検討材料が特に多い史料である。このような多角的分析が可能な史料を取り上げることで、編纂史料研究の可能性や必要性を示してみたい。[2]

一　『長谷場越前自記』の基本的性格

まず、『長谷場』の伝本・記主・記述範囲・成立年代を確認することで、同書の概要を把握しておこう。はじめに伝本について、自筆原本は見当たらないものの、次の四点の写本を確認・調査しえた。

①東京大学史料編纂所所蔵「島津家本」中の写本『長谷場越前自記』一冊

請求記号：島津家本―さⅠ―一二―三三―一五三。書写奥書はないものの、巻末には「持主伊地知小十郎季彬」と記されている。季彬は季安の前名で、彼は享和元年（一八〇一）から季彬を名乗り、翌年には通称を小十郎と改め、文政七年（一八二四）に至って季安と改名している（[五味一九九七]）。このことから、本書は享和二年から文政七年の間に季安が入手した本と判断できる。そして季安からその子季通に受け継がれたのであろう。季安父子が編纂した『旧記』に引用されているのも、この本と考えられる。

その後の経緯は本書表紙に「伊進上」と記されていることから追跡できる。すなわち、季通は明治二二年（一八八九）に編纂途中の旧記雑録を磯《いそ》島津邸（現鹿児島市吉野町）に提出、さらに翌二三年にかけて他の蔵書も進上し、以後磯邸で旧記雑録編纂を継続していくことになった（[五味二〇〇七など]）。表紙に「伊進上」とあるのは、本書がこの時の進上本のうちの一冊であることを意味しているのである。この季通進上本は、大正一二年（一九二三）に東京の公爵《こうしゃく》島津《しまづ》家《け》編輯所《へんしゅうじょ》に移管されている。そして第二次世界大戦後、他の島津家編輯所の史料とともに、「島津家本」として史料編纂所の所蔵となったのである（［朴澤一九九八］）。

②東京大学史料編纂所所蔵謄写本《とうしゃぼん》『長谷場越前自記』一冊

請求記号：二〇四四―四九。書写奥書によると、昭和八年（一九三三）に東京五反田の公爵島津忠重氏の所蔵本を写したものである。右に述べた通り、この頃には①が東京の島津家編輯所にあったから、これを写したものだろう。実際に全文を比べてみても、①②は同文で改行位置まで一致しており、字形も同じではないがかなり似ている。①の精巧な写本といってよかろう。なお、②は史料編纂所データベースで画像が公開されている。

③鹿児島大学附属図書館所蔵「玉里《たまざと》文庫」中の写本『長谷場越前自記』一冊

請求記号：TZ〇一三〇。書写奥書によると、明治二一年に県庁本を写したものである。

④鹿児島県立図書館所蔵写本『長谷場越前自記』一冊

請求記号：K二三／ハ六〇三。書写奥書はないが、用紙の柱に「鹿児島県庁蔵」とあるから、③と同系統だろう。

すなわち、①②を伊地知氏本系、③④を県庁本系とまとめることができよう。ここで注目したいのが、①五五丁裏にある、「季彬按」からはじまる季安が施した注記である。①を写した②には当然ながらこの注記があるのだが、実はこの注記は③④にも見られる。つまり県庁本系の源流も、伊地知季安が注記を入れた本＝①に求められるのである。実際各本の本文を対照してみても、送り仮名などに若干の違いがあるくらいで、文章自体に大きな違いは見当たらなかった。

このように、①～④は大きくみれば同じ系統に属しており、①がその源流と考えられるのである。そのため『長谷場』を利用するにあたっては、①に拠るのが自然ではある。しかし一方で、「はじめに」で触れた編纂史料研究の遅れを鑑みる時、まずはよりアクセスしやすい伝本に拠り、研究の促進を図るのも一理あることのように思われる。そして『長谷場』の場合、①の精巧な写本である②がすでに画像公開されているのである。このような現状を考慮して、本稿では②に依拠して議論を進めていくこととしたい。以下『長谷場』の引用に際しては、②の丁番号を示していくこととする。

次に記主だが、島津家臣の長谷場宗純《むねずみ》がこれにあたる。彼は天文一六年（一五四七）生まれ、寛永元年（一六二四）に没した人物で、弥四郎・兵部少輔・越前守を名乗った(3)。子の実純《さねずみ》は慶長後期に知行高二九五石余であったから(4)、宗純も同程度の分限だったとすれば、中級家臣といえるだろう。なお一族の純辰《すみたつ》は、島津義久の右筆として知られている〔黒嶋二〇一〇〕。

つづいて『長谷場』の記述範囲を見てみると、天文末年の大隅蒲生《かもう》氏との戦いから、慶長初年の朝鮮侵略後の状況までを記しており、おおむね一五五〇年から一六〇〇年頃の出来事を対象としている。

また成立年代については、「慶長八年（一六〇三）癸卯八月五日書之」（一二七丁裏）という著者奥書があることから、基本的にはこの時に成立したものと考えられる。

さて、ここまで『長谷場』(5)の概要を確認してきたが、さらに考察を深めるため、長谷場宗純の子孫に伝わった長谷場文書に関連情報を求めてみよう。

史料1

一（一）、竜伯（島津義久）様御代之軍記相調、為末世之嗜置候事、被及聞召、可有上覧之由候間、進上之処、数月被召留、其以来蒙御感、返被下候時、御夢想連歌幷御詠歌、如上意之趣、致載筆、然則神威新成事者、有翰遊集、

（一条略。豊臣秀吉による九州攻めの際の長谷場宗純の戦功について記す）

一（三）、高麗国ニ兵庫頭（島津義弘）維新様・同又八郎（島津）家久様御渡海時者、子息弥四郎（長谷場）実純十六歳ニ而致供奉候、拙者事令在国、一役之御奉公日夜相調候、其外薩隅日三州、至両肥州・二筑州・豊後・豊前迄、抽粉骨、今生之雖達本望者、為備末代之亀鏡、尊老可奉拝御感筆者也、仍証状如件、

長谷場越前入道

元和二年（一六一六）丙辰霜月十五日　宗純判

拝室　大龍寺（文之玄昌）尊老

侍者禅師衣鉢閣下(6)

史料1は宗純が自らの功績を書き上げた史料である。注目したいのは第一条で、ここから宗純が島津義久の時代の「軍記」を作成したこと、義久がそれを閲覧したこと、その書名は「翰遊《かんゆう》

集《しゅう》」らしいことが読み取れるのである。

そこで「翰遊集」なる書を探してみると、次の三点の写本が見出せた。

⑤鹿児島大学附属図書館所蔵「玉里文庫」中の写本『翰遊集』上中下三冊

　請求記号：TZ〇一〇一。「梨雲書屋」印が捺されている。『玉里文庫目録』ではこれを島津久光の印としているから、彼が入手した本なのだろう。また各所に見られる校訂者の注記から、明治二〇年に県庁本『長谷場越前自記』・平田宗高《ひらたむねたか》(7)蔵本『翰游集』と校合したことがわかる。なお、上中冊には誤綴《ごてつ》(8)があり、正しい丁順を示す注記が付されている。

⑥鹿児島県立図書館所蔵写本『翰遊集』一冊

　請求記号：K二三／ハ。書写奥書によると、昭和一一年に公爵島津家玉里出張所所蔵本を写したものである。つまり、⑤の写と考えられる。

⑦東京大学史料編纂所所蔵写本『旧典類聚《きゅうてんるいじゅう》』第六冊所収の『翰遊集』

　請求記号：四一四〇・一―三四―六。『旧典類聚』は島津氏関係の覚書・軍記を収めた史料集である(9)。史料編纂所データベースで画像が閲覧できる。

ここで問題になるのが、『翰遊集』と『長谷場』の関係である。そこで、⑤⑦と『長谷場』を対照してみたところ、記述がほぼ同じであることが判明した。すなわち、『翰遊集』には『長谷場』に見えない話が三つあるが(10)、いずれも数行にすぎない。また、『翰遊集』に完備されている内容目録が『長谷場』では一部欠けているが、これはそれほど大きな差異ではなかろう。そしてこの他は、字句に多少の相違や脱落がある程度なのである。一例を示そう。

史料2『長谷場』三五丁裏

宗徒の兵物都合其勢二千余騎ニハ過さりけり、弐手に分て大手搦手衆くばりと名乗て、かきごしの合戦なり、此外の兵ものも我も〳〵と軍労す、敵は手もなく大手の口を引退き、時刻を待しけしきなり、

史料3『翰遊集』（⑦三四丁裏）

宗徒ノ兵者都合其勢二千余騎ニハ過サリケリ、二手ニ分テ大手搦手衆クハリ被成ケル処ニ、大手口ニ木脇刑部左衛門ト名乗テ、カキコシノ合戦ナリ、此外ノ兵者モ我モ〳〵ト軍労ス、敵ハ無手モ大手ノ口ヲ引退キ、時刻ヲ待シケシキ也、

右の例では、『翰遊集』の傍線部が『長谷場』では脱落しており、意味が通らなくなっている。しかしその他は、仮名の使い方（平仮名がちか片仮名がちか）や表記（「兵物」と「兵者」、「手もなく」と「無手モ」など）に違いがあるだけである。つまり、解釈に関わるような脱落には注意しなければならないが(11)、基本的には『長谷場』と『翰遊集』は同文とみてよい。

このことを踏まえると、『長谷場』と『翰遊集』は、系統は異なるが同じ史料であるとみてよいだろう。したがって、史料1に見える『翰遊集』の特徴、すなわち島津義久の時代の「軍記」であること、義久が閲覧したことは、そのまま『長谷場』の特徴と見なすことができる(12)。

ところで、伊地知季安作成の島津氏関係文献目録『旧記題苑《きゅうきだいえん》』には、「翰游集」が取り上げら

れており、「慶長七・八年ノ頃、長谷場越前守宗純入道著ス所ノ軍記也、依テ越前自記、或薩陽軍記トモ題ス」との説明が付されている。(13) また先述の通り、⑤玉里文庫本『翰遊集』には、県庁本『長谷場越前自記』と校合した旨が記されている。つまり少なくとも幕末・明治頃には、『長谷場』と『翰遊集』が同じ史料であることはよく知られていたのだろう。しかし近年はこの点があまり意識されていないと思われるので、改めて指摘しておきたい。

以上の本節での検討から、『長谷場』の基本的性格は次のように整理できよう。すなわち、『長谷場』は『翰遊集』と同じ史料で、長谷場宗純の著作である。その成立年代は基本的には慶長八年八月五日と考えられる。島津義久の時代の「軍記」として作成され、義久も閲覧していた史料である。

二　『長谷場越前自記』と『箕輪伊賀自記』

本節では、他の覚書との比較を通じて、『長谷場』に対する考察を進めていきたい。具体的な比較対象としては、『箕輪伊賀自記《みのわいがじき》』（以下、『箕輪』）という史料を取り上げる。というのも、『箕輪』の後半部分と『長谷場』の前半部分には似た記事が多く、両者を比較することで、『長谷場』の史料的性格により深く迫ることができると考えるからである。

比較に入る前に、まずは『箕輪』の伝本・記主・記述範囲・成立年代を確認しておこう。はじめに伝本だが、自筆原本は見当たらないものの、次の六点の写本を確認・調査しえた。

⑧東京大学史料編纂所所蔵「島津家本」中の写本『箕輪伊賀自記』一冊

請求記号：島津家本―さI―一二―三三―一三九。奥書には文政一〇年（一八二七）の写とあり、一丁表などには伊地知季安による注記が見える。また表紙には「伊進上」と記されているから、伊地知季通進上本である。以上を総合すれば、季安が入手し、季通に継承され、明治二三年（一八九〇）に磯邸に進上された本と考えることができよう。また『旧記』に引用されているのは本書とみてよかろう。

⑨東京大学史料編纂所所蔵謄写本『箕輪伊賀自記』一冊

請求記号：二〇四四―五〇。書写奥書には、昭和八年（一九三三）に公爵島津忠重氏所蔵本を写したとある。また全文を⑧と比べたところ、両者は同文で改行位置も一致し、字形もかなり似ている。したがって⑨は⑧の精巧な写本とみてよい（①と②の関係を参照）。なお、⑨は史料編纂所データベースで画像が公開されている。

⑩鹿児島大学附属図書館所蔵「玉里文庫」中の写本『箕輪自記』一冊

請求記号：TZ〇一二四。奥書には、明治二一年に平田宗高所蔵本を写したものとある。また序文などから、この平田宗高本は、無銘之隠野人なる人物の宝暦八年（一七五八）の書写本を、文化五年（一八〇八）から翌年にかけて宗可・宗功が写したものであることがわかる。

このうち宗可と平田宗高の関係については、玉里文庫本『教令抜萃《きょうれいばっすい》』（請求記号：TZ〇一八二）が参考になる。すなわち本史料には、平田宗可による文化一五年の本奥書と、明治二一年に平田宗高本を写したと記す書写奥書があり、文化頃に平田宗可という人物が存在したこと、その蔵書が明治頃には平田宗高の所蔵となっていたことが判明する。この状況は次のように解釈するのが最も自然であろう。すなわち、同姓で実名の一字も共通する宗可と宗高は、かなり血縁の近い親族であり、それ故に前者から後者へと写本の継承がなされたのではなかろうか[14]。

右の考察を踏まえれば、⑩にみえる宗可は平田宗可であり、彼と並ぶ宗功も平田氏と考えてよかろう。そして、⑩は平田宗可・宗功が写し、近親の平田宗高に継承された本とみなしてよいだろう。

なお本書巻末には、『箕輪』とは別の史料が二点収録されている（内容などから仮に「関白秀吉九州下向の時の物語」・「箕勾伊賀入道条々写」と名付け、「物語」・「条々写」と略称する）。ともに三丁前後の長さの記録で、⑧⑨には収録されていない。

⑪鹿児島県立図書館所蔵写本『箕勾伊賀覚』一冊

請求記号：K二三／ミ。大正二年（一九一三）の県立図書館の購入印がある。奥書によると、市来《いちき》四郎政為[15]が木脇《きのわき》八郎右衛門[16]の蔵本を借用し、文政五年に書写したという。また表紙に「虎嘯福島図書」の印があり、福島正治[17]の手を経た本であることがわかる。なお、現状は誤綴[18]が甚だしい。また、本書巻末には「物語」・「条々写」が収められているが、⑩と比べて前者には若干の、後者には大きな異同（主に字句の脱落）がある。

⑫鹿児島県立図書館所蔵写本『箕輪伊賀自記』一冊

請求記号：K二三／ミ。大正六年の県立図書館の購入印がある。ペン書きの写本で、巻末には⑪とほぼ同文の「物語」・「条々写」が収録されている。底本は明記されていないが、⑪の誤綴箇所を引き継いでいることから、⑪を写した本と考えられる。

⑬鹿児島県立図書館所蔵写本『箕輪伊賀自記』一冊

請求記号：K二三／ミ。大正一五年の県立図書館の購入印がある。奥書によると、本書は文政一一年に木脇権一兵衛[19]が大坪平右衛門[20]に頼んで作成してもらったもので、その底本は伊地知季安から借用したという。すなわち⑧を写したものであるが、⑨のように改行位置を合わせたり字形を似せるようなことはしていない。

右によれば、⑧⑨⑬と⑩と⑪⑫とは、明らかに書写の系統を異にしている。実際三種の本文を比較してみると、語句や表現の異同が目に付くのである。しかしそれらは言い換えに近いものが多く、文意としては同じになる場合がほとんどである。一方、系統の異なる写本が複数存在することが幸いして、ある本の脱文を他の本で補うことが可能である。したがって『箕輪』については、底本を決めて他の本で校訂・補足しながら利用していくのがよいだろう。そして筆者は現在のところ、⑧⑨⑬が比較的脱文が少なくもっとも通読しやすい、底本向きの本だと考えている。そこで本稿では、この三本のうち現時点で画像公開されている⑨に拠ることとし、以下引用に際しては⑨の丁番号を示す。また⑩〜⑫との間に解釈に関わるような異同がある場合には、その旨を注記する。なお、『箕輪』各本の詳細については別稿を期したい。

次に『箕輪』の記主だが、島津家臣の箕輪重澄《しげずみ》が該当する。ところが近世の人物伝では、彼については舎人佐・伊賀・狩野介を名乗ったこと、軍功を挙げたこと（ただし具体例は示されていない）、著作を残したことが記される程度で[21]、あまり詳細な事蹟はわからない。

そこで、先に紹介した「条々写」に注目してみたい。これは重澄が自身の戦功について書き記したものだが、長文かつ複雑な史料であるため、詳しい内容紹介・考察については別稿を期し、ここではそこから読み取れる重澄の経歴のみを提示しておく。すなわち「条々写」によると、重澄は大永六年（一五二六）より少し前の生まれで、天文末〜元亀頃（一五五〇〜七〇年代頃）の合戦に参加している。また彼の所領は数町規模だったようで、中級家臣と位置づけられそうである。つまり、重澄は長谷場宗純より二〇歳ほど年長で、階層はさほど変わらない人物だったと考えられよう。

次いで『箕輪』の記述範囲だが、どの伝本も前欠となっているため、本来の書き出しは不明とせざるを得ない。現存しているのは、天文初年の島津諸家の抗争から、天正五・六年（一五七七・七八）の島津氏の日向平定までを記した部分で、おおむね一五三〇〜八〇年頃が記述範囲といえる。ただし、この範囲を越えたサイドストーリーとでも呼ぶべき記事も多いので、後で検討することとする。また成立年代については、著者奥書がないため、内容などから考える必要がある。

以上が『箕輪』の概要であるが、これを踏まえて『箕輪』と『長谷場』の記事の比較検討に進んでいきたい。一例として馬越《まこし》城攻めの場面を取り上げよう。永禄一〇年（一五六七）、島津氏は東方の日向小林（伊東氏領）を攻めると触れて出陣したが、突如軍を転じて西方の大隅馬越（菱刈氏領）を攻撃した。これが『長谷場』では史料4、『箕輪』では史料5のように描かれている。

史料4　『長谷場』一六丁裏～一七丁裏

菱苅方御退治の事、永禄十年の仲秋之天ニ至てハ、貴久（島津）様者真幸院に御越山被成つゝ、兵庫頭（島津義弘）様のまし〳〵て、御軍労の御礼を仰上るへき為に御光儀有て、其侭飯野にまし〳〵て、修理太夫義久（島津）様之御発足を御待居被成つゝ、世上に武略之物音者、小林（伊東氏領）表ニ御出勢と風聞させ、扨又横川（菱刈氏領）の城麓を、数万騎之軍兵者被打通、此事を見るよりも、菱苅方ハ伊東・求麻（相良氏）に告知す、時を不移境目ニ注進して、今や遅しと待居たる処に、東辺を打て西篇をと、軍勢道を振替て、般若寺越にごふし木越へ、忍ひ通りに打出て、比者永禄十年丁卯十一月廿三日の夜ニ入て、無月空と申せ共、方々より御佳例の神火をともし、難処の道もさわりなく、菱苅の院中の馬越（菱刈氏領）と云へる住城に、諸軍兵ハ懸着テ、我先にと切岸ニ攻上り、屏涯ニて先手の人衆者手負死人に成る処を、御太将軍修理太夫義久様の御手勢、諏訪山の高上ニ指登せ被成者、陸奥守貴久様の御人衆を、徳部の岡に御打上ケさせまし〳〵て、寄手の兵物方々より我先にと詰上り、即城を攻落し、南方衆も一手柄仕り、其中ニ辻大蔵左衛門尉・有馬軍弥左衛門尉・久留軍兵衛尉、屏涯に詰上り、垣を越んとせしか共、城主ニ井手籠駿河入道・同兵部少輔・同弥四郎指合て、切て落せハ其手にて空く成る、

史料5　『箕輪』三二丁表・裏

去程ニ永禄十年丁卯八月、伯囿入道（島津貴久）真幸院へ打越、兵庫頭殊成軍労仕給ひける間、一礼仰られ、暫く逗留ある処ニ、修理大夫義久、去年小林の城を攻落さる事、無念至極ニ覚る也、此度小林立と披露して、御馬を出されけれは、数万騎の軍兵横川を打通る、菱刈見之、時を不移此由伊東・相良に告知らす、我身の上と不知けるそ愚なれ、兵法ニ云、虎の洞出る、東辺を打て西辺ニ行と、軍勢道を引替、般若寺構子木越に発向して、同十一月廿四日の早天に、馬越の城へ押寄、吐気を動と作りかけ、我先にと切岸に攻上る、屏際にて先手の人々大略手負打死になる、義久の御勢諏訪山の高峯に打上せ給へハ、貴久の御勢は徳辺の岡に差上せ、時を不移切登る程ニ、南方の住人に辻大蔵左衛門・有馬軍弥左衛門・久留軍兵衛尉、屏を越んとせし処ニ、地頭井手籠駿河入道・同兵部少輔・同弥四郎馳合せ、手痛く防く程に、皆そこにて打れたり、

二つの記事を比べてみると、文意が大略同じであるだけでなく、人名や特徴的な表現（傍線部）までよく対応している。そしてこのような類似は、他の場面でもしばしば確認できるのである。したがって、両書がたまたま似た記事になったとは考え難く、いずれかがもう一方を参照しつつ作文したと考えるべきだろう。

それでは、両書の関係は具体的にはどのようになるのであろうか。ここで注目したいのは、両書の記事には異なる部分もあるということである。そこで、以下ではこの相違点を検討することを通して、両書の関係を考えてみたい。

まず両書の大きな相違点として指摘できるのは、『箕輪』では話が脇道にそれる場合が多々あるということである。その一つのパターンは、詳細な経緯説明を展開するというものである。一例を挙げれば、『長谷場』（三四丁表）が伊地知氏について単に「上古より普代の御被官」と説明した部分を、『箕輪』（四六丁表〜四七丁表）では南北朝期の島津氏と伊地知氏の関係を詳しく記した上で「当家普代の重臣」と説明している。一方もう一つのパターンは、『長谷場』にはない後日談を載せるというもので、たとえば『箕輪』六六丁裏〜六九丁裏では、島津氏に服属した後の肝付《きもつき》氏が零落していく過程を述べ、慶長一五年（一六一〇）の肝付兼幸《かねゆき》事故死にまで言及している。(22)そしてこの種の後日談に見える情報のうち、最も新しいものとしては、元和頃の情報を指摘できる。(23)

このような、いわばサイドストーリーが豊富なのが『箕輪』の特徴である。(24)そしてそこに元和頃の情報が含まれていることを踏まえると、『箕輪』は、慶長期に成立した『長谷場』より後に作られた史料と考えるのが、一見自然である。

ところが、他の相違点からは、別の結論が導ける。まず、『長谷場』は『箕輪』より兵数を多く記す場合がある。永禄九年の小林攻めの場面を例にとると、『箕輪』（二九丁裏）が島津義久軍二万・義弘軍一万五〇〇〇・歳久軍一万五〇〇〇とするのに対し、『長谷場』（一五丁表）は義久軍五万・義弘軍三万・歳久軍二万としている。また史料4・5を比べても明らかな通り、『長谷場』は『箕輪』より島津一門への敬語が徹底している。どちらも『箕輪』から『長谷場』へという記述の整備を示唆する特徴であり、その逆は考えにくい。

次に、『長谷場』は島津氏にとって不利な情報を書かないか、修正する傾向が見受けられる。一例として、永禄一二年の祁答院《けどういん》長野城攻めの場面を見てみよう。『箕輪』（四一丁表・裏）の記述を追ってみると、まず島津軍が下栫《したかこい》（城の麓に置かれた防衛施設）を攻め破ったが、「長野城廻り悪くして、渋谷の者共大勢馳込り、究竟の射手共多相籠りけれは」、島津軍は「悉ク手負死人に成にける間」、下栫破却を成果としてひとまず撤退した、となっている。これに対して『長谷場』（二六丁裏～二七裏）は、「廻り悪ク敵者大勢取籠る、究竟の射手共さし合て、防き戦ひかけ廻ると云へとも」、島津軍が下栫を攻め破った、と記している。すなわち、類似の表現はあるにもかかわらず、文の順番が異なり、また『長谷場』は島津軍の被害が多数であったことを明記していない。その結果、『箕輪』からは島津軍が城を攻めきれなかった印象を受けるのに対し、『長谷場』は島津軍が満足な成果を上げたように読めてしまうのである。このような違いも、『箕輪』から『長谷場』へという流れを想定させる。

つづいて史料4・5に即して比較検討してみよう。すると注目されるのは、「御佳例の神火」の話が『長谷場』にのみ見えることである（波線部）。この話の前提には、島津氏にまつわる伝説がある。すなわち『寛永諸家系図伝』などによると、比企能員《ひきよしかず》の妹丹後局《たんごのつぼね》は、源頼朝の寵愛を受けて妊娠したが、北条政子の嫉妬を恐れて関東から逃れることとなった。摂津住吉社付近に至った時、彼女は産気づき、狐火に照らされながら男子を生んだという。この男子が島津初代の忠久で、出産を助けた狐火は住吉末社の稲荷の加護の験だとされている[25]。

この伝説を踏まえて『長谷場』に立ち戻ってみると、「御佳例の神火」とは狐火を指し、進軍する島津勢に稲荷の加護があったことを意味していたことがわかる。このような〈島津氏は狐（稲荷）に護られている〉というイメージは、初祖にまつわるものとして島津氏に重視されていたことが指摘されている（〔鈴木二〇一二など〕）。以上のことを勘案すれば、この種の話は追加されることはあっても削除されることは考えにくい[26]。やはり、『箕輪』から『長谷場』へという記事の整備を想定させる相違点なのである。

このようにサイドストーリー以外の多くの相違点は、『箕輪』が先、『長谷場』が後に成立したことを明確に指し示している。つまり、慶長以前に『箕輪』がおおよそ成立しており、それを参照・潤色して『長谷場』が作られたと考えられるのである。一方、『箕輪』のサイドストーリーに元和頃の情報が見えることについては、『長谷場』が『箕輪』を参照した後で、『箕輪』が増補されたと考えることも可能であろう。つまり、左図のような系統関係を想定するのが、比較検討の結果と最も整合すると考えるのである[27]。

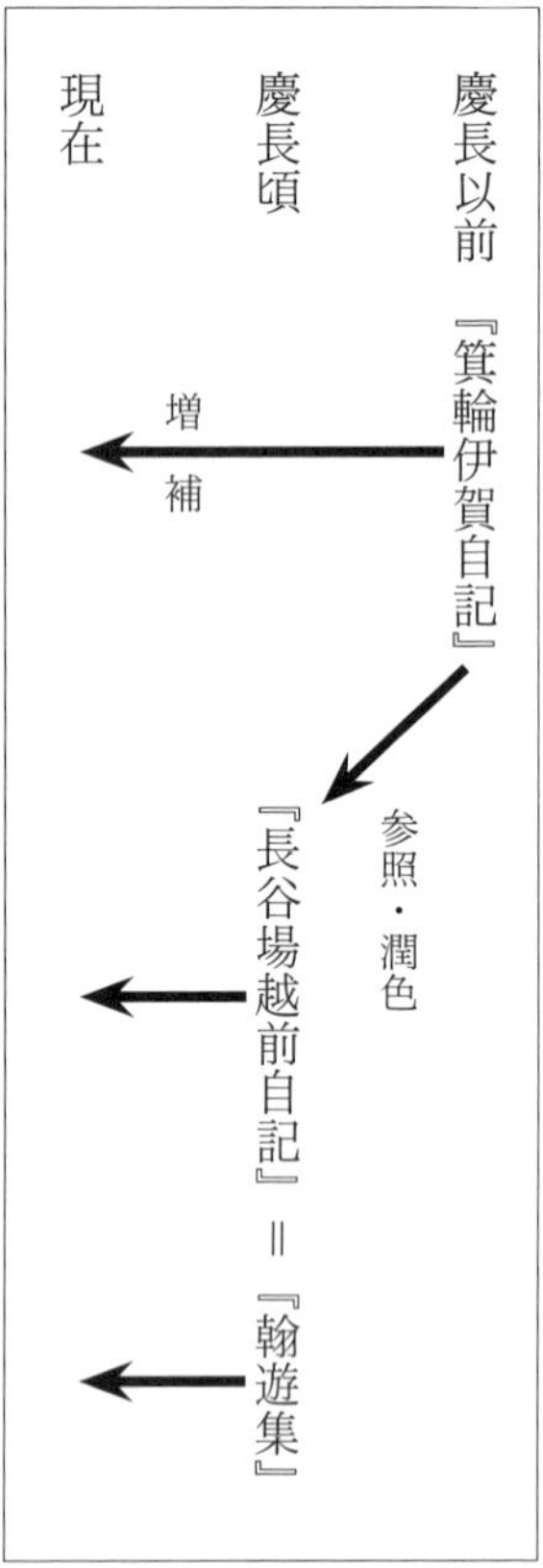

三　長谷場宗純の人物像

前節では、『長谷場』が『箕輪』を参照・潤色して作られた史料であることを述べたが、実はこのことは、長谷場宗純の人物像に照らしても自然なことと考えられる。そこで本節では、宗純の人物像を掘り下げていくことで、『長谷場』作成の位置づけを探ってみたい。

まず、第一節で取り上げた史料1の再検討から始めよう。この史料は宗純が自らの功績を書き上げたものであったが、そもそも彼はなぜこのような史料を作成したのであろうか。その答えは、第三条の後半に「抽粉骨、今生之雖達本望者、為備末代之亀鏡、尊老可奉拝御感筆者也」と明記されている。すなわち、島津氏のために奉公し今生の本望は達したが、末代の亀鏡に備えるため、自分の功績をあなた（文之玄昌《ぶんしげんしょう》）に集成してもらいたい、というのである。要するに、宗純は南九州屈指の学僧南浦文之《なんぽぶんし》のお墨付きを求めたのである。しかも同じ目的で作成されたとみられる文之宛の功績書上は他にも三通あり、(28)彼の熱意のほどを窺うことができる。文之はこの求めに応じたようで、長谷場文書には文之の手になる漢文体の宗純戦功覚書が残されている。(29)(30)以上の一件からは、宗純が出来事の記録化に非常に執着している様子が読み取れよう。

つづいて、宗純が記した写本奥書に注目してみよう。まず、応永年間（一三九四～一四二八）の南九州情勢を描いた『応永記』に、次のような宗純の奥書があることが知られている。

史料6

此本書者、御当家十代御屋形竜雲寺殿立久（島津）様之為御重物与、彼御寺被籠置事承伝、令拝見候之処、私家者共別而致忠節之由、文章依有之、末世之為備後鏡、住持尊老混望申請、致書写候者也、

長谷場越前入道

純斎（宗純）

元和二年（一六一六）丙辰十一月大吉祥日

同十郎兵衛（長谷場実純）門尉殿

参(31)

この奥書からは、宗純が竜雲寺《りょううんじ》（現日置市東市来町）所蔵本を書写して子の実純に与えたこと、同書に長谷場家の者が特に忠節を尽くしたという文章があったので、末世の後鏡に備えるために

書写したことがわかる(32)。

また、文明一六・一七年（一四八四・八五）に起こった争乱について記した『文明記』に、次のような奥書がある。

史料7

御当家十一代之御屋形　奥州忠昌（島津）様、依為文武長者、或ハ重天下之儀、或は軽一命、大敵を討亡シ、国土安全万民快楽之趣キ、此一帖ニ被書記置故、貴方之奉存御執心、為愚拙懇志候、向後茂御披見之刻者、壱巻草子彼是ニ可被思食出之侭、染禿筆ヲ令進上候処也、

長谷場越前（宗純）守

慶長十二年（一六〇七）丁未卯月上吉日書之、

河上左近将（久辰）監殿

参(33)

これによると慶長一二年四月、宗純は川上久辰の「御執心」に応えて「此一帖」を書写・進上している。したがって、この時点で宗純は『文明記』を所持していたことになろう。

右の二つの写本奥書からは、宗純が出来事の記録化に執着していたこととともに、彼が書物の書写・収集を積極的に行っていたことも窺える。書写・収集がはっきりと確認できるのは、現在のところこの両書のみであるが、宗純の記録化に対する執着心から考えて、他の書物を収集していたとしても不思議ではなかろう。そしてそのような積極的な書写・収集活動の中で、『箕輪』

などの島津義久の時代に関する覚書を入手していた可能性も、十分に想定できるだろう。

さて、以上に明らかにした宗純の人物像を踏まえて、本稿では『長谷場』作成の位置づけを次のように考えたい。すなわち、出来事の記録化に燃える宗純が、書写・収集していた書物を参照・潤色し、新たな書物を作り上げていった、そういうものとして、『長谷場』は整合的に位置づけられるのではなかろうか(34)。

おわりに

以上三節にわたって、『長谷場』についての検討を重ねてきた。「はじめに」では、編纂史料の性格を明確にし、どれをどのように活用するのが最善なのかはっきりさせておくべきであると問題提起したので、それに即して検討結果を整理してみよう。

まず『長谷場』の史料的性格は、次のように要約することができよう。すなわち、①記主の長谷場宗純は、天文一六年から寛永元年まで生きた島津中級家臣で、出来事の記録化に執着し、書物の書写・収集も積極的に行った人物であった、②その宗純が、他作の『箕輪』を参照・潤色しつつ、島津義久の時代の「軍記」として慶長期に作り上げたのが『長谷場』であり、義久も同書を閲覧していた、③『長谷場』と『輸遊集』は系統の異なる同じ史料である、以上である。

それでは、『長谷場』や『箕輪』はどのように活用することができるだろうか。まず、『箕輪』

を参照・潤色したのが『長谷場』であるから、歴史的事実の復元を目指す場合には、『箕輪』を基本に据えるべきだといえるだろう。もちろん『箕輪』も時代が下ってから島津家臣の視点で書かれたものであり、そのことに由来する限界は想定せざるを得ない。しかし一方で、第二節でも一例を挙げたが、『箕輪』には島津氏にとって不利な情報を明記するケースも多くみられるのであり、編纂史料の中では比較的事実に忠実な部類に属すると評価してよいだろう。[35]

これに対して『長谷場』は、基本的には覚書の潤色のされ方を検討するのに適した材料と考えるべきだろう。これはこれで貴重な材料であり、具体的な潤色のパターンが見えてくれば、他の編纂史料の記述を検討していく際の参考事例とすることもできよう。[36]

ただ注意しなければならないのは、長谷場宗純も実際に中近世移行期を生きた人物だということである。[37]そのため彼が自身の見聞に基づいて、『箕輪』の記述を修正した場合もあったかもしれない。そしてもしそうだとすれば、その部分は歴史的事実復元の上で無視できない材料となりうるだろう。したがって、実際に歴史的事実の復元に取り組む際には、『箕輪』を基本に据えつつも、『長谷場』に目配りすることも忘れてはならないのである。[38]

さて、右のように検討結果を整理してみると、島津氏関係史料研究の現状が見えてくるように思う。すなわち、右にまとめたことは、本来『長谷場』や『箕輪』を利用するにあたって最初に確認しておきたい基本的事項であろう。しかし従来の島津氏研究では、このような事項を意識した分析が行われたり、基本的事項自体に対する考察が深められたりすることは少なかったように思われる。その結果、個々の編纂史料の性格については、基礎的な部分すら十分に共有されていないのではなかろうか。

つまり筆者は、島津氏関係史料研究には、思いの外未熟な部分もまだ多くあると認識しているのである。むしろ刺激的な「琉球史料学の船出」に機敏に反応して、島津氏研究の側も、基礎的なところから改めて史料研究に取り組んでいくべきではなかろうか。

注

（1）なお室町期の史料に関しては、［五味一九八三］のような諸伝本や他の編纂史料まで視野に入れた分析がある。この方向性の継承・深化が必要と考えるのである。

（2）以下、『鹿児島県史料　旧記雑録拾遺　家わけ・伊地知季安著作史料集』は『家わけ』・『季安著作集』、『鹿児島県史料集　西藩烈士干城録』は『干城録』と略記し、それぞれ巻数・文書番号などを付記する。なおこれら刊本の翻刻は、原本などによって適宜校訂した。

（3）「長谷場系図并略譜」（『家わけ』五）、「長谷場孝純列伝」（『干城録』二）。

（4）「古高帳写」（『鹿児島県史料　旧記雑録』後編四―一〇七五、四八三頁）。

（5）現在は東京大学史料編纂所所蔵（請求記号：〇〇七一―七）。『家わけ』五で翻刻されている。

（6）『家わけ』五―長谷場文書六五。

（7）幕末期の薩摩藩記録所職員で、明治二一年からは磯島津邸で家譜編纂にもあたった人物（［林二〇〇七など］）。

（8）いったん綴じを解き、再度綴じなおした際に、丁の順番に誤りが生じること。⑤には修理が施されているが、その作業の過程で誤綴が生じたものか。

（9）複数の伝本が知られているが（[内倉二〇一四]）、ここでは閲覧の便がよく、最も良質な写本と考えられている東京大学史料編纂所所蔵写本に代表させる。

（10）木崎原《きざきばる》合戦で戦死した伊東方将兵の幽霊が出現したという奇譚（⑦四一丁裏）、肥後花山《はなのやま》城の戦いを要約した一条（⑦七一丁表）、文禄四年（一五九五）の朝鮮での虎狩りの記事（⑦一二〇丁裏）は、『翰遊集』に見えるが『長谷場』には見えない。

（11）なお、これから本稿で引用する記事については、『長谷場』と『翰遊集』を対照してみたが、解釈に関わるほどの脱落はなかった。

（12）なお書名について一言しておくと、史料1から宗純本人はこの史料を『翰遊集』と呼んでいたことがわかる。翻って考えてみると、『長谷場越前自記』というのは宗純の著作であることに重点を置いた呼び方といえ、こちらは後世の通称と考えるべきだろう。

（13）『季安著作集』八、一四二頁。

（14）なお、玉里文庫本『教令抜萃』の原本と考えられるものが、東京大学史料編纂所所蔵「島津家文書」中にある（請求記号：島津家文書─五二─一─一二）。つまり、平田宗高本の一部はある時点で島津家文書に組み込まれていたことになるが、その経緯などは今のところ不明である。

（15）年代からみて、明治期に国事鞅掌《こくじおうしょう》史料編纂などに活躍した市来四郎（一八二八〜一九〇三）とは別人。彼の養父は四郎政直という名で知られているが、あるいは政為はその別名であろうか。

（16）木脇祐国。木脇家については、祐国の従兄弟啓四郎を中心に近年研究が進んでいる（[原口ほか編二〇〇五など]）。

（17）明治期島津家の家譜編纂に関わった人物で、少なくとも明治末期まで業務にあたっていたこと、伊地知季通や木脇啓四郎の史料を借写していたことなどが指摘されている（[五味二〇〇七など]）。

(18) ⑪には修理が施されており、その作業の過程で誤綴が生じたものか。

(19)「大島代官記」（『奄美史料集成』）には、寛政一一年（一七九九）の項に木脇賀左衛門が、文化八年の項に木脇権一兵衛がみえ、両者は同一人物だという。この権一兵衛（賀左衛門）が、文政一一年に⑬の作成を依頼した権一兵衛にあたるか。なお「木脇祐利列伝」（『干城録』二）によると、木脇氏はすでに一六世紀初めの時点で祐利の系統と祐兄の系統に分かれており、前者の子孫が賀左衛門、後者の子孫が八郎右衛門であるという。これによれば、前出の木脇祐国（八郎右衛門）と、木脇権一兵衛（賀左衛門）とは、かなり早くに分かれた一族ということになる。

(20) 日向高岡郷大迫の人で、史学に通じ渉猟・抄録した書は多数、嘉永五年（一八五二）設立の高岡練士館では句読師の補助を務めたという（『高岡郷士史』）。

(21)「簑輪重親列伝」（『干城録』三）。軍功と著作については、具体的には「従軍数有功、〈重澄有所著武名記、行於世〉」と記されている。

(22) ちなみに、この部分では⑨に数か所の脱字・脱文があり、大意は理解できるものの細かい意味が取りにくい。しかしこの脱字・脱文は⑩〜⑫で補うことができ、細かい意味まで明快になる。

(23)『箕輪』六五丁裏、天正四年の高原《たかはる》城攻めの場面に、「樺山殿（久高）は不思議の命を助り、後には権左衛門・美濃守とそ申ける」とある。樺山久高《かばやまひさたか》が美濃守を名乗っていることが確認できる初見史料は、元和六年（一六二〇）三月三日樺山美濃守あて島津氏老中連署知行目録（『家わけ』五―樺山文書二九五）である。

(24) これらのサイドストーリーは、『旧記』に収録されていないものも多い。つまり『旧記』によるだけでは、この『箕輪』の特徴は発見できないのである。このことからも、伝本を集めた上での全体的な検討の必要性は明らかであろう。

(25)『寛永諸家系図伝』二、一三一頁（島津忠久の項）。

(26)　『箕輪』もこの類の話を載せないわけではなく、一二丁表には天文一七年（一五四八）三月の「当家嘉運ノ霊火」の話が見える（この時期は『長谷場』の記述範囲から外れており、両書の記述を比較することはできない）。そのため『箕輪』の記主がわざわざ狐火の話を削除するとは考えにくく、『長谷場』（狐火の話あり）から『箕輪』（狐火の話なし）へという流れはやはり想定しがたいのである。

(27)　なお鈴木彰氏は、幸若舞曲の表現の影響という観点から『長谷場』に言及している〔鈴木二〇一五〕。文学表現の観点から『長谷場』と『箕輪』を比較することも、今後の課題となろう。なお、鈴木氏が幸若舞曲などの定型句の具体例とした『長谷場』の記事、「扨爰に物の哀を留たるは、白尾半右衛門尉とぞ聞得ける」（七丁表・裏）は、『箕輪』にも「爰ニ物ノ哀ヲ留シハ、白尾半右衛門ト云者アリ」（二二丁表）として見える。一方、幸若舞曲の武装表現の影響を指摘した記事（『長谷場』二六丁裏）は、『箕輪』には見えない。

(28)　『家わけ』五―長谷場文書六二・六三・六四。

(29)　『家わけ』五―長谷場文書四三。この覚書は慶長二〇年（一六一五）五月一三日付けとなっているが、史料1との対応関係から見て、元和二年（一六一六）一一月一五日以降に作成されたものと考えられる（下限は文之が没する元和六年九月三〇日）。つまり、本覚書は日付を遡って作成されたのである。本覚書に見える功績のうち最後のものは、大坂夏の陣に際しての出陣（慶長二〇年五月上旬）であるから、これに近い日付が選択されたと考えれば、日付の遡及もさして不自然ではなかろう。

(30)　なお似た事例として、『伊集院肥前入道一代於御弓箭粉骨次第』と『決勝記』の関係を挙げることができる。両書ともに『旧典類聚』一〇（東京大学史料編纂所所蔵写本。請求記号：四一四〇・一―三四―一〇）に収録されているが、『決勝記』には慶長一六年の文之の奥書があり、「為伊集院前肥前守沙弥元巣、捃摭其軍功之一二、以書之」とある。そしてその内容は、『粉骨次第』をほぼそのまま漢文体に直したものとなっている。両書の作成経緯は明記されていないが、宗純の事例と併せ考えると、伊集院元巣が『粉骨次第』を提示して依頼、文之が応じて『決勝記』を作成した可能性が高いのではなかろうか。またそうだとすると、一見特異に見える宗純の依頼も、類例を得ることとなる。
(31) 東京大学史料編纂所所蔵「島津家本」中の写本（請求記号：島津家本―さI―一二―三三―一四二）による。なお、『応永記』の奥書はすでに［新名二〇一五］一四〇頁に紹介されている。
(32) 『応永記』を通覧してみると、応永二〇年の伊集院氏との戦いの際、島津久豊の御旗を持った人物として「長谷場」がみえる。宗純が注目したのはこの部分と考えられる。
(33) 『諸旧記三』所収（『季安著作集』四）。なお、『文明記』の奥書はすでに［福島一九八八］五〇頁に紹介されている。
(34) なお、本節では出来事の記録化に執着する宗純の人物像を提示したが、掲げた諸史料からも窺えるように、彼が特に執着したのは、自身や自家の功績の記録化であった。ただしこの点に関しては他にも検討すべき史料があるので、本稿では踏み込まず、別稿を期すこととしたい。
(35) ただし第二節でも触れたように、『箕輪』のサイドストーリーについては慶長より後の増補である可能性があり、利用には注意が必要である。
(36) またこの視点からの検討を進めていけば、島津家において、覚書や軍記がどのような意図のもとで作成されていったかを探っていくこともできるだろう。この点を究明し、他家における覚書・軍記の成立事情［布引一九九三］［金子二〇一二］など）と比較していくことも、今後の重要な課題である。
(37) これも詳細は別稿に譲らざるをえないが、たとえば『長谷場』の記事には、合戦の参加者などとして宗純本人が登場する場合がある。宗純が島津家臣として軍役を務めることは当然あったであろうから、彼の参陣は自己申告とはいえまったくの虚構とは考えられない。してみれば、宗純は少なくとも自身の戦闘参加の事実を補足する形で『箕輪』を修正していたのであり、さらにはその際に体験したことをもとに『箕輪』の記述を修正した可能性も否定できないのである。

（38）言うまでもないが、両書と同等以上の信憑性を認められる史料がある場合には、それらも加味していくことになる。

参考文献

内倉昭文「「古の遺愛」小考　附「旧典類聚」の諸本等について」（『黎明館調査研究報告』二六、二〇一四年）
金子拓『記憶の歴史学』（講談社、二〇一一年）
黒嶋敏「織田信長と島津義久」（『日本歴史』七四一、二〇一〇年）
黒嶋敏「印判・あや船」（同『中世の権力と列島』高志書院、二〇一二年、初出二〇〇八年）
黒嶋敏「島津義久文書の基礎的研究」（『東京大学史料編纂所研究紀要』二五、二〇一五年）
五味克夫「『山田家文書』と『山田聖栄自記』補考」（『鹿大史学』三一、一九八三年）
五味克夫「解題」（鹿児島県歴史資料センター黎明館編『鹿児島県史料　旧記雑録拾遺　伊地知季安著作史料集一』、一九九七年）
五味克夫「福島正治と伊地知季通」（『旧記雑録月報』二八、二〇〇七年）
鈴木彰「再編される十六世紀の戦場体験」（『文学』一三―五、二〇一二年）
鈴木彰「泗川の戦いにおける奇瑞の演出」（『国文学研究』（早稲田大学）一六九、二〇一三年）
鈴木彰「文芸としての「覚書」」（『文学』一六―二、二〇一五年）
新名一仁『室町期島津氏領国の政治構造』（戎光祥出版、二〇一五年）
布引敏雄「毛利関係戦国軍記の成立事情」（『日本史研究』三七三、一九九三年）
林匡「史料紹介「平田宗高手記」と「御家譜編集一件帳」」（『黎明館調査研究報告』二〇、二〇〇七年）
原口泉・丹羽謙治・下原美保・河津梨絵・入船もとる・安達晃一・加治屋貞之編『薩摩藩文化官僚の幕末・明治』（岩田書院、二〇〇五年）

福島金治『戦国大名島津氏の領国形成』（吉川弘文館、一九八八年）
朴澤直秀「「島津家本」の構成と形成過程」（『東京大学史料編纂所研究紀要』八、一九九八年）
村井章介「島津史料からみた泗川の戦い」（同『世界史のなかの戦国日本』筑摩書房、二〇一二年、初出二〇〇〇年）
山室恭子『中世のなかに生まれた近世』（講談社、二〇一三年、初出一九九一年）
斎木一馬・林亮勝・橋本政宣校訂『寛永諸家系図伝』二（続群書類従完成会、一九八〇年）
本田親典編『高岡郷土史』（一九三二年）
松下志朗編『奄美史料集成』（南方新社、二〇〇六年）
鹿児島県歴史資料センター黎明館編『鹿児島県史料　旧記雑録』後編四（一九八四年）
鹿児島県歴史資料センター黎明館編『鹿児島県史料　旧記雑録拾遺　家わけ』五（一九九五年）
鹿児島県歴史資料センター黎明館編『鹿児島県史料　旧記雑録拾遺　伊地知季安著作史料集』四・八（二〇〇三・二〇〇九年）
鹿児島県立図書館編『鹿児島県史料集　西藩烈士干城録』二・三（二〇一一・二〇一二年）
玉里文庫目録作成委員会編『玉里文庫目録』（鹿児島大学附属図書館、一九六六年）

原本調査から見る豊臣秀吉の冊封と陪臣への授職

須田牧子

はじめに

史料原本の詳細な観察は、時に思いがけない成果をもたらすことがある。高精細の赤外線撮影によって新たな文字が発見され、急速に読み解きの進んだ「倭寇図巻」研究はその典型であるが（［東京大学史料編纂所二〇一四・須田二〇一六］）、絵画史料に限らず、古文書についても、モノとして対象を捉え、科学的手法を用いて原本を観察・調査することにより、新たな歴史情報を引き出そうとする試みが近年注目を集めている。なかでも古文書の紙質に着目した料紙研究は、成果の蓄積とデジタル顕微鏡性能の向上によって、精緻なものとなりつつある。これによって引き出された歴史情報をどのように扱い、いかに読み解いていくのかは、これからの大きな課題であろう。

本稿は、この古文書研究の現在的課題を念頭に置きつつ、紙質に着目した料紙研究が、ある歴

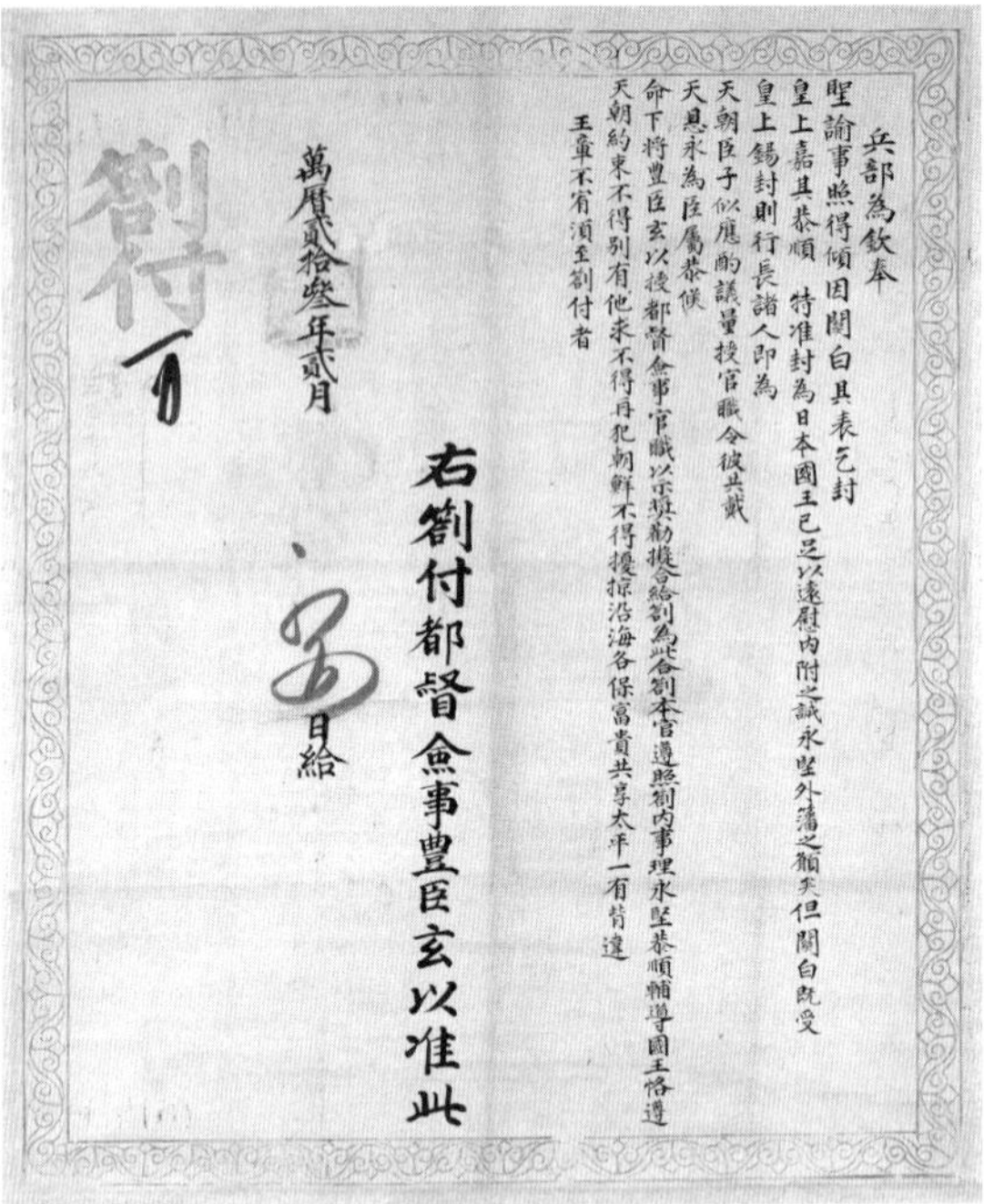
兵部為欽奉
聖諭事照得傾因関白具表乞封
皇上嘉其恭順　特准封為日本國王已足以遠慰内附之誠永堅外藩之願矣但関白既受
皇上錫封則行長諸人即為
天朝臣子似應酌議量授官職令彼共戴
天恩永為臣屬恭候
命下將豊臣玄以授都督僉事官職以示寵勸擬合給劄為此合劄本官遵照劄内事理永堅恭順輔導國王恪遵
天朝約束不得別有他求不得再犯朝鮮不得擾掠沿海各保富貴共享太平一有背違
王章不宥須至劄付者
右劄付都督僉事豊臣玄以准此
萬曆貳拾叁年貳月　日給
劄付

図１　前田玄以宛明国兵部箚付（東京大学史料編纂所蔵）

史事象の読み解きに大きな威力を発揮することになった一つの例を紹介しようとするものである。

　一五九五年、明朝が豊臣秀吉を日本国王に冊封した際、日本側諸将——明朝から見れば陪臣たち——に対しても授職がなされた。これに伴い明朝から諸将へ発給された文書の原本が、現在三通確認されている。いずれも箚付《さっぷ》という、上級官から下級官へと伝達する形式の文書で、宛先と授けた官職名以外はほぼ同一文言で書かれたものであるが、三通のうち二通に、料紙を切り貼りした修正痕が見られる。料紙の一部を切り取り、違う料紙を貼り付けて文言を修正した文書は、同時代の国内文書においては類例に乏しく、貴重な事例である。筆者は幸いにしてこの三通について原本を詳細に観察し、紙質を顕微鏡調査する機会に恵まれた。以下その内容を述べ、そこから引き出しうる歴史情報を整理し、併せて、そこから浮かび上がってくる豊臣秀吉の冊封の実態にも適宜言及していくことにしたい。

一　前田玄以宛明国兵部箚付

東京大学史料編纂所には「明国箚付」と名付けられた一通の明国発給文書が所蔵されている（口絵10、図1）。縦一一一×横八五・三センチメートル、軸装。飾罫線を一枚板に陽刻し、その板に「箚付」の文字をはめ込み、竹紙に青く刷りだした用紙に墨書される。日付の「初四」の文字は朱書きで、年記の上には朱印がおされている。神田孝平氏旧蔵で昭和二年（一九二六）に史料編纂所が購入した。史料編纂所はそれ以前、神田孝平氏所蔵であった明治一六年（一八八三）に精巧な模写本を作成している(1)。

内容を見よう。

【釈文】

兵部為欽奉

聖諭事、照得、傾因関白具表乞封、

皇上嘉其恭順、特准封為日本国王、已足以遠慰内附之誠、永堅外藩之願矣、但関白既受

皇上錫封、則行長諸人即為
天朝臣子、似応酌議量授官職、令彼共戴
天恩、永為臣属、恭候
命下、将豊臣玄以、授都督僉事官職、以示奨勧、擬合給箚、為此合箚、本官遵照箚内事理、
　永堅恭順、輔導国王、恪遵
天朝約束、不得別有他求、不得再犯朝鮮、不得擾掠沿海、各保富貴、共享太平、一有背違、
　王章不宥、須至箚付者、
　　右、箚付都督僉事豊臣玄以、准此、
　万暦弐拾参年弐月（朱筆）「初四」日給
　（青、刷字）「箚付」（押署）

【読み下し】

兵部、聖諭を欽奉せんが事の為にす。照得すらく、このごろ関白、表を具し封を乞うに因り、皇上その恭順を嘉し、特に准して封じて日本国王と為す。すでに以て遠く内附の誠を慰め、永く外藩の願を堅くするに足れり。ただし関白、すでに皇上の錫封を受くれば、則ち行長諸人、即ち天朝の臣子たり。まさに酌議し、量りて官職を授け、彼をして共に天恩を戴き、永く臣属と為さしむべきに似たり。恭しく命の下るを候ち、豊臣玄以をもって、都督僉事の官職を授け、以て奨勧を示さん。擬すらくはまさに箚を給すべし。これが為にまさに箚すべし。

本官は箚内事理に遵照し、永く恭順を堅くし、国王を輔導し、恪んで天朝の約束に遵い、別に他求有るを得ず、朝鮮を再犯するを得ず、沿海を擾掠するを得ざれ。おのおの富貴を保ち、共に太平を享けよ。一に背違有らば、王章宥さざらん。すべからく箚付に至るべき者なり。

右、都督僉事豊臣玄以に箚付す、此を准けよ。

【大意】

兵部がつつしんで聖諭を奉じて行う事について。聞き及ぶところでは、最近関白（豊臣秀吉）は表を奉り封を乞うたので、皇帝陛下はその恭順を嘉し、特に許して封じて日本国王とした。（このことは）すでに、遠く中国に付き従うという（日本側の）誠を慰労し、永く外藩でありたいという願を強固なものにするに十分である。ただし関白が、すでに皇帝陛下から封を賜った上は、（小西）行長らは天朝の臣子である。よく議論して、軽重を計って（適切な）官職を授け、共に天恩を戴き、永く臣下となすべきである。恭しく皇帝陛下のご命令を待ち、豊臣玄以に、都督僉事の官職を授け、奨励することとしたい。兵部として判断するところではまさに箚を給するべきである。このために箚を出すべきなのである。本官（前田玄以）は箚の内容とそれが説く道理をよく踏まえてこれに遵い、永く恭順の意を堅くし、国王を輔導し、謹んで天朝の約束に遵い、これ以上の要求をしてはならないし、朝鮮を再犯してはならないし、沿海を擾掠してはならない。（そのうえで）おのおの富貴を保ち、共に太平を享受しなさい。ひとつでも違反するところがあったならば、法が許さないであろう。この箚付の内容をよく承知しておくように。以上。

右は、都督僉事豊臣玄以に箚付するものである。このとおりにせよ。[2]

すなわち、文禄・慶長の役のはざまの第一次和平交渉において、明朝は豊臣秀吉を日本国王に封じることとしたが、このとき豊臣秀吉旗下の小西行長以下の武将たちにも併せて官職を授けることとし、前田玄以には都督僉事という官職を授けることとした、とするものである。

二　毛利輝元宛箚付と上杉景勝宛箚付

ところで、この前田玄以宛箚付と同文の箚付が、毛利博物館と上杉神社にも軸装された形で現存する（口絵11、図2、図3）。それぞれ、毛利輝元を都督同知に、上杉景勝を同じく都督同知に任じたものである。字配りと字形が多少違うが、官職と宛所以外は同文である。[3] また前田玄以宛箚付と、刷り残しの跡が共通しているところから、三通とも同じ板で刷った用紙を使用していることが明らかである。毛利輝元宛のものが一〇七・二×九〇・九センチメートル、上杉景勝宛のものが一〇五・五×八九・〇センチメートルと、本紙のサイズには多少の差があるが、飾罫線の外寸は約九八×八三センチメートルと、三通ほぼ共通であるから、軸装の際に生じた差異と考えられる。飾罫線と「箚付」の文字が青く刷りだされている点、日付の「初四」が朱書きである点、年記の上に朱印がおされる点も同じである。ただ、前田玄以宛のものが、「万暦弐拾参年弐月」の文字を墨書するのに対し、毛利輝元・上杉景勝宛はともに「万暦弐拾参年　月」を黒で刷り、「弐」のみ墨書している点が異なっている。

もう一つ、毛利輝元宛と上杉景勝宛の箚付には前田玄以宛のものに見られない重大な特徴がある。前田玄以宛箚付には彼を「都督僉事」に任命する旨が書かれている。毛利輝元と上杉景勝には「都督同知」が授けられている。都督僉事は正二品相当で、中央官の武官の三等官にあたる。都督同知は従一品相当、中央官の武官の二等官にあたる。つまり前田玄以が貰った官職は、他の二人より一つ低いのだ。

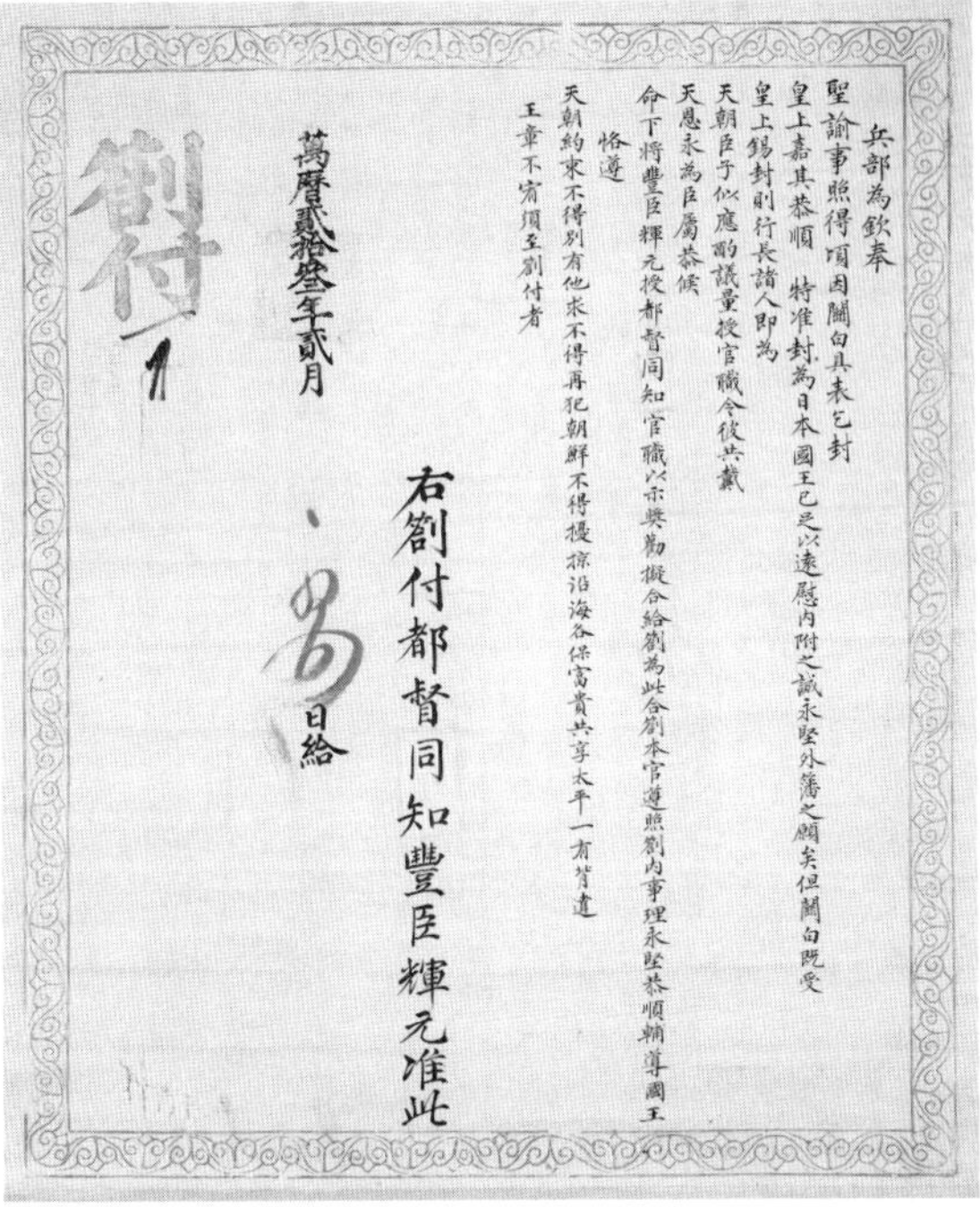
兵部為欽奉
聖諭事照得頃因關白具表乞封
皇上嘉其恭順　特准封為日本國王已足以遠慰内附之誠永堅外藩之願矣但關白既受
皇上錫封則行長諸人即為
天朝臣子似應酌議量授官職令彼共戴
天恩永為臣屬恭候
命下將豊臣輝元授都督同知官職以示奬勸擬合給劄為此合劄本官遵照劄内事理永堅恭順輔導國王
恪遵
天朝約束不得別有他求不得再犯朝鮮不得擾掠沿海各保富貴共享太平一有背違
王章不宥須至劄付者
右劄付都督同知豊臣輝元准此
萬暦貳拾叁年貳月　日給
劄付

図２　毛利輝元宛明国兵部箚付（毛利博物館蔵）

　前田玄以が上杉景勝・毛利輝元より一段低い格付けをされていること自体は、日本国

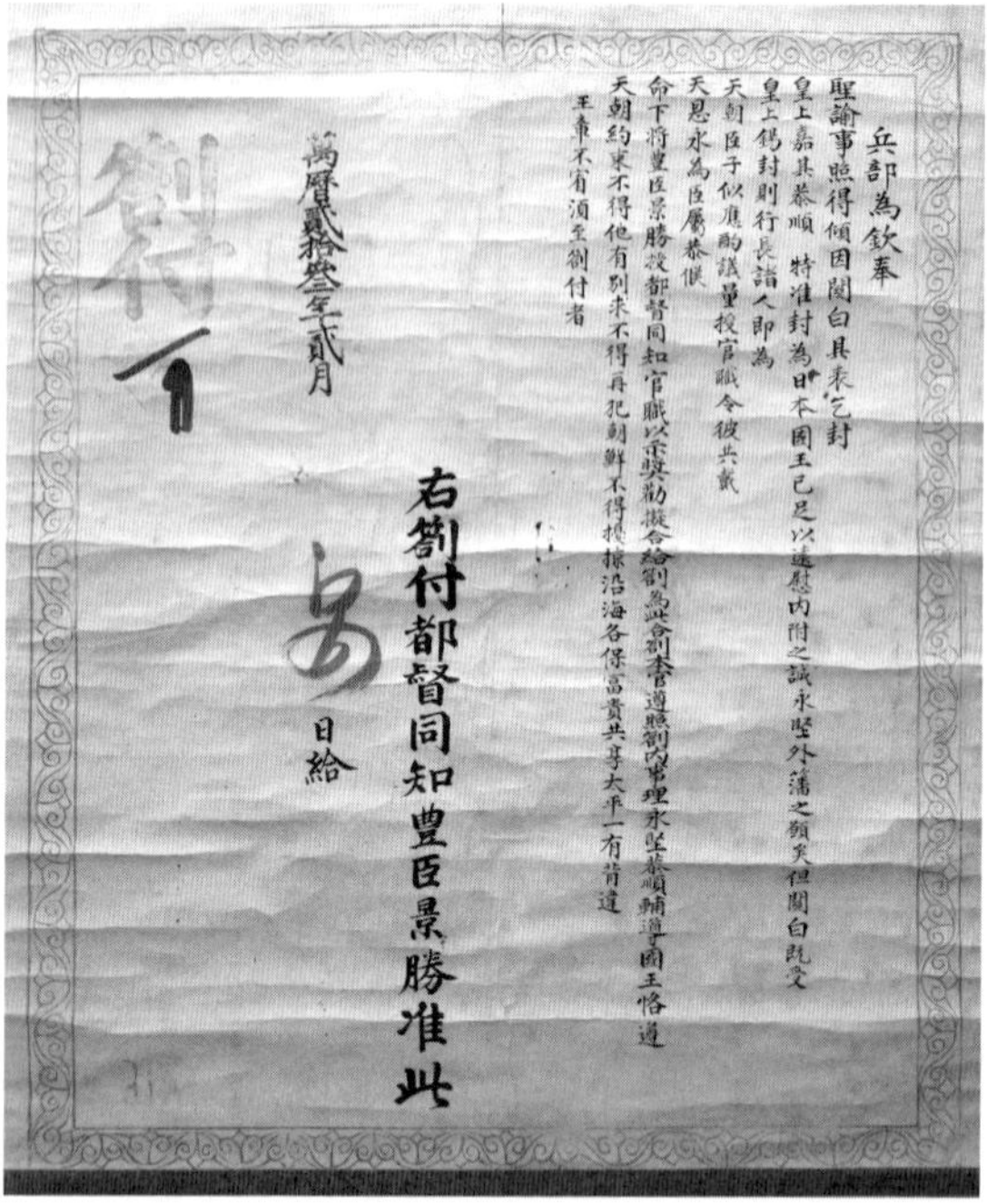
兵部為欽奉
聖諭事照得倭国関白具表乞封
皇上嘉其恭順 特准封為日本国王已足以遠慰内附之誠永堅外藩之願矣但関白既受
皇上錫封則行長諸人即為
天朝臣子似應酌議量授官職令彼共戴
天恩永為臣屬恭候
命下将豊臣景勝投都督同知官職以示奨勧擬合給箚為此合箚本官遵照箚内事理永堅恭順輔導国王恪遵
天朝約束不得他有別求不得再犯朝鮮不得援掠沿海各保富貴共享太平一有背違
王章不宥須至箚付者
右箚付都督同知豊臣景勝准此
萬暦貳拾叁年貳月 日給
箚付

図３　上杉景勝宛明国兵部箚付（上杉神社蔵）

内における彼らの立場を考えれば、当然に思える。しかし上杉景勝・毛利輝元宛の箚付をよく見ると、上杉景勝宛箚付は、二カ所の「都督同知」の文字のどちらも、「督同知」の部分は、本紙が切り抜かれ、裏から紙が貼られた、その紙の上に書かれている（図４①②）。一方、毛利輝元宛箚付も二カ所の「都督同知」の文字のどちらも、「同知」の部分は本紙が切り抜かれ、裏から紙が貼られた、その紙の上に書かれている（図５①②）。つまり、毛利輝元・上杉景勝ともに官職名が改変されているのである。

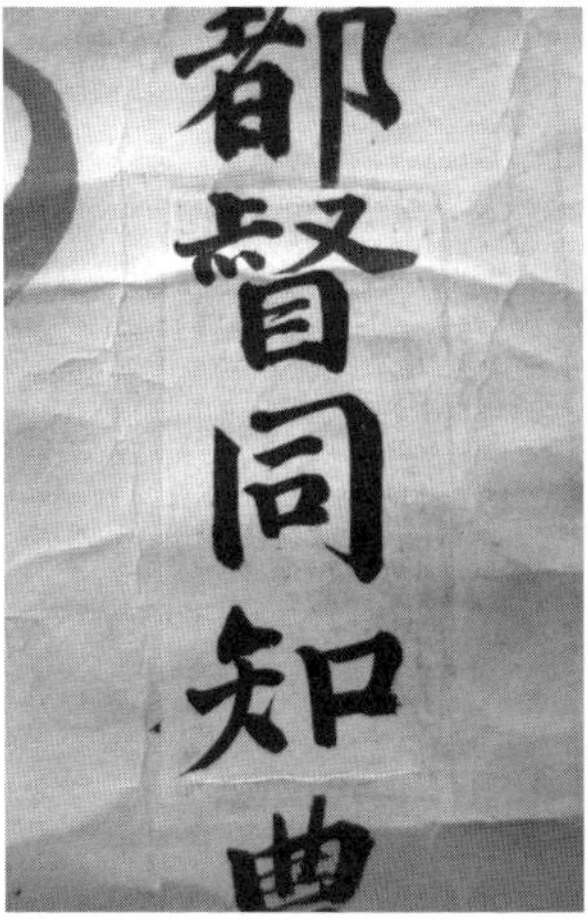

図４②　上杉景勝宛箚付（宛所改変部分）

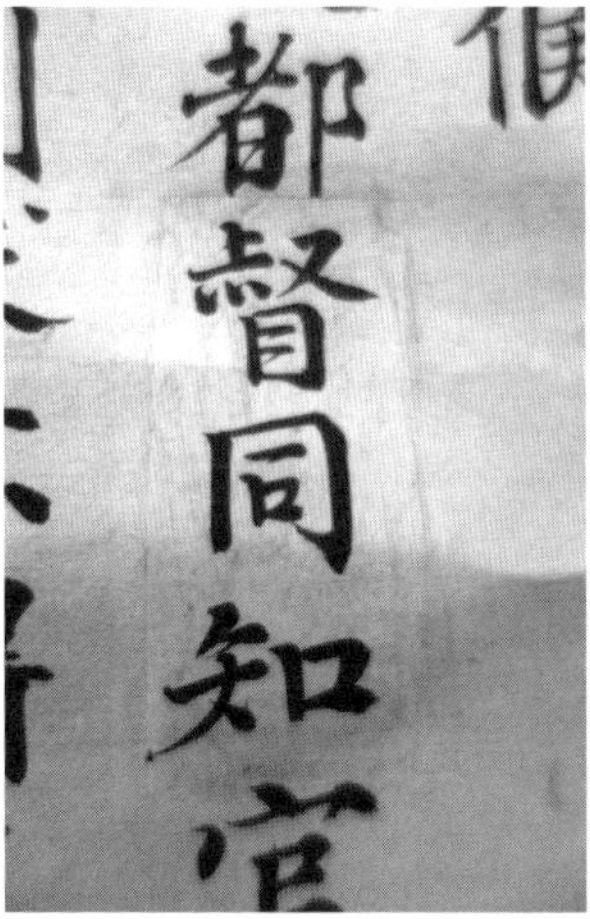

図４①　上杉景勝宛箚付（文中改変部分

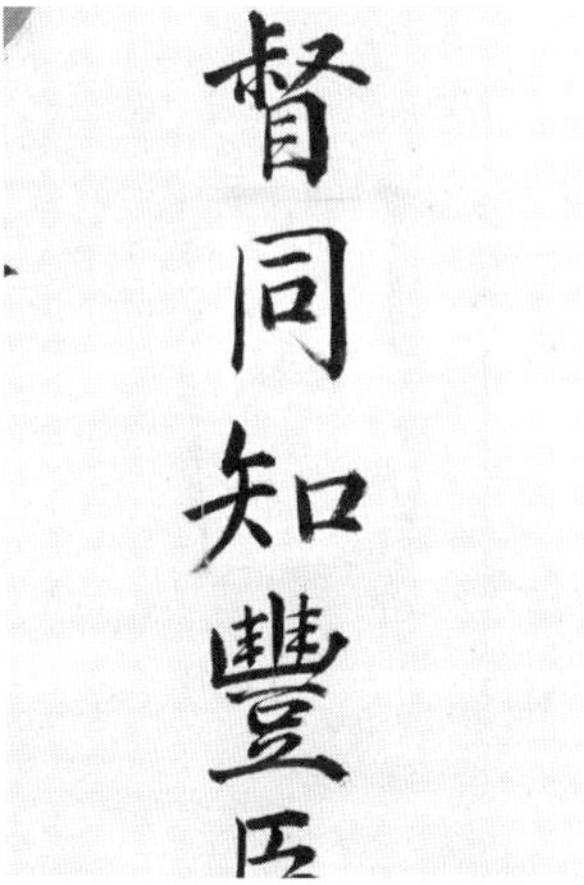

図５②　毛利輝元宛箚付（宛所改変部分）

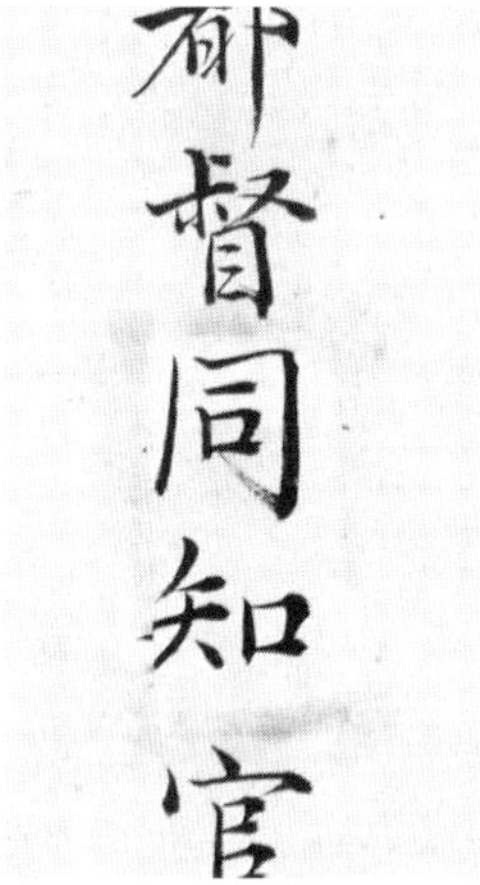

図５①　毛利輝元宛箚付（文中改変部分）

三　いつどこで改変されたのか――紙片の紙質から――

この改変はいつどこでなされたのであろうか。豊臣秀吉の冊封の過程と意義を整理された米谷均氏は、これを明側によるものと論じている（〔米谷二〇一四〕）。すなわち、万暦二二年（文禄三、一五九四）一二月七日、北京に到着した内藤如安は、数十名に及ぶリストを提出し彼らへの授職と、さらに空名箚付（名前の書いていない任命書）の交付を要求した（『経略復国要編』後附所収「小西飛稟帖」）。このリストは小西行長・石田三成・増田長盛・大谷吉継に近しい人物が優遇されていることが特徴である。これに対して、明側は、翌万暦二三年正月一二日、小西行長・宇喜多秀家・増田長盛・石田三成・大谷吉継・徳川家康・毛利輝元・羽柴秀保を都督僉事に、内藤如安を都指揮使（地方官の武官の一等官）に任命する決定を下した（『明実録』同日条・『国榷』同日条）。しかしこれは先の内藤如安の要求から相当かけ離れた結果であったため、おそらく日本側から抗議がなされ、再度調整の結果、同月二一日、徳川家康を右都督に、前田利家・宇喜多秀家・毛利輝元・羽柴秀保・小早川隆景・増田長盛を都督同知に、石田三成・大谷吉継・前田玄以・長束正家・施薬院全宗・小西如清・石田正澄・小西行長を都督僉事に任じる決定が下された（『江雲随筆』所収「万暦帝詔書」）。しかしこの変更について十分に連絡が行き届かなかったのではないか。冊封使は同月三〇日には北京を出発しているが、現存箚付は二月四日付であり、冊封使の後を追って届けられたものと考えられ、修正痕はこのような蒼惶とした発給事情の産物ではないか、と言うのである。

つまり万暦帝の決定に従い、もともとの作成場所である兵部において、修正がなされたと考えるわけである。

それならば作り直した方が早そうな気もするが、それはともかく、明側で改変がなされたとすれば、後補の紙は明紙であるはずである。そこで、御所蔵者・関係諸機関のご理解のもと、東京大学史料編纂所修復室の高島晶彦氏に依頼して、二〇一六年三月に毛利輝元宛の、同年六月に上杉景勝宛の箚付の紙質調査を試みたところ、意外な事実が判明した(4)。すなわち、毛利輝元宛の箚付の後補紙は二か所とも、本紙とよく似た竹紙であったが、上杉景勝宛の箚付は二か所とも雁皮紙、すなわち和紙であったのである〔高島二〇一七〕。

図6（口絵12）は毛利輝元宛の箚付の顕微鏡撮影画像である。拡大倍率は一〇〇倍で、①が本紙、②が文中の、③が宛所の改変部分である。三枚とも竹の繊維の一本一本が折り重なっているのがくっきりと見える。①②③の番号を外して画像を混ぜてしまえば、違いを見分けるのはまず不可能であろう。

図7（口絵13）は上杉景勝宛の箚付の顕微鏡画像である。拡大倍率は同じく一〇〇倍で、①が本紙、②が文中の、③が宛所の改変部分である。①は、図7の三枚と同様、細長い竹の繊維を見て取ることができるが、②③は、繊維一本一本は見えないほどに密に絡みあい、のっぺりした印象をうける。繊維の間隔が密なのは雁皮紙の特徴である。

後補紙が竹紙である毛利輝元宛の場合、改変の可能性は明側にも日本側にも残される。北京か

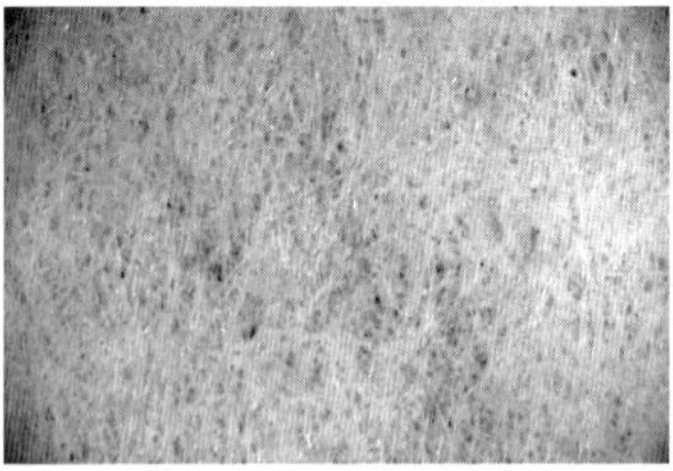

図6①　本紙

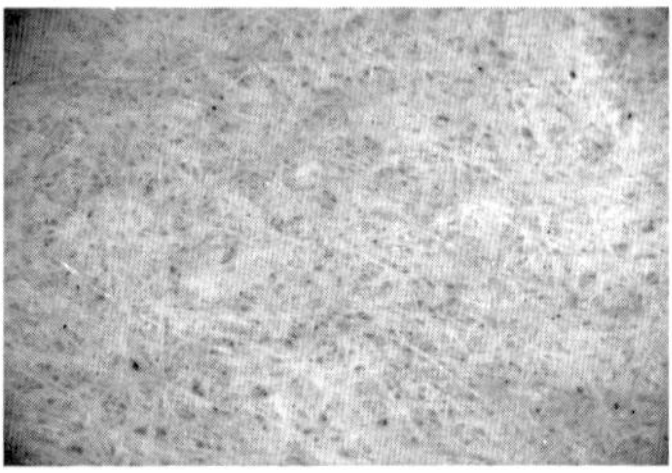

図6②　文中改変部分

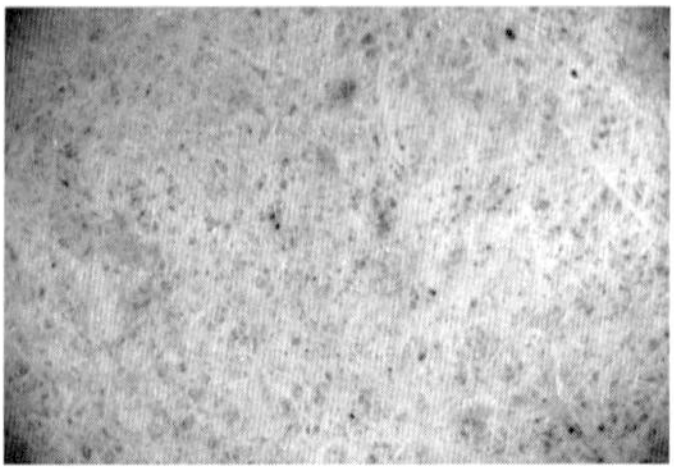

図6③　宛所改変部分

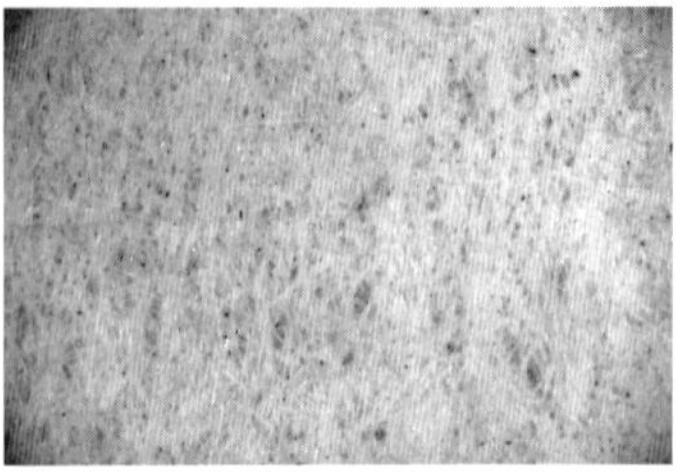

図7①　本紙

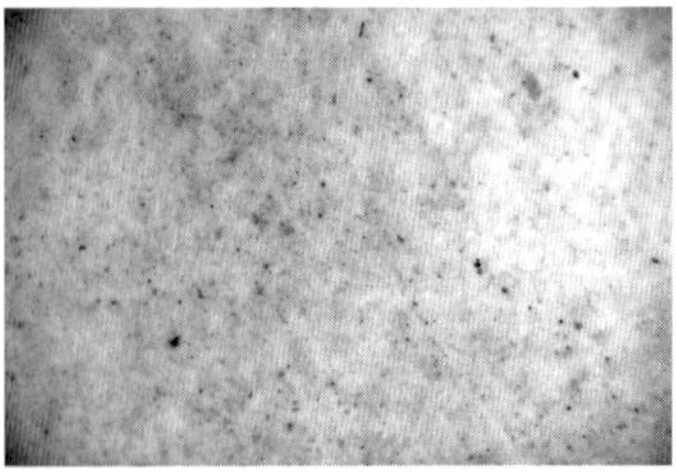

図7②　文中改変部分

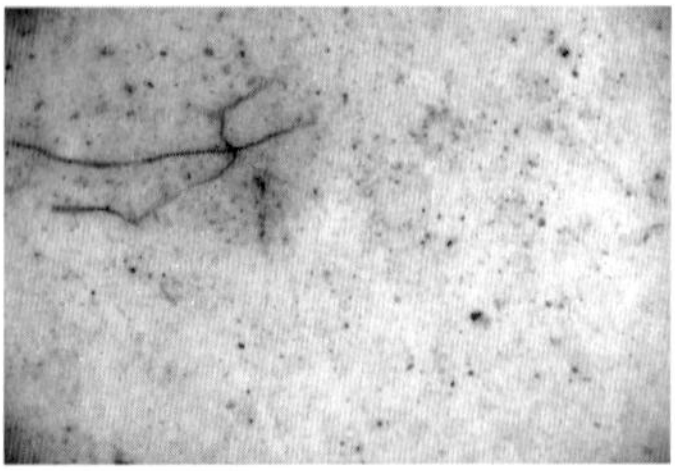

図7③　宛所改変部分

ら朝鮮半島を経る帰国の途上で、日本側が竹紙を手に入れる機会はいくらでもあろう。しかし、雁皮紙である上杉景勝宛の場合、わざわざ和紙を使用して明朝の兵部で修正したと考えるのは無理がある。日本側での改変と断じざるを得ない。そうなると、毛利輝元宛の細工もまた、日本側による可能性が高くなるが、細工に使用した紙の種類が異なるとなると、毛利輝元宛の改変時期と上杉景勝宛のそれとはずれる可能性が新たに浮上する。

四　いつどこで改変されたのか――原本の観察から――

改変部分周辺をもう少し詳しく観察してみると、毛利輝元宛箚付は、文中の改変部分は、紙片に「同知」と書いたものを裏から貼っている。「知」の三画目の横棒、四画目の払いの一部が本紙の下に隠れてしまっている（図5①）。逆に宛所の改変部分は、先に裏から紙を貼ってから、上から字を書いている。「知」の三画目と四画目の一部が今度は本紙の上に乗っている（図5②）。最初に先に書いて失敗したので、次は貼ってから書くことにしたのであろうか。注意したいのは、文中の改変部分の本紙のほうに残画らしきものが残っていることである。すなわち「同」の両脇に墨が二つ、「知」の左に墨が一つ見える（図5①）。あるいは前田玄以宛と同様に「僉事」とあったのではなかろうか。前者は「僉」のかさの残画、後者は「事」の六画目の横棒の残画と解せないだろうか。

上杉景勝宛のほうは、紙片に文字が収まっているので、書いて貼ったのか、貼ってから書いたのかは現状からでは判断できない。二カ所とも上の字の「都」、下の字の「官」や「豊」の一部をつぶす形で本紙が切り抜かれ、裏から貼り紙されている（図４①②）。文中のほうの切り抜かれた箇所は長方形ですらなく、台形状を呈しており（図４①）、かなり慌てて細工を施したような印象をうける。本紙に残る残画という点では、宛所のほうの改変部分の「知」の左脇に一つ墨があるのが注目される（図４②）。こちらにも「僉事」とあったのであろうか。しかし「都督僉事」であったならば、「督」から改める必要はない。毛利と同様「同知」と改変するだけでよかったはずである。では「都」で始まる四文字の官職名には何があるだろうか。

そう考えた時に思い出されるのは、正月一二日段階の決定で内藤如安に与えるとされていた「都指揮使」である。地方に置かれた軍政の拠点・都指揮使司のトップである都指揮使は、格としては正二品相当となり、つまり都督僉事と同格で、都督同知よりは一段低い。あるいは上杉景勝は「都指揮使」に任命される予定だったが、再度の調整の結果、「都督同知」に任じられることとなり、それに伴い「指揮使」が切り取られ「督同知」に改められたのであろうか(5)。しかし前述のように、この改変は雁皮紙によりなされており、明朝によるものとは考えにくい。さらに上杉景勝は、『明実録』や『国権』の万暦二三年正月一二日条の授職決定者のなかには名が見えない。再度の調整の結果、新規追加されたのだとしたら新たに文書が作られるはずで、そもそも官職名を切り抜いて訂正する必要はないだろう。

五　『江雲随筆』所収目録の検討

これら原本の観察から得られた知見と疑問を検討するためには、米谷氏が、再度の調整の結果を反映するとする『江雲随筆』所収「万暦帝詔書」をはじめ、このときの秀吉冊封関係史料の再検討が必要である。以下、煩を厭わず、一つずつ検討していきたい。

史料1　『明実録』万暦二三年正月庚辰（七日）条

礼部范謙請給豊臣平秀吉皮弁冠服紵絲等項及誥命・詔・勅・印章、先是小西飛称、日本已無国王、以秀吉上請、本部擬封為順化王、奉旨、平秀吉、准封日本国王、故事外夷襲封、例賜皮弁冠服及誥・勅等項、惟始封例、有印章、日本自永楽初錫封、賜有亀鈕金印、時小西飛供称、旧印已無、似宜別行鋳給、故兼有是請、詔従之、

史料2　『明実録』万暦二三年正月乙酉（一二日）条

兵部石星題、関白具表乞封、　上特准封為日本国王、査隆慶年間初封順義王旧例、其頭目効順者、授以龍虎将軍等職、朶顔三衛頭目、見各授都督等官、今平秀吉、既受　皇上錫封、則行長諸人即為　天朝臣子、恭候旨下、将豊臣行長・豊臣秀家・豊臣長盛・豊臣三成・豊臣吉継・豊臣家康・豊臣輝元・豊臣秀保、各授都督僉事、小西飛、間関万里納款、仍応加賞賚、以旌其労、其日本禅師僧玄蘇、応給衣帽等項、本部倶于京営犒賞銀内酌給、奉旨、如議行、

史料3　『国榷[6]』巻七七　乙未万暦二三年正月乙酉（一二日）条

授日本豊臣行長・豊臣秀家・豊臣長盛・豊臣王盛・豊臣吉継・豊臣家康・豊臣輝元・豊臣秀保各都督僉事、日本禅師僧玄蘇給衣帽、小西飛授都指揮使、

史料1によれば、秀吉を日本国王に封じるにあたり、「皮弁冠服紵絲等項及誥命・詔・勅・印章」が給されることになった。日本国王印と冠服のほか、文書としては誥命・詔・勅が発給されたことになる。『明実録』はこれらの文書本文を載せないが、談遷著『棗林雑俎』智集の「本関白求封」と題する項には「二月甲辰朔壬子、詔封日本国王平秀吉曰（中略）、勅諭平秀吉（中略）、封日本国王平秀吉誥文（中略）」として詔・勅・誥命が写されている。(7)

史料2は秀吉を日本国王に任じたので、アルタイを順義王に封じたときの例にならい、麾下の武将たちにも官職を授けようとする石星の題奏に、明皇帝がその通りにせよと命じたことを伝えるもの。史料2の『明実録』では、「豊臣行長・豊臣秀家・豊臣長盛・豊臣三成・豊臣吉継・豊臣家康・豊臣輝元・豊臣秀保」に都督僉事を授け、「小西飛」こと内藤如安には褒美を、景轍玄蘇に衣帽を与える旨が提案されているが、史料3の談遷著『国権』では内藤如安には都指揮使が与えられたと具体的に記されている。

豊臣秀吉に与えられた三点の文書のうち、現在、誥命の原本は大阪歴史博物館に、勅の原本は宮内庁書陵部に所蔵されている。(8) これらと『棗林雑俎』所収の写とを比較すると、誤字・脱字・脱落のたぐいを除けばほぼ同文で、『棗林雑俎』が相当高いニュースソースを得て書かれていることが確認できる。

詔については、現在原本は確認されておらず、『江雲随筆』(9)に下記の写が所収されるのを確認できるのみである。

史料４『江雲随筆』

明帝詔賜秀吉公
奉天承運
皇帝詔曰、朕受天明命、覆幬無私、仁育遐荒、有同宇下、惟爾日本、遠隔鯨濤、昔嘗受命于先朝中、乃自携于声教、爾豊臣平秀吉、能統其衆、慕義承風、始仮途于朝鮮、未能具達、継皈命于　闕下、備見真誠、馳信使、以上表章属藩籬、為之代請、恭順如此、朕甚嘉之、茲特遣後軍都督府僉書都督僉事李宗誠充正使、五軍営右副将署都督僉事楊方亨充副使、持節、封爾為日本国王、錫以冠服・金印・誥命、凡尓国大小臣民、悉聴教令、共図輯寧長、為中国藩維、永奠、海邦之黎庶、恪遵朕命、克祚天休、故茲　詔示、俾咸知悉、
万暦二十三年丙申正月二十一日
大明皇帝贈進目録
金遍地錦百二十疋　花閃段七十疋
大錦段七十疋　青素段五十疋
拱線五十七疋　紅白花綾七十疋
花線絹九十二疋　花銭絹一百二十疋

褐羅傘二頂　　金鼓五方坐纛旗一副
青金段七十一疋　　銷金段二十五疋
絨錦二十四疋　　青䐶段七十五疋
西洋錦七十六疋　　潞紬各色共十二疋
青素絹十疋　　杭紗五十九疋
絲二十盤　　開段疋物件共一千疋

同冠服

冲天冠一頂　　玉帯一団　　段蟒二襲
襯衣二件　　大紅蟒衣四襲　　紗蟒一襲
羅衣一襲　　便衣道袍四件　　紅潞紬一件
藍■紗一件　　皂靴一双　　緑潞紬一件
藕色紗一件

又開王妃冠服

珠翠珊瑚金鳳冠一頂　　玉帯一団
金螺絲頭銀脚簪一対　　大紅五彩粧花金段袍一件
官緑五彩粧花金段裙一条　　大紅五彩粧花羅袍一件
官緑五彩粧花羅裙一条　　大紅五彩花紗袍一件

官緑五彩粧花紗裙一条　大紅金錦紅裏夾襖一件
　欽賞右都督家康
箚付一張　紗帽一頂　円領一套
金帯一囲　皂靴一双
都督同知　利家　秀家　輝元　秀保　隆景　景勝　長盛
都督僉知　三成　吉継　玄以　正家　金《全》宗　如清　正澄
　　　　行長　私曰、右各同知・僉知皆都督三品也、

文頭「明帝賜秀吉公」と途中の「大明皇帝贈進目録」は、『江雲随筆』の筆者によって付された題名であろう。文末尾の「右都督家康」「都督同知」以下の三行に記載されている事項が、米谷氏が万暦帝による最終決定と見なしている授職者と官職名となる。史料2・史料3に記された授職者とだいぶ異なっていることが見て取れる。この写を『棗林雑俎』所収の詔の写と比べてみよう。

詔封日本国王平秀吉曰、「朕受天明命、覆幬無私、仁育遐荒、有同宇下、惟爾日本、遠隔鯨波、昔嘗受爵於先朝中、乃自携於声教、爾平秀吉、能統其衆、慕義承風、始仮道於朝鮮、未能具達、継帰命於闕下、備見真誠、馳信使、以上表章干属藩、為之代請、恭順如此、朕心嘉之、茲特遣後軍都督府僉書署都督僉事李宗誠充正使、五軍営右副将署都督僉事楊方亨充副使、

持節、封爾為日本国王、錫以冠服・金印・誥命、凡爾国大小臣民、悉聴教令、共図綏寧長、為中国之藩維、永奠、海邦之黎庶、恪遵朕命、克祚天休、故茲昭示、俾咸知悉」、

『江雲随筆』も『棗林雑俎』も双方、人名と役職に誤脱があるものの、「朕受天明命」から「俾咸知悉」までの本文部分は、ほぼ同文であることが確認できる。だが『棗林雑俎』には、『江雲随筆』の「大明皇帝贈進目録」部分は書き上げられていない。本文ではないので省略したとも考えられるが、『棗林雑俎』は、勅の末尾に記されている国王への頒賜品は写している。詔に目録が付されていたのなら、きちんと書いていてもおかしくはない。詔には本来目録は付いていなかった可能性がある。さらに言えば、勅に国王への頒賜品リストが付いているにもかかわらず、同時に出される詔にも改めて別内容の頒賜品リストを付すものであろうか。『江雲随筆』に写される目録は、本当に明朝から出されたものなのだろうか。

勅の末尾に書上げられている頒賜品リストは、前代の日本国王である足利将軍家宛に送られたものに比して品物が少ないことが指摘されている（［大庭一九七一］）[10]。あまりにも贈物が貧弱であることを危惧した第三者の手によって贈物が増補され、それに沿った形で目録が仕立てられた可能性はないだろうか。もしこの目録がそのような形で明皇帝のあずかり知らないところで作成されたのだとすれば、目録末尾に記された授職者と官職名は明による調整の結果ではない、ということになる。

加えて、この目録末尾に加えられた授職者と官職名の書き方も、やや不審である。そもそも詔

に、王・王妃と併せて陪臣への頒賜品を記載することがあるのかどうかも気になるところではあるが、記載されていたとすれば、

　欽賞右都督家康
箚付一張　紗帽一頂　円領一套
金帯一囲　皂靴一双

に続いて、たとえば、

　欽賞都督同知利家
箚付一張　紗帽一頂　円領一套
金帯一囲　皂靴一双

のような形で、並んでいくのが本来であろう。それが、

都督同知　利家　秀家　輝元　秀保　隆景　景勝　長盛
都督僉知　三成　吉継　玄以　正家　金《全》宗　如清　正澄
　行長

のような形で、メモ書き風になっているのは、どこかの段階で写す際に、省略ないし脱落が生じたか、あるいは、「都督同知」以下は、『江雲随筆』の筆者、もしくは彼らが底本とした史料の筆者が、実情に合わせてメモ書きとして加えた結果のように思われる。いずれにしろ原態をとどめているとは考えがたい。

六　誰に何が与えられたのか

以上の通り、『江雲随筆』に所収される目録そのもの、あるいは少なくとも授職者名と官職名の記述が明朝中枢の意志を反映しているかどうかについては、疑問がある。とすれば、明朝が予定していた授職対象者とその官職については、明朝側の史料を基本として考えた方が良いのではなかろうか。すなわち史料2の『明実録』や史料3の『国権』に書かれている決定が、明朝の最終決定であって、『江雲随筆』所収目録は、米谷氏が論じたように明朝と日本側の調整の結果を反映しているのではなく、日本側ないし、日本側と明朝の現場担当者による改変の結果を反映しているものと考える余地もあるのではないかということである。

このように考えた場合、史料2と史料3に見られる授職者・官職名と、『江雲随筆』所収目録に見られるそれとの関係、すなわち明朝の決定と改変の結果との関係は、次のようになる。

・豊臣行長（小西行長）：都督僉事→都督僉事、ママ
・豊臣秀家（宇喜多秀家）：都督僉事→都督同知、格上げ
・豊臣長盛（増田長盛）：都督僉事→都督同知、格上げ
・豊臣三成（石田三成）：都督僉事→都督僉事、ママ
・豊臣吉継（大谷吉継）：都督僉事→都督僉事、ママ
・豊臣家康（徳川家康）：都督僉事→右都督、格上げ

・豊臣輝元（毛利輝元）：都督僉事→都督同知、格上げ
・豊臣秀保：都督僉事→都督同知、格上げ
・小西飛（内藤如安）：都指揮使→記載なし
・利家（前田利家）：対象外→都督同知
・隆景（小早川隆景）：対象外→都督同知
・景勝（上杉景勝）：対象外→都督同知
・玄以（前田玄以）：対象外→都督僉事
・正家（長束正家）：対象外→都督僉事
・全宗（施薬院全宗）：対象外→都督僉事
・如清（小西如清）：対象外→都督僉事
・正澄（石田正澄）：対象外→都督僉事

明朝が下した九名の授職決定者のうち五名が格上げされ、さらに八名が追加されている。これをおおまかに整理すれば、右都督とされた家康、および都督同知とされた秀家・輝元・利家・隆景・景勝は、文禄四年（一五九五）八月の豊臣秀次事件以後、豊臣政権を支える大老と位置づけられていったメンバー、都督僉事とされた行長・三成・吉継・玄以・正家・全宗はこの時期の豊臣政権の吏僚として著名な人物たちであり、同じく都督僉事の如清・正澄はそれぞれ小西行長と石田三成の兄にあたる。また同知に格上げされている豊臣秀保は、秀吉の弟豊臣秀長の大和大納

言家を嗣いだが、秀次事件に先立って死去している。死去していなければ、一門の重鎮ということで、妥当な線であろうか。ただし三成らと同格に思われる増田長盛が同知に格上げされているのは奇妙に見えるし、徳川家康が一人、一ランク上の官職（右都督は中央官の武官の一等官、同知は二等官）に格付けされていることも疑問なしとしない。また、史料2『明実録』では褒美を与えることが決定され、史料3『国権』では都指揮使を授けたことになっていた内藤如安については、記載が無い。

以上から『江雲随筆』所収目録が、この当時行なわれた授職の実態を、正確に洩れなく記載しているかどうかについては、疑念を持たざるを得ない。明使に同行してきた朝鮮通信使黄慎の日記には「聞関伯〔白〕已為受封、諸倭将四十人具冠帯受官云」[11]とあり、陪臣の授職者は四〇名との情報が記されている。これは『江雲随筆』所収目録に見られる一六名よりもはるかに多い数である。またルイス・フロイスの年報には、「さらに、シナの国王は、二〇着の公家の衣服を、シナの称号と顕職とともに、二〇人の貴人達に送った。〔その貴人達は〕同じシナの国王があちらから明白に指名して送った者達で、その中の筆頭はアウグスト〔小西行長〕だった。そして〔シナの国王は〕もう二〇着の衣服を、顕職とともにそれらを与えるべきと彼〔＝太閤〕が思う二〇人を、太閤〔豊臣秀吉〕が指名〔して、授与〕するように〔送った〕。」とある。[12]すなわち明皇帝が直接指名した授職者が二〇名いたこと、加えて秀吉が独自に指名して授職できるように「顕職」と冠服が二〇名分送られたことを記しており、計四〇名の授職が想定されていたことがわかる。この四〇名という数値は黄慎の日記と一致する。どちらも伝聞情報ではあるが、『江雲随筆』所収目録に記される人物以外にも、授職された人物がいた可能性は否定できない[13]。ただ箚付原本が現存する毛利輝元・上杉景勝・前田玄以、また写の残る小早川隆景[14]については、『江雲随筆』所収目録と各文書に記された官職は一致しており、『江雲随筆』所収目録は、明朝の決定から格上げされた人名・追加された人名の一部を正確に記しているということはできる。

さて、明朝の決定から格上げされた人々については、それに関わる文書の作成は、明朝から渡された本人宛箚付の官職の部分を改変すれば済む。毛利輝元がそれである。しかし、明朝の決定の対象外にあったのに授職された人々の場合はどのような形になるのだろうか。

前田玄以宛ならびに上杉景勝宛箚付は、まさにその例である。玄以と景勝は史料2にも3にも名前がないが、箚付はある。これらの箚付は先にも述べたように、毛利輝元宛箚付と共通の板で刷り出された竹紙の用紙に書かれている。つまり用紙そのものは日本側の偽造ではない。したがって明朝からは少なくとも、内藤如安を含む九名の授職者たち宛の箚付のほか[15]、都督僉事に任じる空名箚付が何通か日本側に渡されていたと考えられる。さきのルイス・フロイスの年報に見える「太閤が指名〔して、授与〕するように〔送った〕」顕職とは、具体的にはこの空名箚付を指すのであろう。「都督僉事」と断定するのは、前田玄以宛箚付は官職名の部分に細工が見られないからである。

さらに先述したように上杉景勝宛箚付が「督」の字から改変されていることを考えると、「都指揮使」の空名箚付も渡されていた可能性がある。日本側は、明朝が下した授職者宛の箚付の官職部分を適宜改変するだけではなく、こうした空名箚付に名前を書き入れ、あるいは空名箚付の官職部分をも改変し、日本国内の政治的序列を反映させた形の「明朝からの授職」を作り上げたのではなかろうか。『明実録』に授職者として名前が見える毛利輝元宛の箚付の「豊」が本字であるのに対し、上杉景勝・前田玄以宛箚付ではともに略字が使われているのも（図1・2・3参照）、彼らの名前が明朝兵部以外の場所で、書き込まれた可能性が高いことと関係しているのかもしれない。その架空の「明朝からの授職」を作り上げたのは、ルイス・フロイスの年報に見える「太閤が指名」という記述を重んじるならば、豊臣秀吉自身であった可能性もある。

七　明朝官職秩序についての知識

ところで、日本側が改変などを通じて、虚構の「明朝からの授職」を作り上げるためには、日本側にそれ相応の明朝の官職秩序への知識がなくてはならない。もちろん、こうした改変が物理的に可能になった背景には、文書を運んできた明使の側からの協力が想定され、そうであれば、そのような知識は明使から得たとも考えられる。だが日本側にも同時期、明朝の官職秩序につき、一定の知識は存在していたようである。

菊亭家に伝わった記録の中に『文武階勲』と題される写本がある。[16]この史料は最初に文武の職位を連ね、ついで「在京衙門官員品級」と題し中央官の官職と相当する位が、「在外衙門官員品級」と題し地方官の官職と相当する位が、書き上げられ、位に応じた俸禄米の量までが記されている。これを見れば、都督同知が従一品で、正二品の都督僉事よりも格上であることや、都指揮使が正二品であるが地方官であることなどは、たちどころに知れる。

本史料の末尾には「右一冊、号大明制符、先年防州下向之時、借請大宰大弐義隆朝臣令書写訖、至奥方者、命他筆、近日所書上也、全部無用之間、只抜書干要而已、天文九年二月晦日参議従三位行右大弁藤原朝臣惟房」の奥書がある。すなわち天文九年（一五四〇）段階で大内氏の元にこのような本があり、それを、当時大内領国を行き来していた公家の一人が抜き書きして持ち帰り、伝来したものということになる。日明関係に深く関係していた大内氏のもとに、明朝の官職秩序に関わる知識が蓄えられていたこと自体は、思えば当然のことではある。ただ本史料は、日明関係遂行に必要な相手の官職という目線ではなく、官職全体にわたって書き上げられたものである。したがって大内氏のもとで知見がまとめられたものというよりは、同時代の明で流通していた実用本の類を購入してきたものではなかったかと思われる。

本史料に見られる知識がどこまで普遍性を持っていたのかを、今たどることはできないが、奥書を記した万里小路惟房の娘は、豊臣秀吉のブレーンの一人菊亭晴季の室であり、本書が菊亭家に伝来したことを考えるならば、豊臣政権内にはある程度伝わっていた可能性が高いのではなかろうか。こうした知識をもとに、明朝からの決定とそれに基づき下された文書を適宜改変し、空名箚付を活用して、国内の政治事情に合わせた官職の任命書が作成されていったのではなかろうか。

しかし以上の考察では、毛利輝元宛箚付の細工が竹紙で、上杉景勝宛箚付の細工が雁皮紙であるという謎は、謎のままである。可能性として考えられるのは、第一に、毛利輝元宛箚付を初めとする大部分の文書の細工が先行してなされ、あとから余っていた空名箚付を利用して上杉景勝宛箚付が作成された、これは蒼惶のうちになされたので、竹紙の準備が間に合わず、手近な雁皮紙で間に合わせた、という流れである。ルイス・フロイスの年報では「二〇着の公家の衣服を、シナの称号と顕職とともに、二〇人の貴人達に送った。〔その貴人達は〕同じシナの国王があちらから明白に指名して送った者達」だったと記されており、史料2や3に見える九名よりもはるかに多い人数が、明朝の指名により授職されたことになっている。あるいは、毛利輝元宛箚付を含む改変は、明使の堺到着以前に秀吉の知らないところでなされ、陪臣の授職は二〇名として準備されていたが、堺到着後、「顕職とともにそれら（衣服）を与えるべきと彼（＝太閤）が思う二〇人」として上杉景勝等が追加されたのかもしれない。

ただ上杉景勝は、毛利輝元とともに早くから清華成を遂げて（［矢部二〇〇二］）家格的に遜色ない上、文禄四年（一五九五）八月の秀次事件直後に出された御掟追加にも署判しており、以後も上方に留まっていたようである（［尾下　二〇一一］）。御掟追加の残りの署判者である徳川家康・前田利家・宇喜多秀家・小早川隆景は、『江雲随筆』によれば、右都督とされた家康を除き、いずれも都督同知とされており、隆景については箚付の写も伝わっている。万暦二三年（一五九五）正月に明使が北京を後にしてから、慶長元年（一五九六）八月に堺に到着するまでの一年半あまりのいずれの段階で改変がなされたのかは、不明と言わざるを得ないが、どの段階であっても上杉景勝の授職決定が、他に遅れる理由はないように思われる。もっとも、毛利輝元・上杉景勝以外の人物については箚付原本が現状確認されていないから、他の署判者分にも雁皮紙での細工が見られた可能性は当然残る。あるいは明朝の指名から漏れていた小早川隆景・前田利家分は景勝分と同じ状態であったかもしれない[17]。

もう一つ気になるのは、箚付の宛所部分の状態である。わずかであるが「豊臣景勝」の「豊」の四画目の書き出しが「督同知」の貼紙につぶされている（図4②）。つまり、上杉景勝宛箚付は、都指揮使の空名箚付に豊臣景勝と書きこんだのち、さらに官職名が変更されるという過程を経ている可能性がある。あるいは空名箚付に景勝の名前を書き込むところまでは先になされ、官職名の改変は、堺到着後になされたのであろうか。そのように考えると、陪臣の授職は、明朝の決定、中途での改変、秀吉による改変と追加という過程を経て完成したことになる。

今ひとつの可能性は、全ての改変が豊臣秀吉の指示のもと、一斉に行なわれたと考えた上で、紙質にあまり頓着することなく、手近な紙を使って改変したために、竹紙でなされたものと雁皮紙でなされたものとができあがったと解するものである。しかし、文書改変の現場にそこまでのいい加減さを想定して良いものかどうかは、やや躊躇されるところであるし、この可能性のもと

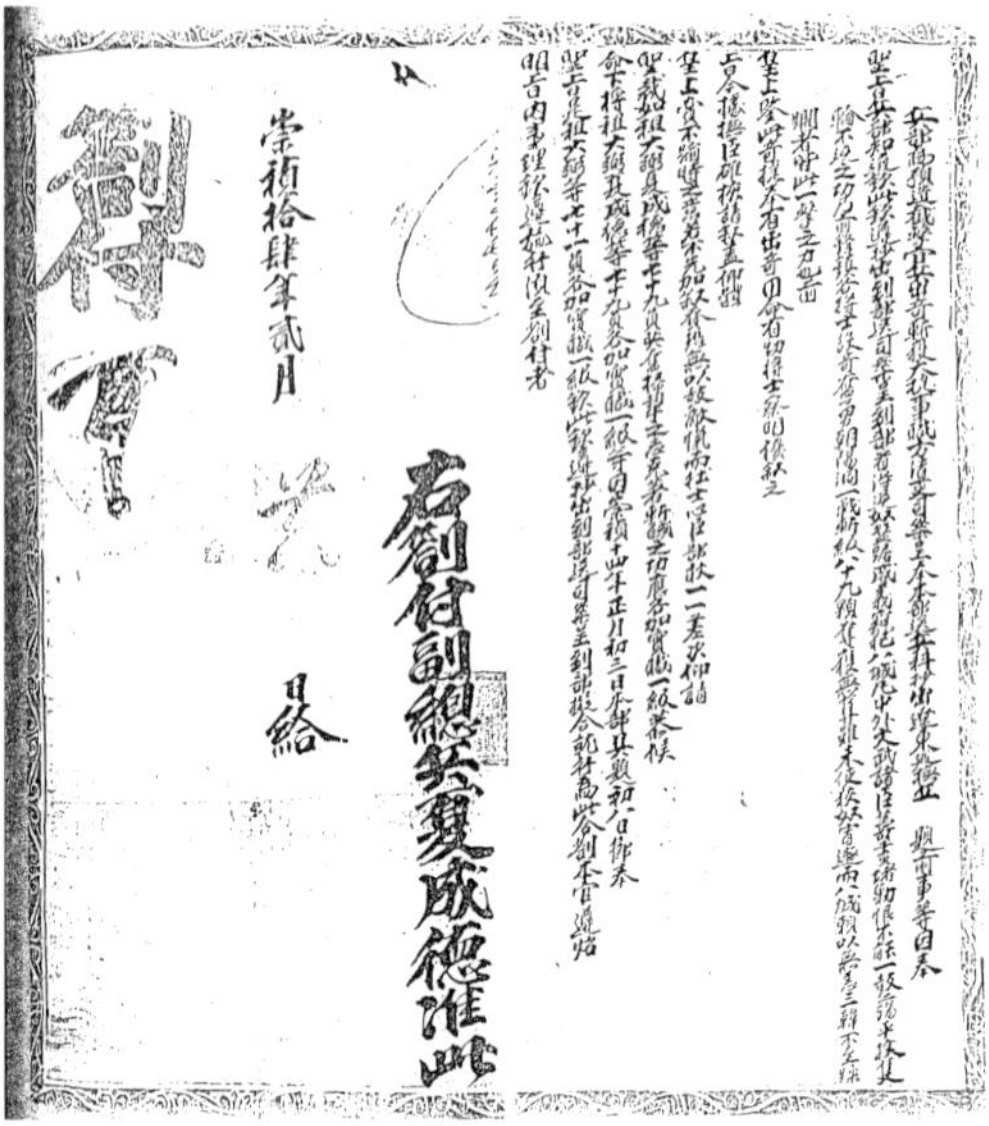

図８　崇禎14年２月26日夏成徳宛明国兵部箚付（『中国明朝档案総匯』2818号）（中国第一档案館蔵）

では豊臣景勝の「豊」が後補紙につぶされている理由は説明できない。

いずれにしろ雁皮紙の謎を解くためには、文禄三年（一五九四）から慶長元年（一五九六）に至る政治情勢の変遷と豊臣政権における上杉景勝の地位の精査が必要である。しかし現状その用意は無く後考を俟ちたい。

なお、現在中国第一档案館に所蔵される、明の国内向けに発給された兵部の補任にかかる三通の箚付には、いずれも授与する官職の上には印が捺されている（図８）[18]。さらに文書の中央上部には割字が見られる。いずれも偽造防止の工夫であろうが、前田玄以・上杉景勝・毛利輝元宛箚付ともにこれらは見られない。授与する官職の上から印が捺されていなかったことが、これまで述べてきたような改変を可能にしているわけである。空名箚付を渡してしまうということも含めて、明朝は、辺境の蛮夷に授ける官職の管理には、それほど厳密を期さなかったことを示す特徴であると言え、国内向け文書と外国宛文書の作成管理を考える上でも興味深い素材である。

八　冠服の観察

さて、秀吉の冊封にあたっては、**史料1**に見られるように、「皮弁冠服紵絲等項及誥命・詔勅・印章」すなわち文書類と日本国王印のほかに、冠服が与えられた(19)。秀吉のみならず麾下の武将たちにも冠服が与えられたという(20)。明朝が用意したであろうこれらの冠服は、官職の中途改変により齟齬はきたさなかったのであろうか。

上杉神社には、景勝がこのとき拝領したという冠服が残されている。服・下着・冠・帯・靴と一式そろっている。服は通常の政務日に使用するとされる常服で、補とも呼ばれるアップリケがつけられている。この補は文武の別と位階により文様が定まっていた。

史料5　『明史』巻六七輿服条「文武官常服」項

(洪武)二十四年（一三九一）、定、公侯駙馬伯服繡麒麟・白沢、文官一品仙鶴、二品錦鶏、三品孔雀、四品雲雁、五品白鷴、六品鷺鷥、七品鸂鶒、八品黄鸝、九品鵪鶉、雑職練鵲、風憲官獬廌、武官一品・二品獅子、三品・四品虎豹、五品熊羆、六品・七品彪、八品犀牛、九品海馬、

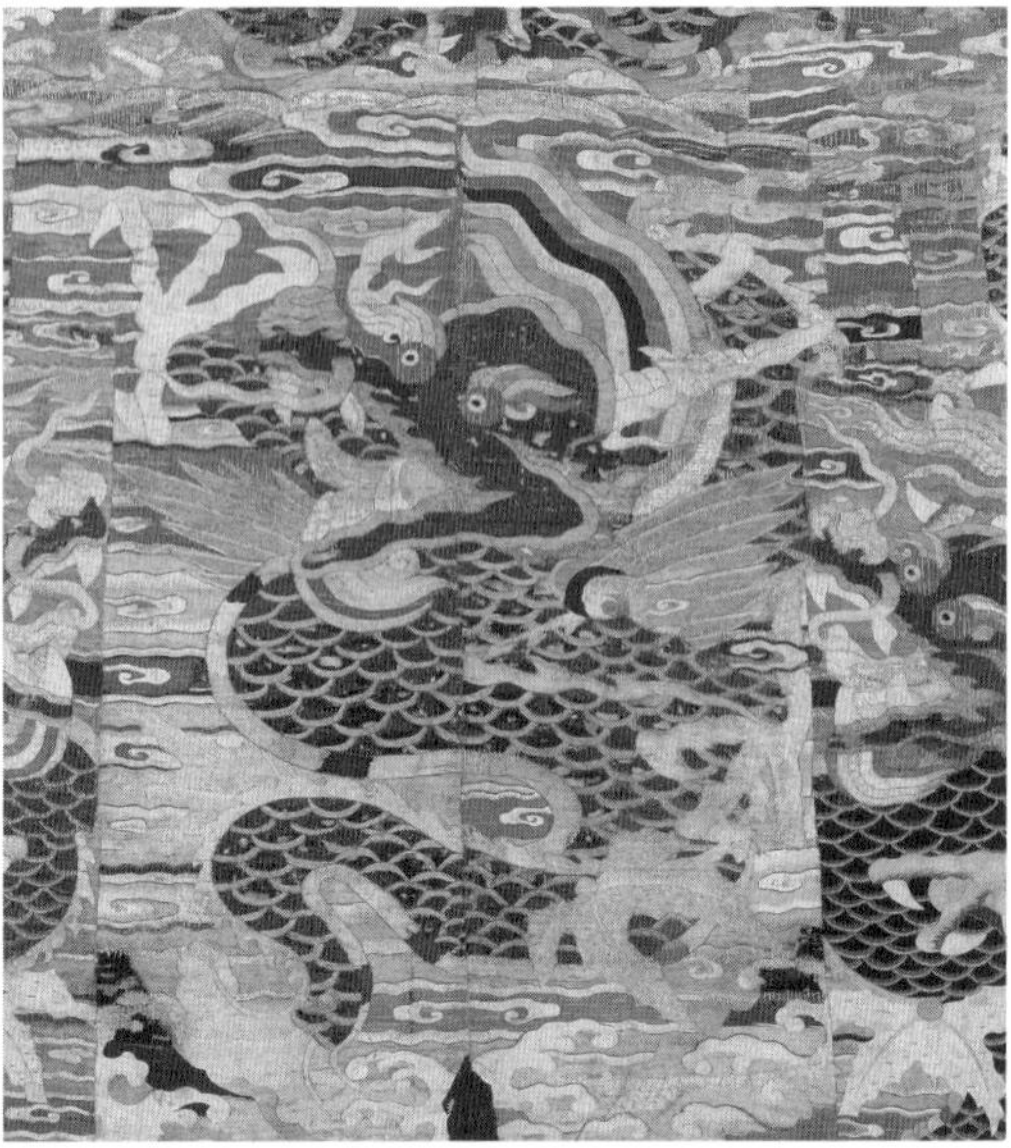

図９　飛魚（顔の両脇に翼があるのが見える。角はまっすぐである）（財団法人黒主山保存会蔵）

これによれば、従一品である都督同知・正二品である都督僉事ともに獅子の文様となる。都指揮使も正二品であるから獅子である。したがって明朝が決定した官職を日本側で格上げしても、官服の上では齟齬はきたさなかったことになる。しかし実際には上杉景勝の官服の文様は獅子ではない。

景勝の官服の文様が何であるかについては、現在三通りの解釈がある。すなわち大庭脩氏は蟒《ぼう》《うわばみ》とし（〔大庭一九七二〕）、河上繁樹氏は飛魚あるいは斗牛とし（〔河上一九九八・一九九九〕）、『上杉景勝』展図録の解説は斗牛とする（〔米沢市上杉博物館編二〇一六〕）。

河上繁樹氏が紹介されるところによると、蟒は四本爪の竜の姿で表され、飛魚は翼翅があるのが特徴であり、斗牛は角が曲がっている（〔河上一九九八〕）[21]。景勝の官服の補は角が曲がった竜もどきで、翼翅はないようであるから、斗牛と判断するのが妥当なところだろう（図9・10・11）[22]。

この蟒・飛魚・斗牛は、位階により定められた右記の文様秩序の外にある。天順二年（一四五八）には官民の衣服に蟒龍・飛魚・斗牛以下を使用するのは禁止され（『明史』巻六七輿服条「文武官常服」項）、嘉靖一六年（一五三七）にも特に皇帝から賜った場合を除き、着用は禁止である旨定め

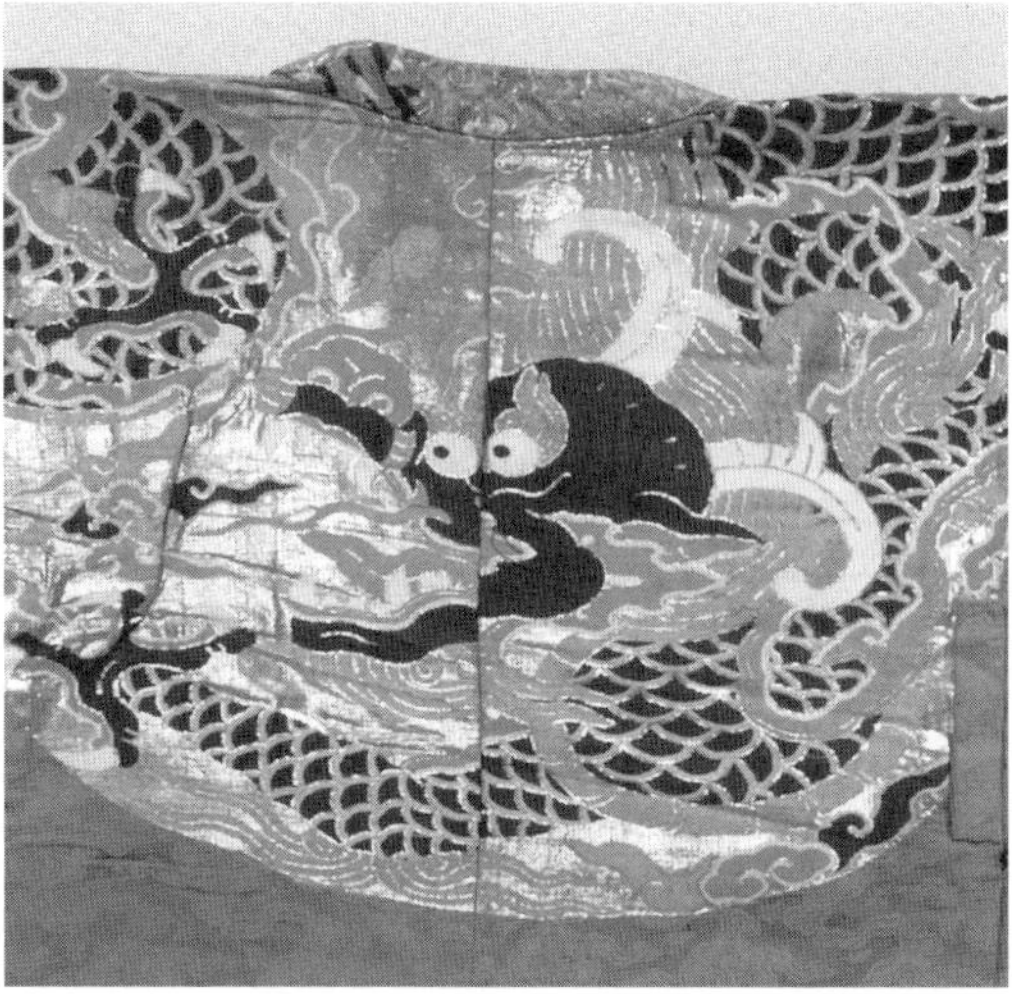

図10　斗牛（角が曲がっている）（妙法院蔵）

図11　上杉景勝拝領の官服
（角が曲がっている。角の下とあごの下に見えるのは翼ではなく雲ではなかろうか）（上杉神社蔵）

られている（『明実録』嘉靖一六年三月乙巳条）。蟒・飛魚・斗牛の文様のついた服は皇帝から特賜されるものであったのである。

『万暦野獲編』補遺巻二「閣臣賜蟒之始」条には「蟒衣為象龍之服、与至尊所御袍相肖、但減一爪耳、正統初、始以賞虜酋、（中略）至於飛魚斗牛等服、亜於蟒衣、古亦未聞、今以頒及六部大臣、及出鎮視師大帥、以至各王府内臣名承奉者、其官僅六品、但為王保奏、亦以賜之、濫典極矣、」とあって、蟒衣は正統年間（一四三六～四九）初頭、初めて虜酋に与えられたこと、飛魚・斗牛も蟒に準じるもので昔は聞かなかったことだが、最近（万暦年間）では六部の大臣をはじめ広く与えられていて、六品でさえ賜ることがあることなどを伝えている。景勝が拝領したのは、官職相当の文様のついた官服ではなく、万暦年間（一五七三～一六一五）には広く与えられるようになっていた、この皇帝特賜の文様のついた官服であった。

官服のなかで文様以外に品級を示すものに、服の色と帯がある。服の色については赤を着用できるのは四品以上、もしくは中央官の特定の官の五品以上と定められていた（『明実録』嘉靖一六年三月乙巳条）。景勝の官服は赤である。帯は、一品は玉、二品は犀、三・四品は金との規定がある（『明史』巻六七輿服条「文武官常服」項）。景勝の帯は乳白色の素材と金飾を組み合わせたもので、形状からは玉にも犀にも金にも見える[23]。

一方、宮内庁書陵部に残る勅に記される、豊臣秀吉に授けられた冠服は、皮弁服（礼服の一種）と常服である[24]。皮弁服は「五章」で郡王相当、常服は赤地に麒麟を織り出したもので、麒麟は公侯駙馬伯相当の文様である。ただし帯は犀で二品官相当、冠は烏沙帽で文武官の着用するものである。この五章の皮弁服、常服は麒麟文様に犀帯・烏沙帽という組み合わせは、琉球国王と同じで、郡王相当・二品官格であることが指摘されている。朝鮮国王は九章の皮弁服、常服は衮龍文様に玉帯・翼善冠で、親王相当・一品官格とされ、琉球国王より格付けは上とされる〔豊見山一九八七・二〇〇六〕〔河上二〇一五〕。

こうした冠服の格付けを考えると、『江雲随筆』所収目録は、本当に明朝が作成したものかどうかについては、いよいよ疑問が増す。すなわち史料4として先に引用した『江雲随筆』所収目録には、「同冠服／沖天冠一頂、玉帯一団（後略）」という記載が見られる。しかし玉帯は一品官の締めるもので、二品官の犀帯を下した勅と合わない。「沖天冠」は、『明会典』や『明史』輿服条には見られない用語だが、嘉靖年間（一五二二～六六）に刻された『事物考』巻六には次のようにある。「唐制交天冠以展脚相交于上、国朝呉元年改展脚不交、向前朝其冠纓取象善字、改名翊善冠、洪武十五年（一三八二）、改展脚向上、名曰沖天冠」。すなわち、翼善冠と同じものだとすると、朝鮮国王と同等のものが下されていることになり、烏沙帽を下した勅とやはり合わない。『江雲随筆』所収目録は、やはりどこかの段階で捏造されたものを、写したものではなかろうか。

さて秀吉に与えられた冠服が以上のようなものであれば、景勝に与えられた冠服の帯は一品官相当の玉ではなく、二品官の犀あるいは三品官の金であろう。皇帝特賜の文様である斗牛のついた赤地の服に犀帯もしくは金帯という組み合わせは、一品の都督同知という官職からすればやや格落ちになろうが、日本国王たる秀吉が犀帯であるからには、妥当な線に思われるし、明朝が陪臣に下すつもりであった、二品相当の都督僉事・都指揮使という官職からすればまことに妥当ということになるだろう。

おわりに

豊臣秀吉を日本国王に冊封するにあたって、明朝が日本の陪臣に下した官職は、都督僉事と都指揮使の二種であり、少なくとも九名分については姓名を書き入れた箚付が作成された。そのほか通数は不明だが、都督僉事・都指揮使の空名箚付が相当数、そしてそれらを合計した数の冠服が用意された。日本側はこれらをもとに、あるいは官職名を改変し、空名箚付に名前を書き込み、あるいは空名箚付の官職名をも改変し、少なくとも二段階の過程を経て、虚構の「明朝からの授職」を作り上げた。このことは、現存する三通の箚付のうち二通が改変されており、改変にあたって使用された料紙がそれぞれ異なっていたという、料紙調査から得られた歴史情報を基礎として導き出されてくる推論であり、料紙調査という古文書研究の手法がどのような場面で有効であるかを端的に示すものである。

この虚構の構築を物理的に可能にした理由の一端は、空名箚付が渡されていたこと、また明国内部にあてて発給された文書と異なり、官職部分に印が捺されていなかったことに求められる。

下賜された冠服の文様が常例のそれではなく、皇帝特賜の文様であったことも、改変による齟齬を小さくした。ここからすれば、明朝もこのような虚構がなされることを、ある程度予想していたものと思われる。ただこの推定の当否、あるいは虚構を可能にするような授職文書の発給が、モンゴルや女真といった他の蛮夷への授職の例に比して特異なのか否かは、別の検討を要する課題である。加えて明国国内における箚付の機能や様式については、原本調査を重ねて具体的に明らかにされているという段階ではないように見受けられ、以上の事実を明代行政文書体系のなかに位置づけることは現段階では難しい。この方面の進展を期待するものである。

秀吉の冊封をどう理解するかは、文禄・慶長の役（壬辰・丁酉倭乱）研究の中でも、最大の論点の一つであるが、これに伴う陪臣の授職について取り上げられることは多くはない。しかし原本調査によって引き出し得た情報は、この陪臣の授職が、虚実の交錯する外交の現場を具体的に物語る素材として、さらには当該期の豊臣政権内部における政治的秩序の問題として、展開しうる課題であることを示している。日本側による官職名の改変は、政権内部における各家の実情に対する配慮の可視化と言えようが、さらにそれが二段階あるとすれば、各段階の時期的偏差や、改変に関わった人間の認識の偏差としても分析すべき政治史上の論点となる。顕微鏡が捉えた小さな繊維が突きつける課題は広く深い。

注

（1）［大庭一九七二］では、この模本のみが紹介されているが、原本もある。
（2）本史料の読み下し・解釈については大野晃嗣氏のご教示を得た。記して感謝申し上げる。
（3）ただし上杉景勝宛箚付は、他の二通が「不得別有他求」とあるところ、「不得他有別求」とある。
（4）本調査は、東京大学史料編纂所共同利用・共同研究拠点一般共同研究「東京大学史料編纂所所蔵東アジア関係古文書資料の調査・研究」（代表小島浩之）によるものである。当日お世話になった毛利博物館柴原直樹氏、米沢市上杉博物館角屋由美子氏に深謝申し上げる。
（5）大野晃嗣氏のご示唆による。記して感謝申し上げる。
（6）談遷著、古籍出版社、一九五八年。談遷は明末清初の歴史家。
（7）『棗林雑俎』智集「日本関白求封」（『四庫全書存目叢書』子部一一三冊所収）。
（8）写真および翻刻は、［大庭一九七二］［京都国立博物館編一九九九］など参照。
（9）東京大学史料編纂所蔵謄写本二三五一―三。以酊庵一八世江岳元策・同四二世雲崖道岱の著。中近世の外交文書を集めたもの。
（10）万暦二三年正月二一日付勅の頒賜品リスト部分は下記通り。常服一式と皮弁服一式が書上げられた後、丹礬紅羅銷金夾包袱四条・紵絲二疋・羅二疋・白氁緑布十疋という簡素な贈物が記される。

頒賜
　国王
　紗帽一頂展角全
　金箱犀角帯一条
　常服羅一套
　大紅織金胸背麒麟円領一件

青褡䙮一件　　緑貼裏一件
皮弁冠一副
七旒皂縐紗皮弁冠一頂旒珠金事件全　玉圭一枝袋全
五章絹地紗皮弁服一套
大紅素皮服一件　素白中単一件　纁色素前後裳一件
纁色素蔽膝一件玉鉤全　纁色粧花錦綬一件金鉤玉玎璫全
紅白素大帯一条　大紅素紵絲舄一双襪全
丹礬紅平羅銷金夾包袱四条
紵絲二疋
　黒緑花一疋　深青素一疋
羅二疋
　黒絲一疋　　青素一疋
白氁緑布十疋
万暦二十三年正月二十一日

(11)『日本往還日記』万暦丙申（二四年。慶長元、一五九六）九月初三日条。

(12)「ローマ・イエズス会文書館所蔵一五九六年度日本年報補遺」（一五九六年一二月二八日付、ルイス・フロイス執筆）Jap. Sin. 52. 二四七丁表。なお、松田毅一監訳『十六・七世紀イエズス会日本報告集』第一期第二巻（同朋舎出版、一九八七年）の同じ箇所の訳には「シナ国王はこれ以外に、シナ称号と位官のついた公家の服二十重ね二組を贈ったが、それはシナ国王から明らかに指名された二十名の国主たちのためのもので、その筆頭は（小西）アゴスチイノ（行長）であった。それから同様に他の（国主）たちのためには、太閤自身が同じ位官をもって任ずべきだと考えた者を指名した」とある。しかしここでは「太閤自身が同じ位官をもって任ずべきだと考えた者」が何人居たかは明確でない。この点に鑑み本稿では、ローマ・イエズス会所蔵写本から直接訳した翻訳を掲げた（松田氏の訳の底本はラテン語版）。写本の複製の入手ならびに翻訳は、岡本真氏による。記して感謝申し上げる。

なお米谷氏は、「シナ国王から明らかに指名された二〇名の国主たち」の筆頭が小西行長とされていることについて、小西行長びいきのルイス・フロイスの曲筆とするが（［米谷二〇一四］）、箚付が「行長諸人即為天朝臣子」と、行長を陪臣の代表として記述していることを考えれば、曲筆とみなす必要はないと思われる。

(13) 吉川広家は慶長二年（一五九七）、明朝から秀吉に贈られ、秀吉から自分に下賜されたとする冠服を出雲大社に奉納している（『大日本古文書　吉川文書之二』九〇九号「吉川広家寄進状案」）。吉川広家宛の箚付は見つかっておらず、冠服だけが秀吉から下賜された可能性もあるが、授職された可能性もあるのではないか。

(14) 『大日本古文書　小早川文書之二』「小早川家御什書写本書堅田九」所収「明朝箚付写」。ほかの三通と同文で、豊臣隆景を都督同知とする旨が記される。

(15) このほか史料2・3では衣帽を授けることとなっていた景轍玄蘇についても「日本本光禅師」の官職が与えられている旨、大庭氏の指摘がある（［大庭一九七一］）。大庭氏によれば、玄蘇宛の箚付原本は現存しないが、かつて対馬西山寺にあった原本を天明元年（一七八一）に写したという模本が松浦史料博物館に所蔵されており、本文は他の箚付とほぼ同じだが、大きさは三分の二程度だという。本史料については現在のところ筆者は未見であり、後考を期したい。

(16) 『菊亭家記録』一（東京大学史料編纂所架蔵影写本三〇〇一―三）所収。遠藤珠紀氏のご教示による。記して感謝申し上げる。

(17) ただ彼らが明朝の指名からなぜ漏れたのかについては、合理的な説明を考えついていない。宋応昌編

『経略復国要編』後附所収の小西飛稟帖に記される内藤如安による当初の奏請においては、上杉景勝は入っていないから、明朝の指名から景勝が漏れるのは自然だが、数十人にも及ぶ奏請から既述の九人に絞り込まれた基準と理由については不明である。さらに言えば内藤如安の奏請から上杉景勝が漏れた理由も現時点ではよくわからない。

(18) 中国第一歴史档案館・遼寧省档案館編『中国明朝档案総匯』（広西師範大学出版社、二〇〇一年）に、兵部の任命にかかる文書として以下のものが見える（文書名は『中国明朝档案総匯』による）。

六二三号「兵部為灤遵諸城一挙恢復加賞守備夏成徳加銜事札付　崇禎三年七月二五日」
二四九七号「兵部為優叙参将夏成徳事札付　崇禎一三年閏正月一一日」
二八一八号「兵部為副総兵夏成徳加実職一級事札付　崇禎一四年二月二六日」

六二三号ははっきりわからないが、二四九七号・二八一八号のいずれも、宛所の官職名の上に印が捺され、中央付近に割字があるのが見て取れる。図8として二八一八号を掲げる。

(19) この冠服は妙法院に現存することで知られている（［大庭一九七二］［河上一九九八・一九九九］）。

(20) 「ローマ・イエズス会文書館所蔵一五九六年度日本年報補遺」（一五九六年一二月二八日付）（前掲注12）・『日本往還日記』万暦丙申九月初三日条（前掲注11）。

(21) 『万暦野獲編』「閣臣賜蟒之始」条「蟒衣為象龍之服、与至尊所御袍相肖、但減一爪耳」、『名義考』巻一〇「其形状、斗牛似龍而觩角」

(22) 図9「波濤飛龍図前掛」財団法人黒主山保存会蔵。袋中上人が琉球の尚寧王から恩賜されたもので、祇園会黒主山山鉾の前掛として近年まで使用されていたという（［九州国立博物館・沖縄県立博物館美術館編二〇一一］）。飛魚の図として知られる。図10「斗牛服」妙法院蔵（［京都国立博物館編一九九九］）。図11「赤地雲文緞子斗牛文刻糸胸飾付明服」上杉神社蔵（［米沢市上杉博物館編二〇一六］）。

(23) 二〇一六年四月、米沢市上杉博物館の特別展で拝観したが、素材は素人目にはわからなかった。『上杉家伝来衣装』（山辺知行・神谷栄子著、講談社、一九六九年）には角製とあるので、おそらく犀帯なのだろう。

（24）　前掲注10所引の頒賜品リスト参照。

参考文献

大庭脩「豊臣秀吉を日本国王に封ずる誥命」（同著『古代中世における日中関係史の研究』同朋舎出版、一九九六年、初出一九七一年）
尾下成敏「上杉景勝の居所と行動」（藤井讓治編『織豊期主要人物居所集成』思文閣出版、二〇一一年）
河上繁樹「豊臣秀吉の日本国王冊封に関する冠服について」（『学叢』二〇号、一九九八年）
河上繁樹「爾を封じて日本国王と為す——明皇帝より豊臣秀吉へ頒賜された冠服——」（京都国立博物館編『妙法院と三十三間堂』日本経済新聞社、一九九九年）
河上繁樹「外交の装い」（村井章介ほか編『日明関係史研究入門』勉誠出版、二〇一五年）
須田牧子編『「倭寇図巻」「抗倭図巻」をよむ』（勉誠出版、二〇一六年）
高島晶彦「箚付料紙の自然科学的手法による検討」（『東京大学史料編纂所附属画像史料解析センター通信』七六、二〇一七年）
東京大学史料編纂所編『描かれた倭寇「倭寇図巻」と「抗倭図巻」』（吉川弘文館、二〇一四年）
豊見山和行「琉球王国形成期の身分制について——冊封関係との関連を中心に——」（『年報中世史研究』一二号、一九八七年）
豊見山和行「国王装束の歴史的背景」（那覇市歴史博物館編『国宝「琉球国王尚家関係資料」のすべて』沖縄タイムス社、二〇〇六年）
矢部健太郎「豊臣「武家清華家」の創出」（『豊臣政権の支配秩序と朝廷』吉川弘文館、二〇一一年、初出二〇

〇一年）
米谷均「豊臣秀吉の「日本国王」冊封の意義」（山本博文・堀新・曽根勇二編『豊臣政権の正体』柏書房、二〇一四年）
九州国立博物館・沖縄県立博物館美術館編『琉球と袋中上人展』（二〇一一年）
京都国立博物館編『妙法院と三十三間堂』（日本経済新聞社、一九九九年）
米沢市上杉博物館編『米沢中納言上杉景勝』（二〇一六年）

付記
「明国箚付（前田玄以宛）」は二〇一七年三月一〇日、文化審議会により重要文化財指定に向けて文部科学大臣に答申された。

琉球渡海朱印状を読む
――原本調査の所見から――

黒嶋　敏

はじめに

戦国時代、南九州の地域権力として勢力を強めていった島津氏は、琉球渡海朱印状と呼ばれる文書を発給していた。これまでの中世日本と琉球との関係を検討した研究史では重視されてきた文書で、かつて小葉田淳氏が「琉球渡航船は島津氏の印証を帯ぶるを要す」とし、「島津氏の特権」的に発給されたものである（［小葉田一九六八］四八頁）と位置づけてからというもの、日本から琉球に向かう船を島津氏が統制しうるアイテムであると考えられてきた。だが卑見では、琉球渡海朱印状が対象としていたのは、日本から琉球に向かうすべての船ではなく、あくまでも戦国期の島津氏が自領内の船舶を管理しようとしたもので、そこから島津氏が対立勢力の牽制を意図したものと推測している（［黒嶋二〇一二］）。また、琉球渡海朱印状については、島津氏が室町期から伝統的・連続的に発給していたものと捉えるかどうかで議論が分かれている状況にあるが、その連続性については史料的制約により判然とせず、なお慎重に考察していかなければならないだろう（[黒嶋二〇一四a]）。

琉球渡海朱印状については、このように制度的側面に注目が集まっているのが現状であるが、一方で、その形態面での分析は十分に進んでいるとはいいがたい。後述するように、戦国期の文書としては、琉球渡海朱印状は非常にユニークな特徴を持っており、そのユニークさには先行研究でも留意されてきたものの、なお検討の余地を残している部分がある。そこには、文書の文字量が少なく楷書で書かれているため、原本をじっくり分析し、「読む」必要性に恵まれてこなかったことも影響しているかもしれない。

けれども、古文書、それも原本の古文書が伝える歴史情報は文字だけではない。活字史料に翻刻される際に、削ぎ落とされてしまう形態上の特徴（法量、料紙、墨・朱の状況など）もまた、文書が持つ一つ一つの歴史情報として読み込むことができるはずである。幸い筆者は、現存する琉球渡海朱印状の原本四通について調査する機会に恵まれ、あらためて古文書として見直してみることができた。調査から明らかになった歴史情報を踏まえて、その古文書としての性格を考えていく、その検討結果を本稿でまとめてみたい。

さらにこうした作業は、琉球渡海朱印状という古文書のなかに、当該期の島津氏と琉球との関係性を「読む」試みにつながっていく。記された文字だけでなく、古文書というモノの語るところに耳を傾けながら、琉球渡海朱印状が出された歴史的背景にも迫ることができればと考えている。

一　原本を読む

まずは琉球渡海朱印状の量的な把握から始めてみよう。これまでの先行研究のうち、琉球渡海朱印状に密接に関連するものとして、その数量的な把握と時代ごとの変遷を追った［徳永一九八〇、一九九〇］、琉球渡海朱印状をもとに島津氏の花押・印章の全体像を論じた［重永一九九四］、琉球渡海朱印状と船頭たちとの関係を考察した［福島二〇〇六］などがある。これらをもとに、現在までに発給が確認・推測されるものを一覧表にすると、表のようになる。管見の限りで一四点、なかには琉球渡海朱印状と呼ぶべきか判断に迷うものや、後世の編纂物でしか見られないものなども含まれているが、事例の大半が一五七〇年代から八〇年代に集中していることが分かる。これは、島津氏が戦国大名として急成長を遂げ、薩摩半島から九州全域へと勢力圏を広げていく時期と符合する。この時期特有の背景のなかで、琉球渡海朱印状の性質を考える必要があるため、本稿では、島津義久の発給にかかる№3〜14を主な検討対象とする。

№3〜14のうち、原本が現存するものは四通ある。それぞれの原本調査による所見は以下の通りである。

表　琉球渡海朱印状一覧

№.	年	西暦	月日	在籍港	渡航船名	船頭名	発給者	花押・印章	所蔵・出典（刊本）	備考
1	延徳四年	一四九二	二月一〇日			町木	島津忠昌	花押・朱印	東霧島神社文書（旧記前編二―一七〇八、『宮崎県史史料編 二』）	「琉球」ナシ。現存。
2	永禄六年	一五六三	二月二八日	日向国櫛間湊	天神丸	日高但馬守	島津貴久	花押・朱印	島津貴久譜（旧記後編一―二五〇）	「正文在高山衆日高千代次」
3	天正二年	一五七四	四月一日	薩摩国坊津	宮一丸	渡辺三郎五郎	島津義久	ナシ	島津家文書（旧記後編一―七三五）	案文
4	天正九年	一五八一	一二月二一日	大隅国根占湊	小鷹丸	妹尾新兵衛尉	島津義久	花押・朱印	島津義久譜（旧記後編一―一二五七）	「正文在小根占町妹尾利左衛門」
5	天正一〇年	一五八二	一月一七日	薩摩国坊津	権現丸	山崎新七郎	島津義久	花押・朱印	輝津館寄託（旧記後編一―一二六三）	現存（原本A）
6	天正一〇年	一五八二	九月一五日	大隅国根占湊	小鷹丸	磯永対馬丞	島津義久	（花押・朱印）影	「樺山資之家紀並日誌」四	文久四年八月三日条
7	天正一〇年	一五八二	閏九月一五日	大隅国新城郷	大鷹丸	岩元源太郎	島津義久		『垂水市史　上巻』六一五頁	閏九月は文禄二年、要検討
8	天正一〇年	一五八二	九月一七日	日向国福嶋湊	恵美酒丸	日高新介	島津義久	ナシ	「町田氏正統系図」十三	
9	天正一二年	一五八四	一一月九日	薩摩国坊津	天神丸	島原掃部助	島津義久	花押・朱印	輝津館寄託資料	現存（原本B）
10	天正一二年	一五八四	一二月九日	薩摩国山川津			島津義久		「上井覚兼日記」同日条	発給の経緯のみを記す
11	天正一五年	一五八七	二月二五日	大隅国根占湊	小鷹丸	橋本左京亮	島津義久		島津義久譜（旧記後編二―二三六）	「正文在佐多衆橋本与左衛門」

12	（天正一八年）	一五九〇	九月二六日	（大隅国）根占湊	小鷹丸	橋和泉拯	島津義久	花押・朱印	「町田氏正統系図」十六	現存（原本C）
13	天正一八年	一五九〇	九月二八日	大隅国根占湊	小鷹丸	橋和泉拯	島津義久	（花押・朱印）影	島津義久譜（旧記後編二―六九四）	「正文在小根占衆磯永仲兵衛」
14	慶長七年	一六〇二	九月七日	大隅国富隈之湊	住吉丸	彦兵衛尉	島津義久	花押・朱印	国分郷土館所蔵、国分諸国記	現存（原本D）

※備考（1）刊本のうち『鹿児島県史料　旧記雑録』に所収のものは史料番号を記し、所在情報を備考欄に「　」で記した。
※備考（2）このほか、「宮田氏系図」に「永禄九年丙寅二月十六日琉球渡ニ嶋津貴久公証文」ほか二通の、琉球渡海朱印状と推定される記述がある。「宮田氏系図」は長友禎治「初代飫肥藩主伊東祐兵の夫人（松寿院）について」（『宮崎県地方史研究紀要』第三十二輯、二〇〇六年）所収。同系図については福島金治氏の御教示による。

原本A（表№5）…坊津歴史資料センター輝津館（鹿児島県南さつま市）寄託資料。所蔵者の事情により、展示ケースからの熟覧のみ。楮紙、裏打ちあり。法量は縦二八×横四〇・五（「徳永一九九〇」より。単位センチメートル、以下同じ）。全体が褪色し、部分的に黒ずみもみられるも、虫損などは少ない。

原本B（表№9）…坊津歴史資料センター輝津館寄託資料。楮紙、裏打ちあり、軸装。法量は三〇・三×四七・六。軸装のため折り目など確認できず。

原本C（表№12）…尚古集成館所蔵、町田家文書。楮紙、裏打ちあり、軸装。法量は縦三一・二（現存部分）×横四八・三。上部焼損（元禄年間の町田家文書罹災によるものか）。

原本D（表№14）…国分郷土資料館所蔵。楮紙、表装・裏打ちなし。法量は縦三三・三×横四九・二。折り目・簾の目など確認。楮紙の繊維が大きい。料紙裏下部にわずかに朱写りあり。

これら四通の伝来先は、原本Cを除けば、文書中にある船頭の末裔と推測される家である。四通以外でも、表に掲げた「旧記雑録」に記される江戸時代の所在情報は、同様に船頭家の末裔であり、原則的に琉球渡海朱印状は、受給者である船頭の家に伝来するものと整理することができる。

このほかに、原本四通に共通する要素として、まず料紙の法量・紙質の問題がある。紙質の判断は筆者の目視により、顕微鏡調査によるものではないが、いずれも楮紙が使われていることが確認できた。幕末に、船頭の末裔の家で琉球渡海朱印状を実見した樺山資之は、その紙質を「大奉書紙」と表現しているが(1)、原本四通も、現状の縦幅で三〇センチ前後の大きめの楮紙が使われている。そうした大ぶりな竪紙に、丁寧に墨つぎをした文字が楷書で記され、花押とともに据えられた島津義久の朱印の大きさもあって、一見しただけでもじつに堂々とした文書という印象を持つ。むろん経年変化はあり、後世の損傷を受けてしまったものもあるが、文書そのものは美品であるといえよう。

ただ四通を並べてみると、原本Dはやや性格が異なることも明らかである。朱印が裏写りしていたり、目視でも繊維の大きさが目立つ楮紙を使っていたりする点は、他の三通と比べて違和感が残るだけでなく、後述するように書札礼において重要になる文言の記載位置にも、ルーズな箇所がある。この原本Dは事例としても最後の琉球渡海朱印状で、島津義久が鹿児島を退去し、大隅に移った後に発給されたものである。義久が鹿児島を離れたことで、島津氏権力が豊臣政権の影響を強く受けるようになることは、すでに［山本一九九〇］ほかの政治史研究において言及されており、島津義久の文書発給システムにもなんらかの変質が生じたものと考えられる。その影響が原本Dにも表れているのではないだろうか。

このように四通を調査し、比較検討してみた結果、今回は熟覧調査が実現したもので最も古く、琉球渡海朱印状発給のピークとも時期的に合致するものとして、原本Bを用いて、その書札礼を読み解いていくこととしたい。まず念のため、釈文を掲げよう。

史料1　琉球渡海朱印状(2)

薩摩国坊津天神丸

船頭鳥原掃部助

琉球

下

天正拾二年〈甲申〉拾一月九日　義久（花押）（朱印、印文「義久」）

差出は島津氏当主の義久。宛所は船頭の鳥原掃部助であり、その末裔の家に伝来したものである。内容は、島津領である薩摩国坊津の船・天神丸が琉球に渡航するに際して、義久名義で、船の身元を証明する文書といえる。

図１　琉球渡海朱印状（原本Ｂ）
南さつま市坊津歴史資料センター輝津館蔵（寄託）

さて、原本Ｂの琉球渡海朱印状の図（口絵14、図1）を見たときに、まず目を引くのが文字の大小ではないだろうか。大小それぞれに書き分けられていることの意味を考えるために、小さく書かれた文言に注意してみよう。このうち、「船頭島原掃部頭」は文書の受給者であるが、その船頭が意図的に文書の地（文書料紙の下端）に着くような場所に、小さい字で書かれている。一方、発給者である島津義久の位置に目を向けてみると、年記と一行書であるために、年号を天（文書料紙の上端）すぐの高さから書き出し、字間を詰めていることが分かる。すなわちこれは、「義久（花押・朱印）」の位置をなるべく高くする配慮であり、その「久」の字と「船頭」とが同じ高さに来るように配置されているのである。意図的に義久を上げ、反対に船頭を下げて小文字で記す。つまりは義久と船頭との

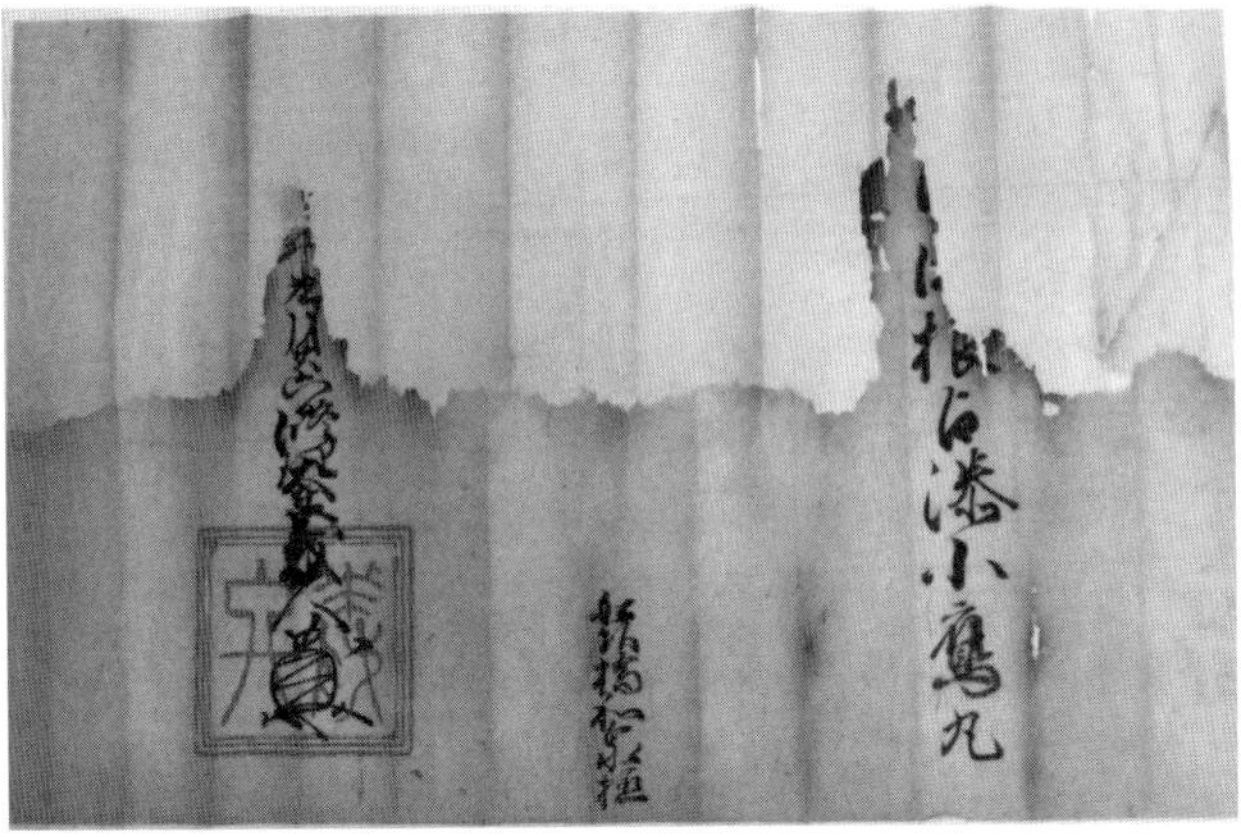

図２　琉球渡海朱印状（原本Ｃ）　尚古集成館蔵（町田家文書）

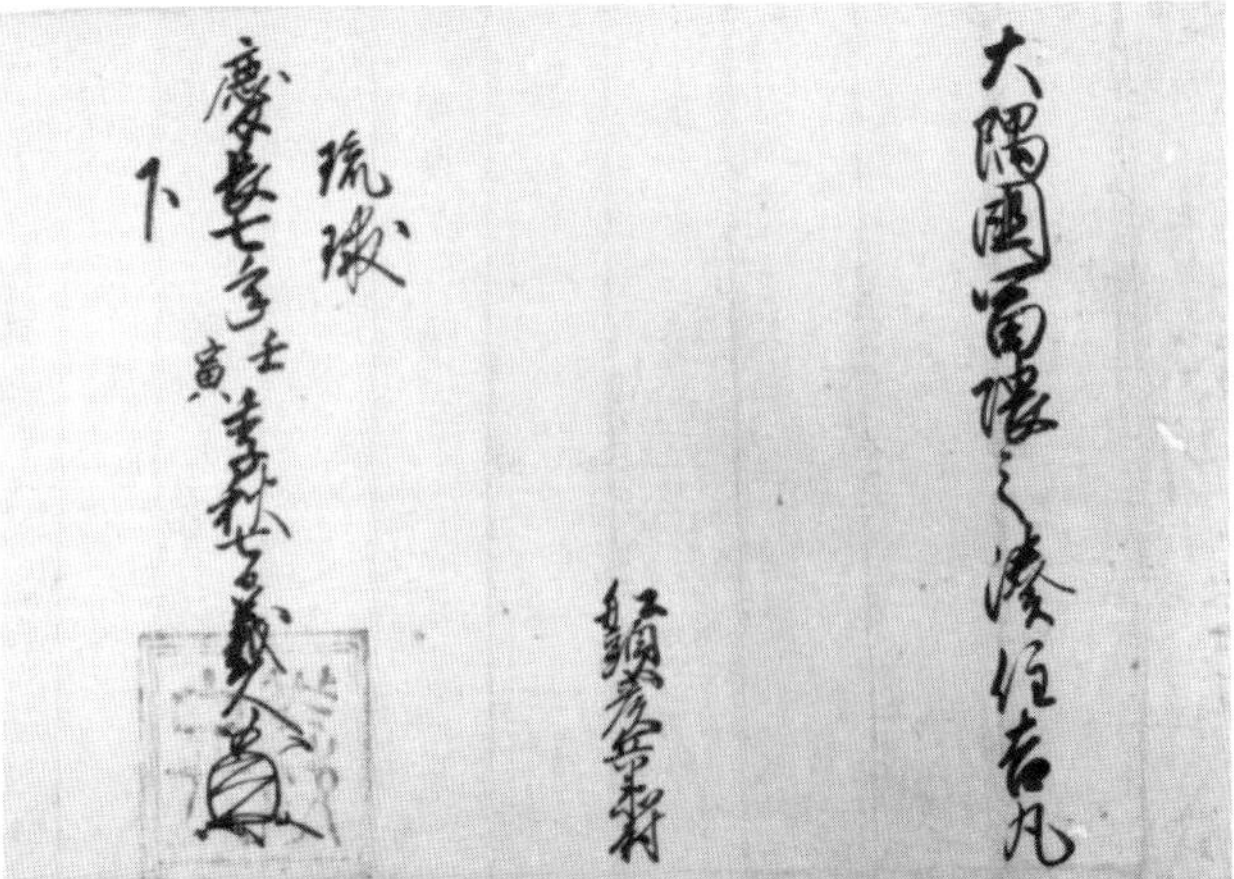

図３　琉球渡海朱印状（原本Ｄ）
霧島市教育委員会提供、霧島市立国分郷土館蔵

関係性においては、身分差が著しいことを表現しているものと考えられよう。

では、やはり小文字で書かれた「琉球」はどうだろうか。文書中で対応する位置関係にあるのは、「薩摩」である。これは島津氏側から見て、琉球とは対等だという意識がありつつも、あえて小さい文字で書くことで、ヤマトから「下る」渡航先という理由に引きつけて、琉球を少し格下に位置づけようとしたものと考えられる。

これらの文字の書き分けと書き出し位置は、原本Bのみならず、ほかの三通にも共通する（図2〜3、原本Aの画像は［重永一九九四］を参照。）。ただし、原本Dについては文字の大小の書き分けが十分ではなく、様式がしっかりと守られていないことが分かる。既述のような島津家の内部事情もあり、琉球渡海朱印状の発給ピークから約二〇年の歳月が流れ、文書作成のノウハウが十分に継承されなくなっていたものと思われる。

二　モノとのギャップ

琉球渡海朱印状の書札礼について見通しを得られたところで、次には、古文書というモノの視点から、もう少し掘り下げてみたい。

既述のように、四通いずれの琉球渡海朱印状も、経年変化を伴っているとはいえ、戦国期の文書としては良好な保存状態にある。じつに堂々とした美品文書との印象を受けるが、こうした形而上の印象は、発給時にまでさかのぼりうるものではないだろうか。

そう考える理由は、料紙の大きさにある。かつて島津義久の発給文書を集積してみたところ、義久は料紙の大きさに、一定のルールを持って文書を作成し、発給していたことが推測できた〔黒嶋二〇一五〕。すなわち、管見の及んだ義久文書八〇〇通のうち、法量の判明する文書は約六割あり、その数値によると、義久が日常的に使用していたのは縦が二〇センチ程度の小ぶりな竪紙なのであった。これとは逆に、縦が三〇センチ前後の大ぶりな竪紙を用いる場合もあるが、義久が豊臣政権に臣従する前まで、つまりは戦国大名当主だった時期においては、大ぶりな竪紙は次の①〜⑤という特定の用途に使われていた。

①願文・起請文（相手が提出した起請文への返礼も含む）
②歳末・年始の賀状
③書札礼で厚遇するべき宛所
④書下（判物）・感状・服属の証文
⑤琉球関係文書（外交文書、渡海朱印状）

これら①〜⑤の用途を総括的にまとめれば、いわゆる「ハレ」の文書となるだろう。外向き・公的・非日常といった「ハレ」の文書を出す場合、義久は礼を厚くする大ぶりな竪紙を用い、それに対して内向き・私的で日常的な書状などといった「ケ」の文書の場合には、小ぶりな竪紙を用いて文書を作成していたのである。

こうした、義久発給文書における料紙の使い分けを念頭に、琉球渡海朱印状を見てみると、原本A~Dは四通いずれも、縦が三〇センチ前後の大ぶりな竪紙を使用している。つまり琉球渡海朱印状は、発給者義久にとって、礼を尽くすべき公的性格を持つ「ハレ」の文書に分類されていたのである。

なお、同様の特徴を、琉球国王宛の書状の場合にも指摘できる。島津貴久・義久から琉球国王に宛てた書状は、ほとんどが案文でしか残されていないが、祐筆の家に伝来したものは、原本の料紙を反映しているものと考えられる良質な案文であり、それによると国王宛ての書状もまた、大ぶりな竪紙が使われている。ただここで興味深いのは、こうした様式は一律に固定したものではなかったことである。琉球との関係性が悪化すると、義久は書状の料紙をやや小さくして様式上の薄礼化を進め、関係が改善に転じると、再び大ぶりの竪紙を使うようになるのだった〔黒嶋二〇一五〕。こうした現象は、島津―琉球間の関係性が文書の料紙にも反映されていたことを示し、その弾力的な運用がされつつも、原則として島津氏から琉球に宛てた文書は大ぶりの竪紙、すなわち「ハレ」の文書に分類されていたことになる。

「ハレ」の文書としての特徴は、琉球渡海朱印状における文字の記し方にも表れている。いずれも文字は崩しの少ない丁寧な楷書で書かれ、墨色も濃く、ほぼ一字ごとに墨つぎをしている。また、文字を記した後で文書は折りたたまれるにもかかわらず、原本A、B、Cについては墨写りが確認できず、印影も鮮明に捺され、朱の写りも確認できなかった。文書を作成する側が、十分に時間と手間をかけなければ、こうした仕上がりにはならない。作成者が「ハレ」の文書であることを意識し、慎重に手間暇をかけた証拠である。ただ、この点においても、朱印の裏写りが確認できる原本Dは他の三通とは状況を異にしており、イレギュラーな琉球渡海朱印状である。

ここで疑問となるのは、島津氏の当主が船頭に与える文書で、これほどまでの配慮が必要だったのかという点であろう。そこで比較材料として、義久の後継者となる島津忠恒が、船頭に発給した過所を例示しておきたい。

史料2　島津忠恒（のち家久）過所[3]

薩摩船六端帆　船頭四郎左衛門
　中乗五人
　馬五疋
　船子五人
合而拾壱人令帰朝候、無異儀可有御通候、
慶長三年十一月十一日　嶋津又八郎（忠恒）（黒印、印文「嶋」）
　船改御奉行中

慶長三年（一五九八）、朝鮮から島津軍が撤退してくる時のもので、船改奉行による帰国船のチェックを無事に通れるように、船頭四郎左衛門に持参させた文書である（図4）。法量は縦二八・六×横二九・五と大きめの竪紙を用いているものの、印章は小ぶりの黒印で、文字は崩し字

図４　島津忠恒（家久）過所

で記される。しかも差出と船頭との位置には、厳密な対応関係が見られず、本文書では両者間の関係性が明確に示されていないといえる。逆にいえば、島津氏当主クラスの人物が発給して船頭に持たせる一般的な過所としては、この程度の書札礼で本来は必要十分だったということなのだろう。

　ところが琉球渡海朱印状では、殊更に島津氏と船頭との身分的差異を強調して宛所の地位を下げる操作をしつつ、その一方で、モノとしては、礼を厚くする「ハレ」の文書として作成されているのである。では、発給者―受給者の関係性と、モノとの間に横たわるこのギャップは、どのように考えればいいのだろうか。

三　花押と朱印

ギャップを考える糸口になるのは、琉球渡海朱印状において特徴的な、朱印と花押の併用（「重判」とも。［重永一九九四］参照）にありそうだ。そもそも戦国期の国内文書では、花押もしくは印章のどちらか一つだけを使用するのが一般的である。軍書や縁起などの奥書としての署名を除けば、いわゆる文書において花押と印章を併用する事例はきわめて稀なのである。

だが、西日本での併用事例として次の二例が管見に入った。一例目は、周防山口を本拠とした大名である大内義興から、琉球の天界寺住持に宛てた書状である。

史料3　大内義興書状案(4)

為　国王御即位之御礼、渡進徳雲軒源松都文候、可預御心得候、抑大唐与日本頗不快之処、従大明国憑　貴国被渡勅書於日本候之由、以明星院頼球蒙仰候、渡唐船事依有子細当家永代可令取沙汰之旨、別而蒙国王宣旨候之上者、対当家示預候者、可令奏達候処、以天王寺直御伝達、（中略）

大永七年〈丁亥〉九月十一日　　義興（花押）（朱印）

天界寺　衣鉢侍者禅師

この文書が作られた大永七年（一五二七）といえば、四年前に起きた寧波の乱により断交していた日明関係が、琉球を媒介にして好転していく時期にあたる。事件の首謀者と見なされた大内氏は、当初劣勢だったにもかかわらず、琉球と密接な関係を築くことで日明関係に参入する糸口を獲得したのだった（[橋本二〇〇五]）。文中にあるように、宛所の天界寺住持は、大内氏と琉球国王との間の取次役を担っており、実質的には大内氏から琉球国王に宛てたものといえる。原本ではなく写しではあるが、差出の下には方形の枠線も描かれており、花押と方形朱印が併用されていたことは確実といえよう。

二例目は、島津義久から琉球国王に宛てた書状である。

史料４　島津義久書状(5)

［　］《去歳カ》以来天龍寺在京、奉対　相国《豊臣秀吉》、種々遂訴訟、公儀調、無恙帰帆、于今珍重々々、抑関東御出馬、御粉骨不斜、故八州決退治、既北条氏政幷弟陸奥守《北条氏照》被刎頸、氏直一身至高野山被扶置、因茲東西南北無云不靡、然者今度被仰出趣者、右之御祝儀、遠国端嶋一統可為言上、貴邦者被催綾舟・管絃等、無如在、当冬中必船陟之段、稠承畢、御諚之上者、被止是非、来春者早速上洛可為肝要、若於遅怠者、忽又可究難題候歟、累年之失却者雖令察始末、安穏之才覚所希也、頓高麗人者京着、其外諸方之粧為半歟、御法度火急之事、天龍和尚存知之前、猶此使僧申含、仍扇子三拾本金銀令進覧、表嘉瑞而已、不宣、恐惶謹言、

日本天正拾八年仲秋廿一日　　修理大夫《島津》義久（花押）（朱印、印文「義久」）

［　］琉球《尚寧》国王

こちらは、豊臣秀吉の東国平定を祝うための琉球使節の派遣を、島津義久が琉球国王尚寧に求

めたものである。豊臣政権に服属したのちも、義久は島津家当主の立場にあり、琉球などとの対外関係において、政権の取次役を担っていた（[黒嶋二〇一四b]）。史料4はこれまでは近代になって作られた複製しか知られていなかったが、最近になって愛媛県で原本が発見されており(6)、実見したところ、花押と朱印が併用されていることを確認できた。

以上二つの事例ともに共通するのは、差出が日本の大名クラスであること、宛所が琉球宛（国王もしくは取次役）であることである。わずか二例ではあるが、日本の大名から琉球国王宛の文書では花押と朱印を併用していた可能性を、ここから指摘できるのではないか。

また、花押と朱印の併用を考えるうえで、島津氏関連の史料に興味深いものがある。天正一三年（一五八五）、鹿児島へやってきた琉球使節に対する、島津氏からのクレームである。

史料5 「上井覚兼日記」天正一三年五月六日条(7)

此日、琉球使僧へ本田刑部少輔(正親)・白浜周防介(重政)にて、彼口取次にて候間、(本田)親貞前より、連々沙汰曲事之由、又者進物等次第〳〵ニ弥軽微之義、三司官書状ニ在判無之候、国王之勅札ニさへ印判候、然ニ三司官判無之候、不審之事等也、

島津氏側は、琉球が無沙汰を続け、進物が簡略化していることなどと合わせて、「三司官書状」に「判」が無いことを問題視したのである。これは琉球の重要政務を担当する三人の三司官が連名で出した書状をさすが、この時の三司官書状は、現存する原本も「上井覚兼日記」同月八日条に引用される写も、ともに朱印（印文「三司官印」）のみが捺されている。つまり島津氏が目くじら

ているのだ。

を立てた「判」とは花押を意味し、三司官各人の花押が据えられていないことにクレームをつけ

ちなみに、いま島津家文書に残る他の三司官書状の原本を見てみると、隆慶三年（一五六九）の書状では「三司官」の文字と「三司官印」朱印が捺されているが、万暦六年（一五七八）のものからは、「池城・那呉・国上」と三人の苗字が連記され「三司官印」朱印が捺されるようになる。(8)二通を比べると、ほかにも書下年号から付年号になるなど書式における変化があるのだが、一五七八年といえば、島津氏が琉球に対して高圧的に振る舞うようになり、自らの要求を押し付けていく時期である〔黒嶋二〇一六〕ほか）。島津氏と琉球のパワーバランスが変化するのと合わせて、三司官書状も、「三司官」という組織名から、三人の人格による差出へと様式が変化しているのだ。

この流れの先に**史料5**を置けば、島津氏側は花押の使用を強く求めることで、三司官書状を、より人格的なものに変化させたかったということになろう。そこで念頭に置かれていたのは、島津家の老中たちが花押を据えて出す老中連署状だったのではないだろうか。文書の発給主体を、組織ではなく、個々の人格に求めようとする姿勢は、国王や三司官という地位・組織によって文書を出している琉球と、当主や老中という個々の人格による俗人的な支配関係を前提とする島津氏側（日本側）の、認識のズレを示すものとして興味深い。

一方、**史料5**で島津氏側は「国王之勅札ニさへ印判候」と発言しており、琉球国王については

朱印で文書を出すことに違和感を持っていなかった。おそらく、琉球国王が使用する朱印（「首里之印」）は、唯一無二の存在である国王の人格を体現しているものと理解していたのであろう。朱印を捺す立場にある人物が、個人として発給する文書であれば、そこに据えられた朱印は人格を示すものとして、印章の使用を容認していたことになる。

印章に人格性を求めるという前提をもとに、**史料4**に話を戻せば、そこで捺されているのは「義久」の印文、つまり義久の人格そのものを表す朱印である。この「義久」朱印の大きさは八・七センチの方形で、琉球国王が用いる「首里之印」朱印（九・五センチの方形）とほぼ対応するものであった。先行研究が指摘するように、そこに琉球国王に対する義久の強い対抗心を読み取ることができよう（[重永一九九四]ほか）。そして、これと同じ大きさの「義久」朱印が琉球渡海朱印状に捺されており、**史料4**と同様に、花押も据えられているのである（図5）。

図５　義久の花押・朱印（原本B、部分）

以上の点から、琉球渡海朱印状における花押と朱印の併用とは、義久から琉球国王に宛てた文書様式を踏襲したものといえるだろう。そのほかにも、**史料1**と**史料4**を見比べてみると、両者には類似点が多い。竪紙を用いた書下年号で、日下に官途書で署名をする点や、文中の文字が、丁寧に墨つぎをされ楷書で記されている点は共通している。また料紙も、ともに大ぶりの竪紙を使う「ハレ」の文書である。こうした諸様式からすれば、琉球渡海朱印状もまた、琉球国王を様式上の宛所にしていたと考えざるをえない。

四　買われる文書

琉球渡海朱印状を実際に受給しているのは船頭であり、江戸時代における伝来先も船頭の末裔と推測されるものが多かった。この点では、文書が授受される実態としての宛所は船頭であるのだが、文書の形態に表れる様式において、強く意識されていた宛所は琉球国王となる。琉球渡海朱印状におけるギャップは、このように整理できるものだった。

では、こうした宛所のズレは何に起因するものなのであろうか。まず、船頭が琉球渡海朱印状を受給した時の状況を確認しておこう。

史料6　「上井覚兼日記」天正一二年一二月九日条(9)

此日、山川津より琉球へ渡船候其船頭、津留讃岐拯同心候て来候、如恒例、御印判申請候、祝言とて百疋持来候、弁取次前にとて三十疋相副候、船頭見参候て御酒呑せ候也、

この日、津留讃岐拯が船頭を連れて、鹿児島の島津義久のもとを訪れた。船頭は、薩摩半島南部にある港町山川から琉球へ渡る予定で、「如恒例（いつものように）」、「御印判（琉球渡海朱印状）」

を発給してもらおうとしたのである。無事に朱印状が発給されると、船頭は「祝言」と称して返礼の銭百疋を島津氏に献上し、仲介した上井覚兼にも同じく三十疋を納めたのであった。登場人物を確認しておくと、上井覚兼は島津義久の老中、津留讃岐拯は、山川付近の宗教関係者と推測される。(10)琉球渡海朱印状を求めるため、まず船頭は津留讃岐拯を頼り、彼の伝手により島津家に発給を申請したのであり、こうした発給が慣例化していたことが分かる。

しかも船頭は、琉球渡海朱印状を受給するにあたって、島津家に百疋、取次に三十疋、合計百三十疋を納めている。この金額が琉球渡海朱印状のいわば対価なのであり、その価格もまた「恒例」であった可能性が高い。これは、琉球渡海朱印状が百三十疋の対価に見合うものとする、船頭たちの認識を示す事例である。

対価を支払って購入される戦国大名の文書として、よく知られているのは禁制であろう。軍勢が通過・駐屯するにあたり、彼らの規律遵守を命じる禁制を、村の側は大名に金品を支払って受給していた。その金額は、村の平和と安全を確保するための対価となる。たとえば豊臣秀吉が小田原出兵時に公的に定めた禁制の礼銭は、村の規模や生産力によって三段階に分けたうえで、小さい村からは一通百疋を徴収し、さらには筆耕料までも要求していた〔曾根二〇一一〕。決して安くはない金額であるが、これが軍勢による蹂躙から村を守る必要経費なのである。その禁制を発給する主体は、軍勢を統制する力と、村落などを保護する統治者としての姿勢とを合わせ持つ、公儀（公権力）であると位置づけることができるだろう。

そんな禁制とほぼ同額で、船頭たちは島津氏から琉球渡海朱印状を買い求めていた。これを発給文書を被支配者側が購入していた事例とすれば、島津氏もまた地域の公儀の側面を持っていたことを示す。ただその一方で、島津氏には禁制の発給例は無いことが指摘されている〔山室一九九一〕。島津氏にとっては、発給文書のなかで琉球渡海朱印状がほぼ唯一の「商品」になる文書だった。つまり地域権力としての島津氏は、発給文書から見ると、村落の支配など領国全体の統治全般に渡る諸政策に万遍なく意を注いでいたわけではなく、琉球との通交・統制の支配に限定的に注力していたといえるのである。

それほどまでに島津氏が琉球通交の統制に執心したのは、日向伊東氏との関係性が大きく影響している。室町期から断続的に対立関係にあった島津氏と伊東氏は、一六世紀中期になると、ともに「三州（薩摩・大隅・日向）守護職」であるとの看板を掲げ激しく衝突するようになった。両者間が最も緊張する一五六〇年代から七〇年代にかけて、琉球が伊東氏との関係を深めていくと島津氏は不快感を示し、島津氏発給の琉球渡海朱印状を持つ船だけを受け入れるよう、強く求めるのである〔荒木二〇〇六〕〔黒嶋二〇一二ほか〕。島津氏と伊東氏の均衡が崩れた天正五年（一五七七）、伊東氏が日向を追われ、島津氏が南九州を掌握していくようになると、琉球に対しても優位に立つようになった。一五八〇年代にかけて、琉球渡海朱印状の発給がピークを迎えるのはこのためであり、島津領の船頭たちが琉球に渡航するにあたって、対価を払ってでも手に入れておくべき文書へと変質するのである。

その琉球渡海朱印状は、発給者である島津義久の人格を強調し、義久でなければ発給できない文書であった。島津氏の当主のみが発給する文書であることは、父貴久から義久への代替わりを琉球に報告するにあたり、「三州々職（三州守護職）」の相続と印章の交替（「符改」）をセットにしていることからも分かる[11]。琉球渡海朱印状に捺される印章は、三州守護職であり、島津家当主である人物を象徴するものなのである。しかも義久は自身の代始めを、島津家伝来の犬追物と、琉球国王からの公式祝賀使節（あや船）により荘厳しようとしていた（［黒嶋二〇一六］）。新たな島津家当主の権威づけに、琉球国王の存在は不可欠だったのだ。

また、島津家当主と琉球国王間の通交文書において、書札礼は原則的に対等だったとされており（［梅木一九八五］）、これは島津領において、琉球国王と対等に渡り合うのは、島津家当主のみに許される専権事項であったことを示す。その当主だけが使用できる印章を捺し、当主の立場からのみ通交できる琉球への様式を踏まえて作成された琉球渡海朱印状は、いわば、島津氏当主が持つ高い権威を体現する文書なのである。その権威を強調するために、実際の宛所である船頭は、必要以上に低い序列にあるものと記されることになった。

琉球国王を当主の地位を保障する一要素とし、琉球国王との対等関係によって自らの権威づけを図ろうとする島津義久。その前提があって初めて、琉球渡海朱印状における様式上の宛所と、文書の受給者である宛所のズレを理解することが可能なのである。

おわりに

本稿では、琉球渡海朱印状が持つ二つの宛所（実態として文書を受給する宛所と様式上の宛所）に注目し、その背景を、当時の島津―琉球関係のなかで考えてみた。最後に、このような興味深い特徴を持つ琉球渡海朱印状を、縦と横、二つの座標軸のなかに位置づけて稿を閉じるとしよう。

まず縦の時間軸の流れに琉球渡海朱印状を位置づければ、その様式の淵源には、日朝間で展開されていた図書の影響が先行研究では想定されてきた（［徳永一九八〇］［村井二〇一三］ほか）。一方、琉球渡海朱印状が後世に与えた影響として、徳川家康が展開した異国渡海朱印状との関連性が指摘されている（［岩生一九八五］）。つまり琉球渡海朱印状は、一五世紀から一七世紀にかけてのアジア諸国間で展開した外交文書と、それぞれ比較検討していくことが可能な素材なのである。ただここで注意しておくべきなのは、室町・戦国期の日本で大名クラスの武家領主が用いた印章との関連であろう。本稿で触れた大内氏のほか、細川氏にも琉球通交で印章による文書を用いていた痕跡が残る。日本の国内文書と外交文書、双方を含めた広い視野から、あらためて琉球渡海朱印状に光が当てられるべきであろう。

また、横の関係では、発給者である島津家当主が琉球国王を強く意識したうえで、琉球渡海朱印状を作成していることが推測でき、その琉球渡海朱印状は、琉球王府発給文書の特徴を反映している可能性が高いといえる。いま島津家文書に伝来している琉球王府発給文書の原本のうち、一五八〇年代までのものは一一通しかないが、残されていない王府発給文書についても、あるいは琉球渡海朱印状を鏡のように用いることで、その特徴を考えることができるかもしれない。本稿では十分に果たせなかったが、今後、料紙や墨・朱などの科学的分析が進めば、そうした研究への道を拓きうるものとなる。

残された原本史料から多様な手法で歴史情報を引き出していく、古文書を「読む」試み。それはまだ、始まったばかりなのである。

注

（1）「樺山資之日記」（東京大学史料編纂所所蔵謄写本）文久四年八月三日条。
（2）南さつま市坊津歴史資料センター輝津館寄託資料。
（3）『大日本古文書　島津家文書』一五一八号。
（4）「大内氏実録土代」（東京大学史料編纂所所蔵謄写本）巻十。
（5）「下浮穴郡役所所蔵文書」（東京大学史料編纂所所蔵影写本）。
（6）『愛媛新聞』二〇一六年四月一三日付朝刊ほか。
（7）『大日本古記録　上井覚兼日記』。
（8）隆慶三年正月十一日付、琉球国三司官書状（『鹿児島県史料　旧記雑録後編』一―四七八号）、万暦六年四月五日付、琉球国三司官書状（『鹿児島県史料　旧記雑録後編』一―九六七号）。なお、以上二通も含め、「島津家文書」に残る国王尚豊（一六四〇年没）期までの琉球王府発給文書については、『東京大学史料編纂

所　研究成果報告　琉球王府発給文書の基礎的研究』（同所、二〇一六年）に図版を掲載している。

（9）『大日本古記録　上井覚兼日記』。

（10）津留讃岐拯は、史料6と同じ天正一二年の正月四日に「若魚（鮮魚）」を持参して島津義久と対面している（島津義久代歳暮・正月儀式次第、「肝属氏系図文書写」『鹿児島県史料　旧記雑録拾遺　家わけ二』所収）。この日、義久は「談儀所」こと大乗院を訪れており、そこで大乗院配下の寺僧・山伏・社家などと対面をし、社家衆のなかに「津留讃岐」がいる。大乗院は近世に鹿児島藩最大の密教寺院となる真言宗寺院で、島津氏の祈願寺でもある。ここから、津留讃岐拯は宗教関係者と考えるのが自然で、おそらく、山川からほど近い開聞岳を祭神とする枚聞神社か、その別当寺瑞応院（真言宗）の関係者だったのではないだろうか。

（11）永禄十三年三月二日付島津貴久書状案（『鹿児島県史料　旧記雑録後編』一―五五二号）、同日付島津義久書状案（同五四八号）。

参考文献

荒木和憲「一五・一六世紀の島津氏――琉球関係――」（『九州史学』一四四、二〇〇六年）
岩生成一『新版　朱印船貿易史の研究』（吉川弘文館、一九八五年）
梅木哲人「琉球国王書翰の検討」（『地方史研究』三五―五、一九八五年）
喜舎場一隆『近世薩琉関係史の研究』（国書刊行会、一九九三年）
黒嶋敏『中世の権力と列島』（高志書院、二〇一二年）
黒嶋敏「書評 村井章介著『日本中世境界史論』」（『史学雑誌』一二三―一〇、二〇一四年a）
黒嶋敏「島津義久〈服属〉の内実――関ヶ原への道程――」（谷口央編『関ヶ原合戦の深層』高志書院、二〇一四年b）

黒嶋敏「島津義久文書の基礎的研究」（『東京大学史料編纂所研究紀要』二五、二〇一五年）
黒嶋敏『琉球王国と戦国大名』（吉川弘文館、二〇一六年）
小葉田淳『中世南島通交貿易史の研究』（刀江書店、一九六八年（初出は一九三九年））
重永卓爾「中世島津氏印判をめぐる諸問題」（『大隅南・北地域学術調査報告書』一九九四年）
曽根勇二「秀吉の右筆」山本博文ほか編『消された秀吉の真実――徳川史観を越えて――』（柏書房、二〇一一年）
田中健夫『対外関係と文化交流』（思文閣出版、一九八二年）
辻善之助『増訂　海外交通史話』（内外書籍、一九三〇年）
徳永和喜「琉球渡海朱印状の一考察」（『西南地域史研究』三、一九八〇年）
徳永和喜「島津氏の印判に関する研究」（『黎明館調査研究報告』四、一九九〇年）
橋本雄『中世日本の国際関係』（吉川弘文館、二〇〇五年）
福島金治『戦国大名島津氏の領国形成』（吉川弘文館、一九八八年）
福島金治「戦国島津氏琉球渡海印判状と船頭・廻船衆」（有光友学編『戦国期印章・印判状の研究』岩田書院、二〇〇六年）
南さつま市坊津歴史資料センター輝津館編『海が繋いだ薩摩―琉球』（同館図録、二〇〇九年）
村井章介『東アジア往還』（朝日新聞社、一九九五年）
村井章介『日本中世境界史論』（岩波書店、二〇一三年）
山室恭子『中世のなかに生まれた近世』（吉川弘文館、一九九一年）
山本博文『幕藩制の成立と近世の国制』（校倉書房、一九九〇年）

付記

本稿は筆者が研究代表者となった二〇一一年度〜一三年度科学研究費補助金若手研究（B）「権力と海洋――十六〜十七世紀の船舶管理――」による成果の一部である。史料調査では、琉球渡海朱印状の原本を所蔵・保管しておられる南さつま市坊津歴史資料センター輝津館・尚古集成館・霧島市立国分郷土館をはじめ、関係諸機関および御担当者各位に大変お世話になった。記してここに感謝申し上げたい。

執筆者略歴（掲載順）

黒嶋　敏（くろしま・さとる）
略歴は奥付参照。

屋良健一郎（やら・けんいちろう）
略歴は奥付参照。

上里隆史（うえざと・たかし）
一九七六年生まれ。法政大学沖縄文化研究所国内研究員。古琉球史、近代沖縄史専攻。
主な著書に『海の王国・琉球』（洋泉社歴史新書y、二〇一二年）、『尚氏と首里城』（吉川弘文館、二〇一五年）、『新聞投稿に見る百年前の沖縄』（原書房、二〇一六年）などがある。

村井章介（むらい・しょうすけ）
一九四九年生まれ。立正大学文学部教授。日本中世史、東アジア文化交流史専攻。
主な著書に『日本中世境界史論』（岩波書店、二〇一三年）、『境界史の構想』（敬文舎、二〇一四年）、『シリーズ日本中世史④分裂から天下統一へ』（岩波新書、二〇一六年）などがある。

山田浩世（やまだ・こうせい）
一九八二年生まれ。沖縄県教育庁文化財課史料編集班非常勤職員・沖縄国際大学非常勤講師。琉球史専攻。
主な論文に「近世久米村における科試」（『万国津梁――東亜視域中的琉球――』中琉文化経済協会、二〇一五年）、「近世後期の久米村官人制度における渡唐役と地頭所下賜」（『越境する東アジア島嶼世界』琉球大学国際沖縄研究所、二〇一六年）などがある。

麻生伸一（あそう・しんいち）
一九八一年生まれ。沖縄県立芸術大学常勤講師。琉球史専攻。
主な論文に「近世琉球における王位継承について――尚育王と尚泰王の即位を中心に――」（『東洋学報』九五巻四号、二〇一四年）、「琉球王国の財制と外交儀礼――戌冠船をめぐって――」『世界とつなぐ起点としての日本列島史』（清文堂出版、二〇一六年）などがある。

豊見山和行（とみやま・かずゆき）
一九五六年生まれ。琉球大学法文学部教授。琉球史専攻。
主な著書に『北の平泉、南の琉球』（共著、中央公論新社、二〇〇二年）、『日本の時代史18　琉球・沖縄史の世界』（編著、吉川弘文館、二〇〇三年）、『琉球王国の外交と王権』（吉川弘文館、二〇〇四年）、『ソテツをみなおす――奄美・沖縄の蘇鉄文化誌――』（共著、ボーダーインク、二〇一五年）などがある。

畑山周平（はたやま・しゅうへい）
一九八八年生まれ。東京大学史料編纂所助教。日本中世史専攻（中近世移行期大名の研究）。
主な論文に「細川幽斎島津領「仕置」の再検討」（『日本歴史』八一五、二〇一六年）がある。

須田牧子（すだ・まきこ）
一九七七年生まれ。東京大学史料編纂所助教。日本中世史（対外関係）専攻。
主な著書に『笑雲入明記――日本僧の見た明代中国――』（共編、平凡社、二〇一〇年）、『中世日朝関係と大内氏』（東京大学出版会、二〇一一年）、『日明関係史研究入門――アジアのなかの遣明船』（共編著、勉誠出版、二〇一五年）、『「倭寇図巻」「抗倭図巻」をよむ』（編著、勉誠出版、二〇一六年）などがある。

編者略歴

黒嶋　敏（くろしま・さとる）

1972年生まれ。東京大学史料編纂所准教授。日本中世史専攻。
主な著書に『中世の権力と列島』(高志書院、2012年)、『海の武士団　水軍と海賊のあいだ』（講談社メチエ、2013年）、『天下統一　秀吉から家康へ』（講談社現代新書、2015年）などがある。

屋良健一郎（やら・けんいちろう）

1983年生まれ。名桜大学国際学群准教授。日本中世史、琉球史専攻。
主な論文に「中世後期の種子島氏と南九州海域」（『史学雑誌』第121編第11号、2012年）、「琉球人と和歌」（『東京大学日本史学研究室紀要別冊 中世政治社会論叢』2013年）、「近世琉球の日本文化受容」（清水光明編『「近世化」論と日本』勉誠出版、2015年）などがある。

琉球《りゅうきゅう》史《し》料《りょう》学《がく》の船出《ふなで》
――いま、歴史情報の海へ

編者　黒嶋　敏
　　　屋良健一郎

発行者　池嶋洋次

発行所　勉誠出版㈱
〒101-0051 東京都千代田区神田神保町三―一〇―二
電話　〇三―五二一五―九〇二一㈹

二〇一七年五月三十一日　初版発行

印刷　太平印刷社
製本　若林製本工場
装丁　萩原　睦（志岐デザイン事務所）

ISBN978-4-585-22175-3　C3021

琉球　交叉する歴史と文化

中国と日本の境界領域に広がり、東南アジアや朝鮮との通交もあった「琉球」。歴史学、文学・芸能等の文化学の諸分野からその形成と展開を探る。

島村幸一 編・本体八〇〇〇円（＋税）

紙の日本史
古典と絵巻物が伝える文化遺産

長年の現場での知見を活かし、さまざまな古典作品や絵巻物をひもときながら、文化の源泉としての紙の実像、そして、それに向き合ってきた人びとの営みを探る。

池田寿 著・本体二四〇〇円（＋税）

文化財としてのガラス乾板
写真が紡ぎなおす歴史像

写真史および人文学研究の中にガラス乾板を位置付ける総論、同様の取り組みを進める諸機関の手法を提示する各論を通じ、総合的なガラス乾板の史料学を構築する。

久留島典子・高橋則英・山家浩樹 編・本体三八〇〇円（＋税）

中世地下文書の世界
史料論のフロンティア

中世において、朝廷・幕府や荘園領主の側ではなく、「地下」の側＝地域社会において作成され、機能した文書群である地下文書の実態を明らかにする。

春田直紀 編・本体二八〇〇円（＋税）